분노의 시대

이순신이 답하다

분노의 시대
이순신이 답하다

방성석 지음

LiSa

차례

분노의 노예가
되지말라

"망령되게 움직이지 마라! 태산같이 무겁게 행동하라!"

(물령망동 정중여산 勿令妄動 靜重如山)

분노한 이순신李舜臣 장군이 첫 번째 출전에서 내린 첫 번째 명령이다. 임진년(1592) 거제 옥포만 앞바다에 울려 퍼진 장군의 명령은 침착하라는 것이었다. 두려움과 분노에 떠는 군사들이여, 흥분하지 말라, 경거망동하지 말라.

전쟁은 절제되지 않는 갈등과 증오, 그리고 분노의 폭발에서 일어난다. 4백여 년 전 임진왜란壬辰倭亂은 일본 침략군을 무찌르기에도 급급한 전쟁이었다. 그러나 갈등과 증오로 점철된 내부의 음해와 분노는 패망의 위기를 자초했다. 전쟁을 책임지는 임금, 군정을 지휘하는 의정 체찰사, 적군과 맞서 싸우는 일선 장수들, 모두 하나 되어 싸워도 어려운 정국에 분노하고 폄훼하며 전쟁의 동력을 잃어가고 있었다. 분노의 핵심축은 임금 선조와 경상 우수사 원균, 그리고 전라 좌수사 겸 통제사 이순신이었다. 세 사람 간의 분노였지만 사실은 선조와 원균이 각각 이순신을 비하하고 폄훼하는 모습이었다. 거기에다 원균을 지원하는 좌의정 윤두수와 후임 좌의정 김응남 등이 이순신을 후원하는 영의정 류성룡과 우의정 이원익 등과 대립각을 세우고 있었다. 무리 지어 당파 싸움을 벌인 것은 아니다. 하지만 사사건건 대립하는 형국이 원균을 지원하는 서인 세력과 이순신을 후원하는 남인 세력의 갈등으로 볼 수밖에 없다. 과연 이들의 분노가 실체적 진실에 합당했는지, 오판과 오류는 없었는지, 모공과 모함에 기만과 왜곡은 없었는지 살펴보고 확인하여 반면교사로 삼고자 한다.

먼저 선조의 이순신에 대한 분노다.

선조(1552년생, 명종 7년)에겐 태생적 열등감이 있었다. 조선왕조 최초로 적장자가 아닌 서손庶孫이 임금에 올랐기 때문이다. 그 열등감을 자존감으로 바꿔주는 획기적 사건이 있었다. 종계변무宗系辨誣의 완성이었다. 명나라 대명회전에 조선의 태조 이성계의 아버지가 고려말 권신 이인임으로 잘못 기재되어 있었다. 왕실의 잘못된 종계를 2백 년 동안 바로잡지 못한 것이다. 적자들도 해결하지 못한 그 숙원을 서손인 자신이 해결했으니 선조는 뛸 듯이 기뻐했다.

종계변무를 완성하는 중심인물로 윤두수·윤근수 형제가 있었다. 임진왜란 3년 전의 일이다. 임금 선조가 임진왜란 중 왜 윤두수 형제를 그렇게 두텁게 신임했는지, 왜 그들이 두둔하는 원균을 싸고돌았는지 이해되는 대목이다. 선조는 임진왜란 7년 내내 이순신을 불신하고 폄훼했다. 급기야 정유재란丁酉再亂 발발로 선조의 분노가 폭발하여 이순신을 죽이라고 했다.

비망기로 내린 죄목은 세 가지였다.

첫째는 불신의 분노였다. 병신년(1596) 12월 부산 왜영 방화 사건이 발단이었다. 통제사 이순신의 장계와 거의 동시에 도체찰사 이원익의 지시를 받은 이조 좌랑 김신국도 장계를 올렸다. 각자 자기의 부하가 불태운 공로라며 포상을 요청했다. 선조는 무슨 판단인지 이순신의 장계는 불신하고, 김신국의 장계를 철석같이 믿었다. 그리고 이순신이 '조정을 속이고 임금을 무시했다'라며 죽여야 할 죄목으로 삼았다. 하지만 이순신은 조정을 속이지도, 임금을 무시하지도 않았다. 부산 왜영 방화는 비밀리에 계획되어 이순신과 이원익의 부하들이 동시에 불을 지른 거사였다.

둘째는 보복의 분노였다. 정유년(1597)에 이순신이 바다를 건너오는 가토 기요마사를 막지 않은 것은 '적을 치지 않아 나라를 저버린 죄'라며 죽이라 했다. 이 논죄가 세 가지 죄목 중 핵심이었다. 그러나 이순신은 적을 치기 위한 대안을 제시했다. 즉 수륙 합동작전을 주청했고, 임금의 윤허까지 받았다. 그뿐 아니라 적을 치기 위해 부산 근해로 출동을 자청하는 장계를 올렸다. 하지만 임금의 유지가 늦게 도착했고, 그사이에 가토가 먼저 건넜을 뿐이다. 이순신은 가토를 잡기 위해 다대포 앞바다까지 출동했다. 가토가 바다를 건넌 것은 이순신의 잘못이 아니었다. 사관도 조정이 적장의 계책에 속은 것이라고 했다.

셋째는 잠재된 분노였다. 이순신이 원균의 공을 빼앗았고, 이순신이 원균을 모함했다는 죄목인데 이는 각각 임진년(1592)과 갑오년(1594)에 있었던 일이다. 그러나 선조의 논죄는 잘못된 것이다. 이순신이 원균의 공을 빼앗았다는 것은 적반하장이다. 오히려 원균이 이순신의 공을 빼앗으려 했으며 조정의 논공행상은 정당했다.

이순신이 원균을 모함했다는 것도 사실이 아니다. 실록에는 오히려 원균의 모공冒功(없는 공을 만듦)을 보여주는 기록들이 있다.

선조는 임진왜란을 책임지는 조선의 국왕이자 군 통수권자였다. 하지만 태생적 열등감, 정치적 고립감, 외교적 무력감으로 전쟁 내내 치욕과 분노에 떨었다. 몽진과 분조, 망명 시도와 명군 청병 등 선조의 역할에는 긍정과 부정의 평가가 공존한다. 혹자는 지혜롭고 유능하다 했고, 혹자는 비겁하고 무능하다 했다. 필자의 견해는 후자 쪽이다. 일본군이 쳐들어오자 백성을 버리고 도망쳤기 때문이다. 세자를 책봉하여 책임을 떠넘겼고, 조정을 분리하여 위험을 전가했다. 그것도 모자라 나라를 버리고 명나라로 망명하려고 했다. 충신의 고언을 듣지 않고 첩자의 계략에 놀아났다.

일련의 일들을 신의 한 수, 또는 절묘한 선택이라고 평가하는 이들도 있다. 그러나 전쟁 자체로 천읍지애天泣地哀, 하늘도 울고 땅도 울었다. 더더욱 나라와 백성을 버리고 도망친 임금 선조의 행태에 백성이 울고 나라가 울었다. 유생개곡有生皆哭, 살아있는 사람이 모두 울었다.

다음은 원균의 이순신에 대한 분노다.

원균의 최대 후원자는 좌의정 윤두수와 후임 좌의정 김응남, 그리고 예조판서 윤근수 등이었다. 윤두수 일가는 1578년에 일어난 이수진도미옥사건李銖珍島米獄事件, 즉 당시 도승지 윤두수와 경기감사 윤근수, 이들의 장조카 이조 좌랑 윤현이 쌀 수백 섬을 뇌물로 받았다는 혐의로 류성룡 등 동인들의 공격을 받았다. 이때 선조까지 나서서 대간들이 윤씨 집안 일을 너무 심하게 잡고 늘어진다고 두둔했지만, 삼윤三尹은 모두 파직되고 말았다. 원수지간이 된 류성룡이 천거한 이순신, 원균과 대척하는 이순신을 사사건건 비판했던 이유다. 원균의 이런 배경은 선조와 서인이 이순신을 비판하는 간접 구실이 됐다.

원균이 이순신에게 분노한 직접적인 이유가 있다. 새카만 후배 이순신에게 계속해서 밀렸다는 수치심이었다. 선배로서의 자존감이 짓밟힌 분노였다. 원균은 나이와 가문, 급제와 출사, 경륜과 군영 등 모든 면에서 이순신보다 앞섰다. 그러나 계사년(1593) 8월 신설된 삼도 수군통제사에 후배인 이순신이 발탁되자 수치심으로 좌절했다. 게다가 다음 해 12월 통제사 이순신에게 밀려 육장陸將인 충청병사로 전출된 것, 그리고 다시 전라병사로 떠돌게 된 것 또한 참을 수 없는 모욕이었다. 때와 장소를 가리지 않고 원균의 분노가 폭발했던 이유다.

정유년 1월 일본군의 재침으로 이순신은 파직되고, 원균이 통제사가 됐다. 이순신이 주저했던 '해로 차단 작전'을 원균이 실행하겠다고 장계를 올림으로써 가능한 일이었다. 그러나 원균은 막상 통제사에 오르자 이순신과 같이 수륙 합동작전을 주장했다. 도원수 권율은 원균의 식언에 분노했고, 자신을 끌어들인 것에 대해서도 분노했다. 권율에게 곤장까지 맞은 원균은 홧김에 출동을 감행했다. 분노의 출동은 수군 궤멸의 재앙을 불러왔다. 통제사 원균은 물론 전라 우수사 이억기, 충청수사 최호 등 수군 수뇌부를 모두 잃었다. 군사와 군선도 모두 칠천량에 수장되거나 실종됐다. 원균의 불같은 폭노는 스스로 판 묘혈이었고, 절제하지 않은 지휘관의 분노는 공멸의 비극이었다.

그리고 이순신의 분노다.

이순신의 분노는 누구를 향했을까. 이순신은 모두 세 번의 파직과 두 번의 백의종군白衣從軍을 당했다. 임진왜란 이전 초급 장교 시절에 두 번의 파직과 한 번의 백의종군이 있었다. 첫 번째 백의종군은 임진왜란 발발 5년 전 함경도 녹둔도 전투의 결과였다. 다음 해 시전부락 전투에서 공을 세워 특사 되었으나 벼슬 없이 보낸 세월이 1년 2개월이었다. 이순신은 분노했지만, 인내로서 복직의 날을 기다렸다.

이순신의 진짜 분노는 임진왜란 중 정유년에 당한 파직과 백의종군이었다. 이순신은 분노를 겉으로 드러내지 않았다. 선조에 대한 분노는 간접적으로 유추할 뿐 분노를 표출한 대상은 오직 원균이었다.

원균에 대한 분노는 임진년 1차 출동부터 시작되었다. 경상 우수사 원균은 이순신에게 구원을 요청해놓고도 약속한 당포 앞바다에 제때 나타나지 않았다. 꼬박 하루를 바다 위에서 기다려야 했던 이순신이다. 막상 전투가 벌어지자 원균의 부하들은 오히려 이순신이 나포한 왜선을 빼앗으려고 달려들어 군사 두 명에게 위해를 가했다. 아군에게 활을 겨누는 이적행위였다. 원균과 그 부하들의 어이없는 행태에 이순신은 분노했다. 두 장수의 관계는 이렇게 임진년 첫 출동부터 악연으로 비틀어졌다. 이후 원균은 해전마다 이순신의 공적에 밀렸고, 인사마다 이순신의 평가에 뒤졌다. 원균은 칠천량에서 최후를 맞을 때까지 이순신에게 분노와 패악을 일삼았다. 그런데도 이순신은 자신의 분노를 공개적으로 표출하지 않았다. 다만 난중일기에 개인적 감정을 기록했을 뿐이다.

정유재란 때 이순신이 삼도 수군통제사에서 파직된 것은 원균의 장계가 결정적인 역할을 했다. 선조는 한성 의금부에 투옥 시킨 이순신을 죽이라 했다. 그런데도 이순신은 "원균이 온갖 계략을 꾸며 나를 모함하니 이 또한 운수로다. 나를 힐뜯는 것이 날로 심하니 스스로 때를 못 만난 것을 한탄할 따름이다" 하였다.[1] 자신의 충정을 송두리째 부정당한 이순신은 원균의 모함은 물론 임금의 버림조차 자신의 운명이라 여겼다.

5개월 후 칠천량에서 원균이 참패하고 수군이 궤멸하자 선조는 이순신을 다시 불러들였다. 이순신은 선조의 재임명을 뿌리치지 않았다. 오로지 나라를 위해 싸우다 죽는 길이 자신의 숙명이라 여겼기 때문이다. 명량에서 기적 같은 승리를 거두고 수군을 재건하지만 결국 무술년(1598) 11월 노량에서 순국하고 말았다.

신망국활身亡國活, 자신을 바쳐 나라를 살린 이순신이다. 분노를 절제했던 이순신은 역사의 성웅이 되었고, 분노를 일삼았던 선조와 원균은 비겁한 국왕, 무능한 패장으로 역사에 평가되고 있다.

4백 년이 지난 지금도 우리는 분노하고 있다. 코로나 팬데믹 방역 전쟁과 함께 경제적·정치적·사회적 생존의 분노다. 부동산 대란, 자영업 붕괴, 조세 불평등, 소득의 양극화, 보수와 진보의 가치와 이념 대립, 왜곡 보도와 편파 기사의 진영 갈라치기 등 이슈마다 충돌하며 책임을 전가하고 분노를 폭발한다. 분노하는 사회는 위험한 사회다.

이 분노의 시대에 누구에게 지혜를 배울 것인가? 우리 국민이 가장 존경하는 인물 이순신 장군이다. 역사적으로 가장 분노의 시대를 살았고, 분노를 가장 잘 절제할 줄 알았기 때문이다. 충무공 이순신을 존경하는

1 이순신, 『난중일기』 정유년(Ⅰ) 5월 8일, 노승석 옮김, 여해, 2014

마음으로 연구에 천착한 지 어언 이십 년이다. 알아가면 갈수록 존경심이 커지는 인물, '분노의 시대'에 사는 우리가 배워야 할 이순신이다.

『소학』에서 "관직에 있는 자는 먼저 사납게 성내는 것을 경계해야 한다. 일에 옳지 않음이 있으면 마땅히 자세히 살펴서 처리해야 한다. 그리하면 반드시 도리에 맞지 않는 것이 없을 것이다. 만약 버럭 화부터 낸다면 고작 자신을 해칠 뿐이다. 어찌 능히 남을 해치겠는가(若先暴怒 只能自害 豈能害人)"라고 가르쳤다.[2]

분노 치유가이자 심리전문가인 슈테파니 슈탈Stefanie Stahl은 "분노는 자존감이 약하고 자기 불안이 있는 사람들의 치유되지 않은 상처가 어떤 상황에서 갑자기 터져 나오는 것"이라고 했다. 이 분노는 정당한가, 혹시 당신의 열등감에서 오는 것은 아닌가, 혹은 과거의 관계에서 잠재된 분노가 하필 지금 있는 상대에게 전이되어 나타나는 것이 아닌가를 분석해 보라고 권고한다.[3]

분노 상담가이자 심리학자인 데이비드 폴리슨David A. Powlison도 "분노는 정말 다양한 모습으로 나타난다. 때로는 좌절하거나 불평하거나 짜증 내는 모습으로 나타나기도 하고, 때로는 닫힌 마음으로 상대방을 판단하거나 공격성을 보이는 모습으로 나타난다. 어떤 이들은 분노가 너무 깊이 감추어져 있어 자신이 지금 화를 내고 있다는 사실조차 모른다"라고 한다.[4]

분노 전문가이자 정신과 의사 로널드 T. 포터-에프론Ronald T. Potter-

2   『소학(小學)』 이기석 역해, 홍익출판사, 1982, 218~219쪽

3   Stefanie Stahl, 『Leben Kann auch einfach sein!』 김시형 옮김, 갈매나무, 2016, 261~264쪽

4   David Arthur Powlison, 『GOOD & ANGRY』, 김태형·장혜원 옮김, 토기장이, 2019, 18쪽

Efron은 "분노하는 순간 모든 것이 사라진다. 끓어오르는 분노를 잘 다스려야 행복과 사랑, 그리고 성공을 쟁취할 수 있다"고 한다.[5]

'위기의 시대'를 넘어 '분노의 시대'를 살아가는 오늘, 지도자의 분노가 국가 존망과 미래에 어떤 영향을 미쳤는지, 오늘의 리더가 어떻게 분노를 관리하고 절제해야 하는지 스스로 살펴보고 실천해야 한다.

요한 볼프강 폰 괴테Johann Wolfgang von Goethe의 충고를 되새긴다.

"분노의 노예가 되지 말라!"

끝으로 졸고를 검토해주시고 조언해주신 신성오 전 외교안보연구원장님, 지용희 (사)이순신리더십연구회 이사장님, 제장명 순천향대 이순신연구소장님께 깊은 감사를 드린다. 또한 벌컥벌컥 성내기를 일삼는 부끄러운 남편에게 격려와 조언을 아끼지 않은 사랑하는 아내 정범순 님에게도 미안함과 감사함을 전한다.

무엇보다 『분노의 시대, 이순신이 답하다』를 함께 기획하고 편집해주신 리사(LiSa) 손장환 대표님께 고마움을 전한다. 『위기의 시대, 이순신이 답하다』를 출간해주신 인연으로 지난 3년간 서울에서 강원도까지 머리를 맞대주신 그 정성에 깊은 감사를 드린다.

2022년 3월 발왕산 버치힐 락서재樂書齋에서

방성석 方聖錫

---

5 Ronald T. Potter-Efron, 『A Step-by-Step Guide to Over coming Explosive Anger』 (욱하는 성질 죽이기), 전승로 옮김, 다연, 2019.

이순신의 분노 관리를
체계적으로 다룬 책

지금 우리는 경제위기, 안보위기 등 다양한 위기에 직면하고 있습니다. 이러한 위기를 극복할 수 있으려면 무엇보다도 우리는 단합해야 합니다. 그러나 우리는 극심한 증오와 분노로 오히려 국가분열의 위기마저 커지고 있습니다. 이러한 시기에 충무공 이순신의 증오와 분노 관리를 다양한 측면에서 체계적으로 다룬 책이 처음으로 나오게 되어 매우 기쁩니다.

충무공 이순신은 자신에 대한 임금 선조의 분노, 원균의 분노가 아무리 터무니없더라도 분노의 억제 등 분노 관리를 철저히 했습니다. 이순신은 전쟁 중에 각종 모함으로 촉발된 임금 선조의 터무니 없는 분노로 감옥에 끌려가 갖은 고초를 겪고 백의종군이라는 수모를 당하고도, 나라 사랑과 희생정신으로 분노를 억제하고 기적과 같은 명량대첩을 이끌어 냈습니다. 이와같이 이순신은 이루 말할 수 없는 악조건에서도 철저한 분노 관리로 일본과의 해전에서 연전연승을 이끌어 내어 나라를 구할 수 있었습니다.

저자 방성석 박사는 "비록 사적 감정의 증오와 분노라 할지라도 책임 있는 지도자의 언행이라면 역사적 책무를 크게 그르칠 수 있다. 리더의 분노 절제는 선택이 아니라 필수 조건이다. 분노 절제는 자기희생이 따라야 하고, 자기희생은 타인 사랑이 전제되어야 한다. 분노의 사슬에 절제·희생·사랑이 한데 묶어져 있기 때문이다"라고 지적하고 있습니다.

분노의 시대에 우리 모두 이순신의 분노 관리를 본받아야 하지만 특히 각계각층의 리더들은 이순신의 철저한 분노 관리를 벤치마킹하여야 합니다.

지용희
사단법인 이순신리더십연구회 이사장

임진왜란에 대한
이해에 큰 도움

이 책을 지은 방성석 박사님은 이순신 장군의 장인인 방진方震의 후손으로서 이순신에 대한 남다른 존경과 애정을 가진 분이다. 경영인이 본직이지만 학자로서도 이순신 연구에 20여 년 동안 매진해 왔으며, ㈜이순신리더십연구회 상임이사와 '이순신을 배우는 사람들' 연구단체의 영원한 멘토로서 이순신 선양에 큰 활약을 하고 계신다.

저자가 그동안 저술한 옥저인『위기의 시대, 이순신이 답하다』,『역사 속의 이순신, 역사 밖의 이순신』은 이미 그 유려한 필치와 전문성으로 정평이 나 있다. 이제 임진왜란 발발 430주년을 맞아 또 한 권의 옥저,『분노의 시대, 이순신이 답하다』를 출간하게 된 것은 이순신을 배우고자 하는 모든 분들에게 홍복이라고 할 것이다.

이 책에서 저자는 오늘날 우리 사회를 위기와 분노의 시대로 규정하고, 이 상황을 슬기롭게 극복하기 위해서는 우리 역사상 최고의 영웅인 이순신 장군이 보여준 분노 관리의 지혜를 배워야 한다고 역설한다. 누구보다 위기의 시대를 살았고, 누구보다 분노의 시대를 살았던 이순신이기 때문이라고 파악하였다.

이를 위해 다년간 수많은 사료를 수집하고 치밀하게 분석한 후 이순신과 선조, 원균과의 3자 관계 속에서 이순신이 보여준 분노의 내면과 극복 태도를 정리하였다. 그 결과 오늘날 우리가 배워야 할 부분을 정확하게 제시하고 있다. 동시에 이 책은 임진왜란의 전개 과정을 정치적 역학관계 면에서 정확하고도 흥미롭게 기술하고 있다. 이 책을 읽으면 이순신의 내면과 리더십뿐만 아니라 임진왜란에 대한 정확한 이해에도 큰 도움이 될 것이다.

요컨대, 이 책은 코로나 팬데믹으로 암울한 터널을 지나고 있는 우리들에게 한줄기 서광曙光으로 다가오리라 확신한다.

제장명
순천향대학교 이순신연구소장

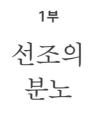

1부

선조의
분노

1장

———

콤플렉스의
자존성 분노

서손군주庶孫君主
태생적 열등감

  조선의 13대 국왕 명종明宗은 인순왕후仁順王后 심씨와의 사이에서
낳은 순회세자가 13세에 일찍 죽자 후계자를 찾고 있었다. 덕흥군의 세
아들 하원군·하릉군·하성군이 총명하다는 말을 듣고 그들을 불렀다.
덕흥군은 중종中宗의 일곱째 아들이며 서자庶子였다.

  명종은 세 형제에게 자신이 쓰고 있던 관冠을 벗어 차례로 쓰게 하여,
하는 행동을 살펴보았다. 두 형이 모두 관을 써보는데 나이 어린 하성군
은 사양하기를 "군왕께서 쓰시던 것을 신자臣子가 어떻게 감히 머리에
얹어 쓸 수 있겠습니까" 하였다.

  또 하루는 임금과 아버지가 누가 더 중하냐고 묻고 글자로 써서 대답
하게 하니, 하성군은 "임금과 아버지는 똑같은 것이 아니지만, 충忠과
효孝는 본래 하나인 것입니다" 하였다.[1]

  이 말을 들은 명종은 기특하게 생각하며 마음속으로 왕의 재목이라
여겼다. 이 하성군이 후일 선조宣祖가 된다. 혹자는 선조가 무능하다고

1　『광해군일기(정초본)』 권1, 즉위년 2월 21일(무인)

하지만 영특했기 때문에 왕위에 오를 수 있었다.

명종은 남달리 하성군을 예뻐했으나 34세 때인 1567년(명종 22년) 6월 갑자기 세상을 떠났다. 숨을 거두기 전, 영의정 이준경李浚慶 등이 의식이 희미한 명종에게 후사 결정을 종용하자 명종은 간신히 한 손을 들어 안쪽 병풍을 가리켰다. 이준경은 이를 내전, 즉 인순왕후에게 물으라는 것으로 해석했다. 중전은 병풍 안에서 "일찍이 명종이 위독했을 적에 하성군을 후계자로 정했다"라고 하였다.

당시 명종은 순회세자를 잃은 후 건강이 좋지 않았는데도 후계자를 공식적으로 내세우지 않았다. 자신도 그렇게 일찍 죽을 거라곤 예상하지 못했을 것이다. 조선 시대에 후계자가 공식적으로 정해지지 않은 상태에서 왕이 사망하는 경우 후계자를 지목할 권한은 대비나 중전에 있었다. 하성군은 서손인데다 친형이 두 명이나 있었음에도 왕위에 올랐다. 인순왕후 또한 하성군을 총애하고 있었고, 하성군이 영특했기에 수렴청정도 1년 만에 거둘 수 있었다.[2]

선조는 조선왕조 최초로 왕의 적자나 적손이 아닌 방계에서 왕위를 이은 첫 번째 왕이 되었다.[3] 즉 아버지가 왕이 아닌 사람으로서 처음 왕위에 오른 것이다. 중종의 서자 덕흥군의 셋째 아들이었으니 그가 왕이 될 거라고는 누구도 생각하지 못했을 것이다. 선조가 영특했다고는 해도 제왕 수업도 제대로 받지 못한 열여섯 살짜리 왕이 주도적 정사나 개

2   『선조실록』 권2, 1년 2월 25일(을사)
3   이성무, 『조선국왕전』 청아출판사, 2012. 206-207쪽

혁적 추진은 어려웠다. 무엇보다 인순왕후의 지명으로 왕위에 올랐기 때문에 적어도 인순왕후가 승하하기까지 8년 동안은 적극적으로 나설 수가 없었다.[4]

아버지 덕흥군이 대원군으로 추존되긴 했으나 적서嫡庶의 구분이 명확했던 성리학 사회에서 서손의 국왕 등극은 선조 스스로 태생적 열등감에 갇힐 수밖에 없었다.

4 『선조실록』 권9, 8년 1월 2일(임인)

을해당론乙亥黨論
붕당의 태동

선조 즉위 후 조정에는 새로운 바람이 불었다. 훈구세력을 물리친 사림들이 대거 등장했다. 조광조趙光祖 등 신진사류들이 숙청된 기묘사화己卯士禍 이후, 물러나 있던 인물들이 정계에 속속 복직한 것이다. 명종이 불러도 좀처럼 움직이지 않던 퇴계 이황李滉이 예조판서 겸 지경연사(정2품)로 임명되었고, 이황과 사단칠정의 논변을 펼쳤던 기대승奇大升이 사헌부 집의(종3품)로, 조광조의 제자인 백인걸白仁傑이 대사간(정3품)에 기용되었다.

반면 대비 문정왕후와 명종의 비호 아래 정권을 농락하던 문정왕후의 동생 윤원형尹元衡 등 권신들은 몰락의 길을 걸었다.

하지만 아직 선조 초반에는 명종의 고명을 받은 이준경과 인순왕후의 동생인 심의겸沈義謙이 핵심 세력이었다.

사건의 발단은 1572년(선조 5년) 2월 이조정랑 오건吳健이 자신의 후임으로 신진 사림을 대표하는 김효원金孝元을 추천하면서 일어났다. 김효원은 이황과 조식曺植의 문인으로 알성문과에 장원급제한 수재였다.

그러나 당시 이조참의로 있던 심의겸이 반대하고 나섰다. 과거 김효원이 윤원형의 집에 문객으로 드나들며 권력에 아첨이나 하는 소인배라 여긴 것이다.

김효원도 자신을 줄기차게 반대하는 심의겸에 대해 악감정을 품게 되었다. 김효원의 눈에 비친 심의겸은 정치 일선에서 물러나야 할 척신일 뿐이었다. 2년 뒤인 1574년 김효원이 그토록 소망하던 이조정랑 자리에 올랐지만, 임기를 끝내고 후임 정랑을 정할 때 심의겸의 아우 심충겸沈忠謙이 거론되면서 불화가 다시 불거졌다.

이번에는 김효원이 심충겸을 반대하고, 이발李潑을 자신의 후임으로 추천했다. 이 대립을 계기로 김효원을 지지하는 신진 사림파와 심의겸을 지지하는 기성 사림파가 동인東人과 서인西人으로 나뉘었다.

김효원은 궁궐의 동쪽 건천동(현재 중구 인현동)에 살았기 때문에 그를 추종하는 세력을 동인이라 불렀고, 심의겸은 궁궐의 서쪽 정릉동(현재 중구 정동)에 살았기 때문에 그를 추종하는 세력을 서인이라 불렀다.

동인은 이산해李山海·류성룡柳成龍·김성일金誠一·이덕형李德馨 등 대체로 이황과 조식의 문인이 많았다. 서인은 정철鄭澈·윤두수尹斗壽·송익필宋翼弼·이항복李恒福 등 이이李珥와 성혼成渾의 문인이 많았다. 이들 모두 조선 역사에서 큰 영향을 끼친 인물이다.[5]

---

5 이 책에 등장하는 주요 인물의 당파를 분류하면, 동인東人(이황과 조식 학파):김효원·이산해·정언신·정여립·정인홍·류성룡·김성일·김명원·정탁·김수·이원익·백유양·이덕형·허성·이정형(동인세력)등, 서인西人(이이와 성혼 학파):심의겸·송익필·심충겸·정철·박순·황윤길·조헌·윤두수·윤근수·이항복·김응남(서인세력)등, 남인南人(이황 학파):류성룡·우성전·김성일·김수·이원익·이덕형·윤승훈 등, 북인北人(조식 학파):이산해·정인홍·이발·남이신·남이공·김신국·곽재우·김면·이이첨·홍여순·유영경 등

이들이 이조정랑직에 이토록 집착한 이유는 무엇인가. 이조정랑은 정5품으로 품계는 낮으나 정승·판서도 제재할 수 있을 정도로 권한이 막강했기 때문이다. 이조정랑에게는 자신의 후임을 지명할 수 있는 자대권自代權, 사헌부·사간원·홍문관 삼사의 관리를 선발할 수 있는 통청권通淸權, 재야의 인재를 추천할 수 있는 낭천권郎薦權 등 막강한 인사권이 있었다. 정승·판서도 길에서 이조정랑을 만나면 가마에서 내려 인사를 나눌 정도였으니 이조정랑직을 누가 차지하느냐에 따라 권력의 향배가 결정되었다.

이조정랑 자리를 놓고 심의겸과 김효원이 대립하면서 동인과 서인으로 나뉘었고, 동인은 또 기축옥사 이후 남인과 북인으로 갈라졌다.

전 국사편찬위원회 위원장 이성무 박사는 선조가 취약한 왕권의 정통성을 극복하기 위해 신하들을 조정하며 붕당을 조장한 측면이 있다는 해석을 하기도 한다.[6] 그게 사실이든 아니든 선조 시대에 시작된 붕당정치는 조선이 망하기까지 3백여 년 동안 파란만장한 정치사에 오점을 남기는 시발점이 되었다.

동서 양당으로 갈라져 당쟁의 조짐이 일자 이이가 주동이 되어 김효원을 부령 부사(다음날 삼척 부사로 개수)로 심의겸을 개성 유수로 각각 지방관으로 보냈다. 1575년(선조 8년) 을해년에 일어났다고 해서 역사는 이를 을해당론이라 칭한다.[7]

---

6   이성무, 『조선국왕전』 청아출판사, 2012. 222쪽
7   『선조실록』 권9, 8년 10월 24일(무자)

김효원과 심의겸이 틈이 갈라져 각각 김효원을 부령 부사로, 심의겸을 개성 유수로 삼았다. 이때 심의겸과 김효원의 각립(사슴이 뿔을 맞대고 싸우듯 서로 대립하는 형세) 하는 의논이 분분하여 그치지 않으니 이이가 우의정 노수신盧守愼에게 말하기를 "두 사람은 모두 사류士類로서 흑백·사정이 서로 대립하는 것과 다르고, 또 참으로 틈이 생겨 서로 해치고자 하는 것도 아닙니다. 다만 말세의 풍속이 시끄러워 약간의 틈이 벌어진 것일 뿐인데 근거 없는 뜬소문이 교란하고 조정이 조용하지 못하니 마땅히 두 사람을 모두 외직으로 내보내어 근거 없는 의논을 진정시켜야 할 것입니다" 하니 임금이 이르기를 "한 조정에 있는 사람들은 서로 다 같이 공경하고 합심해야 하는 데도 서로 헐뜯는다니 매우 옳지 못하다. 두 사람을 모두 외직에 보임하라" 하였다.[8]

한국학중앙연구원은 을해당론의 의미를 다음과 같이 설명한다.
"1572년 영중추부사 이준경이 조정에 붕당의 징조가 있으니 그 사私를 깨뜨려야 한다고 주장함으로써 붕당의 조짐을 예견하였다. 그러나 뿌리는 이미 사류의 중앙 정계 진출에서 찾아볼 수 있고, 그 싹은 여러 차례의 사화를 겪은 과정에서 움튼 것으로 여겨진다. 이처럼 움터온 것이 서서히 드러난 것이다. 이때 이준경을 사악하다고 공격했던 이이조차도 을해당론 당시의 정계를 '심의겸은 앞서 사림을 붙들어 보호한 힘이 있어서 선배 사류가 이를 많이 인정하고, 김효원은 즐겨 깨끗한 선비를 관료로 끌어들이고 일을 처리할 때는 곧게 행하기를 즐겨 후배 사류

8   위와 같은 책

가 모두 이를 추앙하면서 존중하였다'라고 평해 붕당이 이미 구체적으로 형성되어가고 있는 것을 시인하고 있었다. 즉 대립한 두 세력이 상대방을 소인배 속류라 비방하거나 배격함으로써 붕당이 태동하기 시작하였다."

기축옥사己丑獄事
국난의 전조

"천하는 공물公物인데 어찌 정해진 임금이 있겠는가. 요 임금, 순 임금, 우 임금은 서로 전수하였으니 성인이 아닌가."[9]

천하의 명군인 요 임금도 제위를 순 임금에게 전수했고, 순 임금도 제위를 우 임금에게 전수했다. 이들조차도 자손에게 제위를 승계하지 않았으니 천하는 왕의 사유물이 아니다.

정여립鄭汝立의 이 말은 누구나 왕이 될 수 있다는 내용으로 당시로선 지극히 개혁적이고 불순한 사상이었다.

정여립은 전주 출신으로 25세에 문과 을과로 급제한 인재였다.[10] 처음에는 서인인 이이와 성혼 문하에 있으면서 각별한 후원과 촉망을 받았다. 그러나 수찬(홍문관 정6품)이 된 뒤 당시 집권 세력인 동인 편이 되어 이이를 배반하고, 성혼을 비판했다.[11]

이이가 정여립을 추천하는 장면이다.

---

9 『선조수정실록』 권23, 22년 10월 1일(을해)

10 〔문과〕 선조 3년(1570) 경오 식년시 을과 2위(05/34)

11 『한국민족문화대백과사전』 '정여립', 한국학중앙연구원

이이가 아뢰기를 "지금 인재가 적고 문사 중에는 쓸 만한 인물을 얻기가 더욱 어렵습니다. 정여립이 많이 배웠고 재주가 있는데 남을 업신여기는 병통이 비록 있기는 하지만 대현(어질고 지혜로운 사람) 이하로서야 전혀 병통 없는 사람이 어디 있겠습니까. 그가 실로 쓸만한 인물인데 매번 낙점하지 않으시니 혹시 무슨 참간(이간)의 말이라도 있는 것입니까" 하니 임금이 이르기를 "여립은 그를 칭찬하는 자도 없지만 헐뜯는 자도 없으니 어디 쓸 만한 자라고 하겠는가. 대체로 인재 등용에서 그 이름만 취하는 것은 옳지 않고 시험 삼아 써본 뒤에야 알 수 있다" 하였다.[12]

이이의 천거로 정여립은 1583년 예조 좌랑이 되고, 다음 해 홍문관 수찬이 되었다. 그러나 바로 이듬해인 1585년이 되자 정여립이 이이를 배신했다는 비난이 조정에 가득했다.

의주목사 서익이 장계를 올려 "신이 삼가 듣건대 정여립이 경연에서 이이를 공격하고, 드디어 박순朴淳·정철에까지 이르렀기 때문에 박순과 정철이 자리에 있기가 미안하여 은총을 피해 물러갔다고 하니 그 말이 사실입니까. 이 일은 다른 사람이라면 그럴 수 있어도 여립은 그렇게 할 수가 없습니다. 여립은 본래 이이의 문하생으로서 조정에 들어온 것이 모두 이이의 힘이었습니다" 하였다.[13]

12 『선조실록』 권17, 16년 10월 22일(경오)
13 『선조실록』 권19, 18년 5월 28일(무술)

정여립에게는 배신의 낙인이 찍혔다. 정여립의 거친 언사는 당시 국왕 선조 앞에서도 이어졌다. 정여립은 선조의 눈 밖에 났고, 조정에서 그를 애석히 여기는 천거가 잇따랐으나 선조는 끝내 윤허하지 않았다.[14]

낙향한 정여립은 진안 죽도竹島(전북 진안군)에 서사를 차려놓고, 대동계를 조직하여 불만 있는 사람들을 모아 무술 훈련을 시켰다. 기축년 (1589) 10월 황해도 관찰사 한준과 안악 군수 이축, 재령 군수 박충간 등이 연명하여 "정여립 일당이 그해 한강이 어는 겨울을 틈타 한양을 침범하려 한다"라며 고발했다.[15] 관련자들이 차례로 잡혀가자 정여립은 아들과 함께 죽도로 달아났다. 관군이 포위하자 스스로 칼자루를 땅에 꽂아 놓고 자결했다.

배신의 참극은 여기서 끝나지 않았다. '정여립 모반사건', 즉 역성혁명에 가담했다는 혐의로 무려 1천여 명이 죽임을 당했다. 이것이 기축옥사다.

정여립 모반사건은 아직도 역사의 의문으로 남아 있다. 죄 없는 사람을 무고하여 일으킨 무옥誣獄이라는 설과 정여립이 반역을 꾀한 모역謀逆이라는 양설로 나누어져 있다. 이런 논란이 분분한 것은 당파의 입장에 따라 주장하는 바가 달랐을 뿐 아니라 불과 3년 후에 발발한 임진왜란으로 모든 사료가 불타버렸기 때문이다.

그러나 분명한 것은 정치적 이단아 정여립의 배신이 도화선이 되어

14 『선조수정실록』 권23, 22년 10월 1일(을해)
15 『선조실록』 권23, 22년 10월 2일(병자)

동인과 정치권에 대재앙을 불러왔다는 사실이다. 여기에는 공정한 판정의 열쇠를 쥐고 있는 임금 선조의 역할이 중요했다. 그러나 정통성에 열등감을 가진 선조가 '정치적 배신'이나 '혁명적 반역'이란 명제 앞에서 이성적이고 객관적인 판단을 하길 기대하긴 어렵다. 집권 세력에서 밀려났던 서인의 반격으로 동인이 참변을 당하는 와중에 선조의 역할은 보이지 않는다.

당파적 균형으로 왕권을 강화하기 위한 묵시적 승인이었을까. 예나 지금이나 시세에 따라 정치권력에 아부하여 이합집산하는 정치인들을 생각하지 않을 수 없다.

기축옥사의 위관委官 정철鄭澈 또한 희생양이었다. 정여립을 역적으로 체포할 것을 상소하여 우의정에 발탁되고 위관을 맡았으니 천여 명이 희생된 옥사의 책임을 면할 수는 없다. 문제는 선조였다. 동인 세력을 견제하려는 선조가 서인의 영수 정철의 타협하지 않는 강직한 성품을 이용한 측면이 있다. 광기 어린 옥사가 끝나자 선조는 정철을 독철毒澈이라 탓하며 좌의정에서 파직시켜 유배까지 보냈기 때문이다.[16] 정철이 광해군을 세자로 책봉할 것을 건의한 건저建儲 문제가 빌미가 되었지만,[17] 늘 의견을 달리하는 사람들을 탄핵했던 자신의 업보이기도 했다. 천재 시인이였으나 실패한 정치인 정철에게 분노의 생채기는 너무나 깊었다.

16 『선조수정실록』 권25, 24년 2월 1일(무진)
17 『선조수정실록』 권28, 27년 5월 1일(무인)

정여립을 모반으로 고변한 인물들은 평난공신平難功臣으로 녹훈을 받았지만,[18] 기축옥사는 임진왜란 직전까지 이어졌다. 미구에 닥칠 일본군의 침략을 대비하기도 모자란 시기에 임금과 조정의 눈과 귀를 온통 막아버린 대 옥사였다.

18 『선조수정실록』권24, 23년 8월 1일(경오)
평난공신 22인, 1등:3인(박충간·이축·한응인), 2등:12인(민인백·한준·이수·조구·남절·김귀영·유전·유홍·정철·이산해·홍성민·이준), 3등:7인(이헌국·최황·김명원·이증·이항복·강신·이정립)

기축옥사와 이순신

정여립 모반사건을 조사하는 수년 동안 수많은 사람이 목숨을 잃고, 수많은 가문이 멸문지화를 당했다. 정여립과 편지 한 통만 주고받아도 모반사건에 가담한 자로 둔갑하여 죽음을 면치 못했다.

이순신도 연루되어 화를 당할 뻔한 위기가 여러 번 있었다. 만일 이때 묶였다면 임진왜란의 이순신은 없었을 것이다. 이 참극에서 이순신이 비켜 갈 수 있었음은 실로 천행이 아닐 수 없다.

첫째, 전라도 도사 조대중曹大中**과 이순신과의 관계가 위험했다.**

1582년 식년 문과에 병과로 급제한[19] 조대중이 1589년 전라도 도사로 있을 때 전라도 순찰사 이광의 군관이었던 이순신과 편지를 교환한 적이 있다. 조대중이 이순신에게 안부를 묻기도 하고, 이순신이 답장을 보내기도 했다. 나중에 조대중이 정여립 모반사건에 연루되어 그의 집을 뒤지던 중 이순신의 편지가 발견된 것이다.

이때 이순신이 길에서 금오랑(의금부도사)을 만났는데 금오랑이 이르기

---

19 〔문과〕 선조 15년(1582) 임오 식년시 병과 24위(34/35)

를 "공의 편지가 조대중의 수색물 가운데 들어있소. 공을 위해서 이것을 뽑아 버릴까 하는데 어떻겠소"하고 제의했다. 그러자 이순신은 한마디로 거절했다. "아니요. 지난날 도사가 내게 편지를 보냈기에 답장을 했을 뿐이고, 이미 수색물 속에 들어있는 공물인 것을 사사로이 뽑아 버리는 일은 온당한 일이 아니요" 하였다.

이순신은 거리낄 게 없었으니 겁날 일도 없었다. 하지만 이 한 장의 편지는 자칫 죽음을 몰고 올 수도 있었다. 왜냐하면 정여립과 조대중, 조대중과 이순신의 연결 고리로 트집을 잡을 수 있었기 때문이다.

"조대중은 당시 전라도 도사로 있으면서 관내를 순찰하는 중 전라남도 보성에서 정여립의 자살 소식을 듣고 눈물을 흘렸다는 죄로 장살杖殺을 당했다고 한다. 사실은 마침 부안에서 데려온 관기와 이별할 때 흘린 눈물이 잘못 전달되어 그런 참혹한 형벌을 당한 것이라고 하는데, 한 여인과의 이별의 눈물이 나라에 반역한 역적의 눈물로 오인되어 목숨을 잃은 것이다."[20]

기생과 사랑의 눈물이 역모의 눈물이 되는 세상이었으니 이순신과 조대중이 나눈 편지 한 장도 얼마든지 모반의 편지로 둔갑할 수 있었던 일이다.

둘째, 우의정 정언신鄭彦信과 이순신의 관계가 위험했다.

기축옥사가 한창이던 1589년 12월 이순신이 차사원(특수임무를 띤 임시 벼슬)으로 한성에 들어오자마자 우의정 정언신이 갇혀 있는 감옥으로 찾아갔다. 그때 이순신은 금오랑이 당상에 모여 앉아 술 마시고 노래하는 것

---

20   이은상, 『충무공 발자국 따라, 태양이 비치는 길로』, 삼중당, 1973. 242쪽.

에 분노하여 질책했다. "죄가 있고 없는 것은 막론하고, 일국의 대신이 옥중에 있는데 이렇게 당상에서 논다는 것은 미안한 일이 아니오?" 하니 금오랑도 얼굴빛을 고치고 사과했다.[21]

사실 이런 행동은 정신 나간 짓이었다. 당시 정언신은 정여립 모반사건에 연루되어 구속되어 있었다. 한낱 군관이자 차사원인 지방관리가 중앙 관리인 금오랑을 꾸짖는 장면은 얼마든지 모반의 일당으로 곡해될 수 있었다. 선조도 "역적을 두호한 자 역적을 면할 수 없고, 그 두호하는 자를 두호하는 자 역시 역적이라 아니할 수 없다"라고 했기 때문이다.[22]

정언신이 누구인가. 1583년 경기 관찰사였던 정언신은 함경도에 여진족 니탕개尼湯介의 난이 일어나자 도순찰사로 파견되었다. 이때 이순신·신립·김시민·이억기 등 쟁쟁한 무관들을 거느리고 여진족을 격퇴하였다. 정언신이 변방의 일을 끝내고 함경도 관찰사가 되었을 때 이순신이 조산 만호로 부임해와 인연을 이어갔다.

이순신을 녹둔도 둔전관을 겸하도록 조정에 천거한 이가 정언신이다. 이순신의 비범함을 눈여겨보았던 정언신은 자신이 심혈을 기울여 조성한 녹둔도 둔전[23] 경영을 이순신에게 위임한 것이다.

1589년 1월 21일 병조판서였던 정언신은 비변사가 무관을 채용할 때도 이순신을 추천했다.[24] 당시 10명의 대신이 37명의 무관을 추천했는데 정

---

21 이순신, 『완역 이충무공전서』 권9 행록(1) 이은상 역, 성문각, 1988, 19쪽

22 『선조실록』 권23, 22년 12월 14일(정해)

23 『선조실록』 권21, 20년 10월 4일(기미)
　　『선조실록』 권187, 38년 5월 29일(임인)

24 『선조실록』 권23, 22년 1월 21일(기사)

언신은 우의정 이산해와 함께 이순신을 세 번째로 천거했다. 류성룡의 전라 좌수사 추천 이전에 이미 정언신의 천거가 영향을 미쳤음을 알 수 있다.

정언신은 정여립 일파로 모함받아 남해에 유배되었다가 투옥되었다. 사약의 하교가 있었으나 감형되어 갑산에 유배되어 그곳에서 죽었다. 정언신의 죽음이 이순신에게까지 미치지 않은 건 천만다행이었다.

셋째, 영의정 노수신盧守愼과 이순신의 관계가 위험했다.

노수신은 1543년 식년 문과에 장원급제하고,[25] 전적·수찬 등을 거쳐 우의정·좌의정·영의정을 지냈다. 1588년 영의정을 사임하고, 영중추부사가 되었으나 이듬해 10월 기축옥사가 일어나자 과거에 정여립을 천거했다는 이유로 선조가 격노하여 대간의 탄핵을 받고 파직되었다.

> 상이 대신에게 전교하기를, "노수신은 일찍이 갑신년에 의정부에 있으면서 현인을 천거하라는 명을 받고는 이에 김우옹·이발·백유양·정여립을 천거하였다. 내가 우연히 문서를 들춰보다가 이 사실을 알고는 나도 모르는 사이에 머리카락이 곤두섰다. 예로부터 이런 대신이 있었던가? 이 경卿에 대해서는 내가 우대해야 하겠으나 흥망이 걸린 문제라서 덮어둘 수 없으니 조정의 공론에 따라 처리하려 한다"라고 하였다.[26]

---

25 〔문과〕 중종 38년(1543) 계묘 식년시 갑과 1위(01/33)

26 『선조수정실록』 권24, 23년 2월 1일(계유)

대간이 "노수신은 어진 이를 천거하라는 명을 받들고 곧 김우옹·
이발·백유양·정여립을 천거했습니다. 이들 네 사람은 당시에 다 드
러나지는 않았지만 그들의 음사陰邪한 정상에 대해 사대부 중에는 혹
환히 알고 있는 이도 있어서 심지어 훗날 이들이 틀림없이 국가에 화
를 끼칠 것이라고 여긴 사람까지 있었습니다. 지금에 와서 여립은 반
역죄로 주벌되었고, 이발과 백유양은 역적에게 연루되어 장살되었으
며, 김우옹은 간사하다는 이유로 유배까지 갔으니 노수신이 천거한
자들이 과연 어떠합니까. 바야흐로 사의가 횡행할 때 그 성세를 서로
의지하여 역적들이 위를 능멸하는 마음을 조성시켰습니다. 그뿐 아니
라 조짐을 막고 간사함을 꺾는 말을 한마디도 한 적이 없음은 물론 도
리어 그들을 천거했습니다. 변고가 일어난 뒤에도 지난날 역적을 천
거한 것을 자책하지 않고 단지 조용히 처리할 것을 말했으니 처음부터
끝까지 일을 그르친 죄가 큽니다. 삭탈관직하소서" 하니 임금이 "파
직하라"고 답하였다.[27]

노수신이 추천했던 인물들이 줄줄이 화를 당했고, 노수신도 정여립을
어진 선비로 천거했다는 이유로 1590년에 파직당했다.[28] 이 노수신이 이
순신을 천거한 일이 있었다.

일찍이 상신 노수신이 권율權慄·이순신을 천거하여 장수로 삼았

27 『선조실록』 권24, 23년 3월 19일(경신)
28 『선조수정실록』 권24, 23년 2월 1일(계유)

다.[29]

　사실 인재를 추천하는 일은 매우 중요하고 자칫 위험할 수 있다. 추천한 인물이 잘 되었을 때는 문제가 없지만, 추천한 인물이 대역죄를 저질렀다고 하면 그 모든 책임을 뒤집어쓸 수밖에 없다.

　노수신이 정여립을 천거한 이유로 파직당할 때, 노수신이 천거했던 이순신에게 화가 미치지 않은 것 또한 다행이었다. 이때 이순신이 간접적인 이유라도 정여립 모반사건에 엮여 화를 입었다면 임진왜란을 막을 이 누구였으며, 정유재란에서 일본군을 물리칠 이 누구였을까. 나라가 망할 위기가 되면 반드시 하늘이 구원할 이를 보내신다더니 충무공 이순신이 바로 그 사람이었던가 보다.

29　『인조실록』 권39, 17년 7월 23일(무인)

종계변무宗系辨誣
서손의 자존감 회복

　조선 왕실에 큰 경사가 났다. 태조 이성계가 나라를 개국한 지 2백 년이 되도록 풀지 못한 왕실의 숙원이 해결되었기 때문이다. 이른바 종계변무의 완성이었다. 종계변무란 명나라의 법전 대명회전大明會典에 조선의 태조 이성계李成桂가 고려의 권신 이인임李仁任의 아들로 잘못 기록된 내용을 고치는 일이다. 잘 아는 바와 같이 이성계의 부친은 이자춘李子春이다. 더욱이 이인임은 고려 우왕 때의 탐학 권신으로 이성계의 정적이었다. 그런 이인임이 이성계의 부친이라는 것은 조선왕조의 정통성이나 합법성 면에서 절대로 용납할 수 없는 일이었다.

　그뿐이 아니었다. 대명회전에는 이성계가 고려말 공민왕·우왕·창왕·공양왕 등 네 명의 왕을 죽이고 집권한 패륜아로 기록하고 있었다. 역사의 왜곡이었다. 조선이 명에 끈질기게 종계를 고쳐 달라고 했던 이유다. 그러나 명은 오히려 이를 빌미로 외교적 우위를 확보하고, 조선을 복속시키려고만 하였다. 이와 같은 원대한 숙원사업을 선조가 이뤄낸 것이다.

　도대체 어떤 연유로 명나라 법전에 그런 엉터리 기록이 실렸을까. 역사는 1390년(공양왕 2년) 고려말로 거슬러 올라간다. 당시 권력다툼에서 이성계의 정적이었던 파평군 윤이尹彝와 중랑장 이초李初가 명나라에 가서 거짓말을 한 것이다. 즉 이인임이 공민왕을 시해했고, 이인임의 아들 이성계가 우왕·창왕·공양왕을 시해했다고 전했다. 그뿐 아니라 이성계가 명나라까지 치려 한다고 했으니 이 사건을 '윤이·이초의 난'이라 한다.[30] 명나라는 이들의 얘기를 믿고 명 태조실록과 대명회전에 그대로 기록한 것이다.

이 사건은 조선의 내부 문제를 해결하기 위해 외세를 끌어들이는 비극의 출발점이 되었다. 이후 1592년 임진왜란 때는 선조가 명나라를, 1882년 임오군란·1884년 갑신정변·1894년 동학농민운동 때는 고종과 민왕후가 청나라를, 1896년 아관파천 때는 고종이 러시아를 끌어들였다. 1905년 을사늑약과 1910년 경술국치 때는 박제순·이완용 등 친일 내각과 이용구·송병준 등 친일 단체가 일본을 끌어들였다. 오늘날 일본에서 '조선을 강제로 점거한 사실이 없으며 오히려 조선이 먼저 병합을 요청했기 때문에 보호해 주었을 뿐'이라는 후안무치한 주장의 빌미를 제공했다. 주체적 능력으로 국난을 해결하지 못하고, 외세에 의존하고 사대했던 조선의 역사가 가슴 아프다.

어쨌든 조선 왕실의 종계가 명나라 법전에 잘못 기록된 사실을 알게 된 건 1394년(태조 3년) 4월 25일 조선 개국 2년 후였다. 명나라 사신 황영기黃永奇가 조선에 와서 올리는 축문에 '고려 배신 이인임의 아들 성계 지금 이름은 단'이라고 적혀 있었다. 명백한 오기였다. 역성혁명으로

---

30 『태조실록』 권5, 3년 2월 19일(기축), 명 홍무(洪武) 27년

개국한 조선으로서는 왕권의 합법성이 매우 중요한 문제였다.

조선은 그해 6월 황영기에게 잘못된 점을 지적해 보냈다. 그 내용에는 태조 이성계의 계보 22대를 기록하고, 태조 즉위의 정당성을 밝히고, 이인임의 불법적 행위를 상세히 기록했다.[31] 그러나 명나라는 별다른 반응이 없었다. 명 태조의 유훈에 조선왕 이성계는 이인임의 아들이라고 기록되었기 때문에 함부로 수정할 수 없다는 것이었다.

조선은 그 후로도 계속 기회 있을 때마다 개정을 주장했다. 무려 2백년 가까이 지난 1584년(선조 17년) 황정욱이 대명회전의 수정된 조선 관계 기록의 등본을 가지고 돌아옴으로써 드디어 종계변무의 목적을 달성했다.[32] 이어 1588년 3월 사은사 유홍이 종계를 개정한 책을 예부가 보내주었다고 전하자 선조의 기쁨은 하늘을 찔렀다.

> 선조가 승문원에 전교하기를 "수백 년 마음 아팠던 응어리가 깨끗이 씻기어 아버지가 없다가 아버지가 있게 되었고, 임금이 없다가 임금이 있게 함으로써 우리나라 수천 리가 비로소 인류를 되찾았으니 하늘에 계시는 조상의 영혼이 무어라 하시겠는가. 내가 이제야 할 말이 있게 되었다. 그러나 나같이 천박한 사람이 어찌 이를 이룰 수 있었겠는가. 이는 모두 조정의 제현들이 마음을 다해 주선한 소치다. 나의 마음이 실로 망극하기에 감히 나의 뜻을 말한다" 하였다.[33]

---

31 『태조실록』 권6, 3년 6월 16일(갑신)
32 『선조실록』 권18, 17년 11월 1일(계유)
33 『선조실록』 권22, 21년 3월 28일(신해)

선조는 친히 종묘에 가서 종계개정을 고하는 제사를 지냈다.[34]

1589년 11월 22일, 성절사 윤근수尹根壽가 대명회전 전질과 칙서를 받아 돌아왔다. 선조가 홍화문 밖에 나가 맞아 명정전에 나아가 하례를 받았다. 잡범과 사형수 이하를 사면하고, 윤근수의 품계를 높여주고, 전후 봉사한 사람 중에 공로가 있는 자에게 상을 주었다. 2백 년간 13명의 국왕이, 그것도 적자 선왕들이 이루지 못한 종계변무의 숙원을 방계의 서손 선조가 이룬 것이다. 종계변무의 완성은 선조의 열등감을 일거에 반전하는 자존감의 회복이었다.

34 『중종실록』 권67, 25년 3월 22일(임자)

광국공신 光國功臣
선조의 최애 윤두수 형제

조선의 외교적 난제로 역대 왕들을 괴롭혔던 종계변무를 선조가 해결했다. 그 중심인물에 이순신과 대척 관계인 원균의 친족 윤두수와 윤근수 형제가 있었다. 임진왜란 발발 2년 전인 1590년, 선조는 종계변무에 공을 세운 이들을 광국공신으로 세웠는데 윤근수가 1등, 윤두수가 2등 공신이었다.[35]

선조가 이들을 특별히 신임했던 일은 명나라 황제도 잘 알고 있었으니 "조선의 왕에게 신임받아 권세를 부리는 자는 윤두수·윤근수 두 사람뿐입니다"[36]라는 보고를 받았기 때문이다. 이들이 조정에서 얼마나 영향력을 발휘했는지, 또 임진왜란 중에 선조에게 얼마나 신임을 받았는지 알 수 있는 대목이다.

해원부원군에 봉해진 윤두수는 대사헌·호조판서를 역임했으나

---

35 『선조수정실록』 권24, 23년 8월 1일(경오)
광국공신 19명, 1등:3인(윤근수·황정욱·유홍) 2등:7인(이후백·홍성민·윤두수·한응인·윤섬·윤형·홍순언) 3등:9인(기대승·김주·이양원·황림·윤탁연·정철·이산해·류성룡·최황)

36 『선조실록』 권45, 26년 윤11월 16일(병신)

1591년 5월 도요토미 히데요시의 답서를 명나라에 알려 진상을 보고할 것을 주장하다가 파면되었다. 그리고 세자 책봉 문제로 정철이 화를 당할 때 같은 서인으로 연루되어 회령에 유배되었다. 그 후 윤두수의 견해가 타당함을 인정한 선조가 유배를 풀어줬고, 임진왜란이 발발하자 어영대장·우의정을 거쳐 좌의정에 이르렀다. 1594년 삼도 체찰사를 겸했으며,[37] 곧이어 판중추부사가 되었다.[38] 1597년 정유재란 때에는 영의정 류성룡과 함께 난국을 수습했다. 이듬해 다시 좌의정이 되고,[39] 영의정에 올랐으나[40] 대간의 계속되는 탄핵으로 불과 두 달 만에 사직하고 물러났다.[41]

해평부원군으로 봉해진 윤근수는 1590년 예조판서가 됐으나 이듬해 형 윤두수와 함께 삭탈관직되었다.[42] 임진왜란이 일어나자 예조판서로 다시 기용되었으며, 문안사·원접사·주청사 등으로 여러 차례 명나라에 파견되었다. 그 뒤 판중추부사를 거쳐 1595년 좌찬성으로,[43] 이듬해인 1596년 9월 판의금부사로 제수되었다.[44] 판의금부사는 의금부의 으뜸 벼슬로 종1품이었다. 윤근수는 두 달 후인 11월 임금께 이렇게 아뢴다.

"신이 접때 원균元均을 경상 우수사로 삼아 수군을 다시 거느려 적이

37 『선조실록』 권54, 27년 8월 6일(신해)
38 『선조실록』 권57, 27년 11월 1일(을해)
39 『선조실록』 권97, 31년 2월 25일(경진)
40 『선조실록』 권115, 32년 7월 24일(신미)
41 『선조실록』 권117, 32년 9월 19일(을축)
42 『선조실록』 권25, 24년 6월 25일(무오)
43 『선조실록』 권69, 28년 11월 23일(신묘)
44 『선조실록』 권80권, 29년 9월 3일(병신)

오는 데에 미리 대비하기를 청하였고, (중략) 임진년에 수전한 장수 중에서 공이 있는 자는 손꼽아 셀 수 있는데 그 가운데 원균이 가장 우직하여 제 몸을 잊고 용맹을 떨치며 죽음을 피하지 않아서 공적이 매우 뚜렷합니다. (중략) 어떤 이는 말하기를 '원균은 이순신과 서로 사이가 좋지 않다. 이순신이 통제사이므로 원균을 절제할 것인데 원균이 그 아래에 있는 것을 감수하지 못하여 두 장수가 화합되지 않을 것이니 일이 성공될 리가 없을 듯하다' 하나 신은 그렇지 않다고 생각합니다. 통제사란 직임은 한때의 필요에서 생긴 것이어서 그대로 둘 수도 있고 없앨 수도 있으므로 이순신의 통제사라는 직명도 오히려 낮출 수 있고, 혹 원균을 경상도 통제사라 칭하여 이순신과 대등하게 할 수도 있습니다. 이는 원균의 자급이 본디 이순신과 같았기 때문입니다. 이것은 국가의 존망에 관계되는 것이므로 감히 다시 아뢰어 번거롭게 하는 혐의를 피할 겨를이 없는 것입니다. (중략) 바라건대 속히 하서하여 이순신 등이 다른 말로 핑계하지 못하게 하소서."[45]

당시는 정유재란 발발 직전으로 이순신의 파직과 처벌이 논의되던 시점이었다. 이때 원균을 다시 경상 우수사로 천거한 이가 윤근수였다. 윤근수는 원균을 으뜸의 장수로, 이순신을 출전을 기피하고 핑계나 대는 장수라고 주장했다. 이런 차에 이순신이 1597년 3월 4일 의금부에 투옥되니 당시 판의금부사인 윤근수가 이순신에게 서슬 퍼런 추국을 했음을 알 수 있다.

---

45 『선조실록』 권82, 29년 11월 9일(신축)

윤두수와 윤근수는 네 살 터울의 형제로 1558년 같은 해 형은 식년시에, 동생은 별시에 급제했으니 아버지 윤변尹忭[46]과 함께 삼부자가 문과에 급제하는 영광을 누렸다. 이들 형제는 종계변무를 완성한 공로로 광국공신 1, 2등에 녹훈되고, 임진왜란 때는 피난 가는 선조를 호종한 공으로 각각 호성공신 2등에도 봉해졌다. 상황이 이러니 선조가 이들 형제가 두둔하는 원균은 편애하고, 이들이 비난하는 이순신은 미워한 사실을 짐작할 수 있다.

46 〔문과〕 중종 17년(1522) 임오 식년시 병과 12위(22/33)

2장

36계 줄행랑의
생존성 분노

도망逃亡
신뢰가 시의로 바뀌었다

종계변무의 해결로 자존감이 한껏 올라서일까. 임진왜란 이전의 선
조는 꽤 관대했다. 임진왜란 발발 5년 전인 정해년(1587) 10월, 함경도
북병사 이일李鎰이 군기를 그르친 죄를 물어 조산 만호 이순신을 옥에
가두었다고 보고했다. 이순신이 둔전관을 겸했던 녹둔도에 오랑캐가
침입하여 군사 10여 명이 피살되고, 106명의 양민과 15필의 말이 끌려
간 사건 때문이었다.[47] 보고를 받은 비변사도 이순신을 처벌할 것을 아
뢰자 선조는 "전쟁에서 패배한 사람과는 차이가 있으니 백의종군하여
공을 세우게 하라"며[48] 기회와 관용을 베풀었다.

또 기축년(1589) 7월, 선조가 좌부승지 황우한에게 하삼도의 병·수사
를 잘 선택하라는 전교를 내렸다. 이에 비변사에서 밀계로 여러 명의 장
수를 올렸으나 그중에 지난해 시전부락 전투에서[49] 큰 공을 세운 이순
신의 이름이 빠져있었다. 그러자 선조가 특별히 전교하기를 "이순신도

---

47 『선조실록』권21, 20년 10월 10일(을축)

48 위와 같은 책, 10월 16일(신미)

49 『선조실록』권22, 21년 1월 27일(신해)

채용하려 하니 참작해서 올려라" 하였다.[50] 선조의 기억 속에 유능한 장수 이순신이 있었다.

선조가 이순신에게 결정적 호의를 베푼 것은 임진왜란 직전인 1591년 2월 전라 좌수사로 제수할 때였다. 이때 이순신은 종6품 정읍 현감이었으니 무려 7계급을 승품시켜 정3품 전라 좌수사에 임용한 것이다. 선조는 이순신을 진도군수(종4품)로 먼저 제수하고, 곧이어 부임도 하기 전 전라 좌수사에 제수했다.[51]

사간원이 불복하여 아뢰기를 "전라 좌수사 이순신은 현감으로서 아직 군수에 부임하지도 않았는데 좌수사에 초수하시니 그것이 인재가 모자란 탓이긴 하지만 관작의 남용이 이보다 심할 수 없습니다. 체차(교체)시키소서" 하니 선조가 답하기를 "이순신의 일이 그러한 것은 나도 안다. 다만 지금은 상규에 구애될 수 없다. 인재가 모자라 그렇게 하지 않을 수 없었다. 그 사람이면 충분히 감당할 터이니 관작의 고하를 따질 필요가 없다. 다시 논하여 그의 마음을 동요시키지 말라" 하였다.[52]

사간원이 다시 "아무리 인재가 부족하다고 하지만 어떻게 현감을 갑자기 수사에 승임시킬 수 있겠습니까. 요행의 문이 한번 열리면 뒤 폐단을 막기 어려우니 빨리 체차시키소서" 하자 선조가 "개정하는 것이 옳다면

50 『선조실록』 권23, 22년 7월 28일(계유)

51 『선조실록』 권25, 24년 2월 13일(경진)

52 위와 같은 책, 2월 16일(계미)

개정하지 않겠는가. 개정할 수 없다"라며 강력하게 논란을 차단했다.[53] 임진왜란 이전까지는 선조가 이순신을 매우 신뢰했음을 알 수 있다.

그러나 임진년 4월 일본군이 쳐들어오자 선조의 공포는 두려움에서 분노로 바뀌었다.

공포에서 도망치고 싶은 마음은, 두려움이 분노로 바뀌면서 투쟁심으로 변한다. 목숨이 극도로 위험한 상황에 노출되었을 때, 그렇게 하면 두려워했을 때보다 안전한 기분이 들기 때문이다.[54]

선조의 마음이 그러했다. 선조가 의주까지 도망치면서 민심이 무섭게 돌아섰기 때문이다. 나라와 백성을 버리고, 종묘와 사직을 버리고 도망치는 임금을 향해 백성의 원망과 분노가 폭발했다. 도성에선 백성이 궁성을 불태웠고, 평양에선 군민이 궁비에게 몽둥이를 휘둘렀다. 사관은 사초를 불태우고 도망쳤고, 호종하던 대신들도 하나둘 사라졌다. 심지어 피난지의 백성이 일본군에게 임금이 도망간 길을 고자질하는 지경까지 이르렀다. 이같이 성난 민심은 임금의 자존감을 처참하게 무너트렸다. 잠재하고 있던 태생적 열등감과 민심의 이반은 또 다른 분노였다.

반면 백성의 민심은 이순신에게 쏠리고 있었다. 대부분 장수가 도망치고 패배하는 가운데 이순신만은 연전연승 승전보를 올리고 있었기 때문이다. 경상도 초유사 김성일의 보고에 따르면 일본군을 맨 처음 막았어야 할 경상 좌수사 박홍은 화살 한 개도 쏘지 않고 먼저 성을 버렸

53 『선조실록』 권25권, 24년 2월 18일(을유)

54 Ronald T. Potter-Efron, 『A Step-by-Step Guide to Over coming Explosive Anger』 (욱하는 성질 죽이기). 전승로 옮김, 다연, 2019, 146쪽.

으며, 경상 좌병사 이각은 동래로 도망쳤으며, 경상 우병사 조대곤은 시종 물러나 움츠렸고, 경상 우수사 원균은 군영을 불태우고 바다로 나아가 다만 배 한 척(실제로는 첫 출동에 판옥선 4척, 협선 2척 참전)만을 보전했다고 했기 때문이다.[55]

부산이 함락되었다는 급보에 임금 선조는 망연자실 두려움에 휩싸였다. 그렇게 믿었던 당대의 명장 이일은 상주에서 참패한 뒤 단기로 도망쳤고, 삼도 순변사 신립申砬도 충주에서 대패한 뒤 임금을 뵐 낯이 없다며 순절했다. 선조의 두려움은 분노로 바뀌었다. 전라 좌수사 이순신만이 자신의 위수 구역도 아닌 경상도 수역으로 나아가 연전연승 일본군을 격멸하니 그나마 희소식이었다.

일본군을 피해 의주까지 도망친 선조와 일본군을 잡으려고 부산 앞바다까지 쫓아간 이순신, 과연 민심은 어디를 향하겠는가. 혹독한 민심의 이반을 보면서 자괴감에 빠진 선조는 이순신을 시기하고 의심하기 시작했다. 7년 전쟁 내내 끊임없이 이순신을 비난하고 폄훼하는 모습이 그러했다.

임금으로서 신민의 신망과 기대를 받지 못한다는 점, 자신이 믿고 의지했던 명나라가 오히려 세자 광해와 이순신을 신뢰한다는 점 등 선조의 열등감이 시의猜疑(시기하고 의심함)를 불러왔다. 그러나 이것이 다 누구의 탓인가? 민심의 이반이 백성 탓인가? 아버지를 대신해 군민을 독려한 아들 광해 탓인가? 일본군을 물리치고 승리만 하는 이순신 탓인가? 점령군 행세를 하는 명나라 탓인가? 누구를 원망하랴. 자신이 행했던 비겁한 도망, 비굴한 망명 시도의 결과였다.

---

55 『선조실록』 권27, 25년 6월 28일(병진)

자구自救
광해를 세자로 책봉하다

임진년 4월 13일, 일본군 선발 대장 고니시 유키나가가 이끄는 1만 8천여 명이 부산 앞바다로 쳐들어왔다. 14일 아침 짙은 안개를 뚫고 상륙한 일본군이 부산진성을 공격했다. 반나절 만에 성은 함락되고, 첨사 정발은 전사했다. 일본군은 다대포진까지 공격했으나 첨사 윤흥신이 죽을힘을 다해 일본군을 막아냈다. 그러나 15일 다시 공격해온 일본군에게 다대포진은 무너지고, 윤흥신도 끝내 순절했다.

이어 동래성을 에워싼 일본군 장수가 '싸울 테면 싸우고, 싸우지 않으려면 길을 비켜라'라는 목패를 던져 겁박했다. 부사 송상현宋象賢은 '싸워서 죽을 수는 있어도 길을 내줄 수는 없다'라며 필사적으로 버텼으나 역부족이었다. 송상현도 전사했다.[56] 불과 이틀 만에 부산을 함락시킨 일본군은 파죽지세로 한성을 향해 내달렸다.

4월 25일 상주에서 순변사 이일이 일본군을 막아섰다. 그러나 이일은

---

56 이형석 『임진전란사』, 임진전란사간행위원회, 1974, 240~241쪽

제대로 응전조차 못 하고, 혼자서 말을 타고 도망쳤다.[57] 28일 신립이 충주 남한강에 배수의 진을 치고 싸웠으나 참패했다. 신립과 종사관 김여물과 박안민은 강에 몸을 던져 죽었다.[58] 충주가 무너졌다는 보고를 받은 선조는 아연실색했다. 더는 기댈 데가 없다고 판단한 선조는 부랴부랴 도성을 떠나 파천을 결정했다.[59]

왕실과 대신들이 파천의 부당함을 아뢰자 선조는 "가지 않고 마땅히 경들과 더불어 목숨을 바칠 것이다"[60]라고 하였다. 그러나 이는 말뿐이었고, 파천을 떠나기 위한 준비를 하고 있었다. 광해군을 세자로 책봉한 것이다.[61]

불과 일 년 전 '신묘년(1591)의 화禍', 즉 좌의정 정철이 광해군光海君을 세자로 책봉할 것을 건의했다가 파직되어 진주로 유배된 일을 생각하면[62] 이날의 책봉은 자신의 파천을 위한 자구책에 불과했다.

---

57 『선조실록』 권26, 25년 4월 17일(병오)
『선조수정실록』 권26, 25년 4월 14일(계묘)

58 『선조실록』 권26, 25년 4월 17일(병오)
『선조수정실록』 권26, 25년 4월 14일(계묘)

59 『선조실록』 권26, 25년 4월 28일(정사)

60 위와 같은 책, 4월 29일(무오)

61 위와 같은 책, 4월 28일(정사)

62 『선조수정실록』 권28, 27년 5월 1일(무인)

몽진蒙塵
우리는 누굴 믿고 살라는 말입니까

4월 29일 선조는 윤두수에게 어가의 호종扈從을 명하고, 각 왕자에게도 호종 담당자를 정하며 떠날 준비를 완료했다.[63] 밤이 깊어서야 이일의 장계가 도착했는데, 적이 머지않아 도성에 이를 것이 분명하다고 하였다.

4월 30일 선조는 날이 밝기도 전에 인정전을 빠져나왔다. 대궐 뜰엔 백관과 인마가 가득했지만 호종하는 문무관은 채 1백 명도 되지 않았다.[64] 밤이 칠흑같이 어둡고, 비까지 내려 지척을 분별할 수 없었는데, 도승지 이항복이 촛불을 잡고 앞을 인도하니 왕비가 성명을 물어서 알고 위로하며 권면하였다.[65]

류성룡은『징비록』에 이렇게 적었다.

"전날 초저녁 임금이 재상을 불러 피난을 논의했다. 선조의 두 형 하

63 『선조실록』 권26, 25년 4월 29일(무오)

64 위와 같은 책, 4월 30일(기미)

65 『선조수정실록』 권26, 25년 4월 14일(계묘)

원군과 하릉군 등도 함께 앉았는데 대신들이 아뢰기를 '사세가 이 지경에 이르렀으니 임금께서 잠시 평양에 가 계시고 명나라에 구원병을 청하여 수복을 도모하소서' 하였다. 장령(사헌부 정4품) 권협權悏이 임금의 무릎 가까이 다가가 큰소리로 '도성을 굳게 지켜야 합니다' 하고 외쳤다. 그 말이 매우 불경하였기에 내가 만류했다. '비록 위급한 때라고 해도 임금과 신하의 예의는 이런 것이 아니오. 조금 물러나서 아뢰시오' 하니 권협이 '좌의정께서도 그런 말씀을 하십니까. 그렇다면 한성을 버려도 된다는 말씀입니까' 하고 울분했다."[66]

임금의 어가가 도성을 빠져나가자 민심이 폭발했다. 분노한 백성이 공사 노비 문서가 보관된 장예원과 형조를 불살랐다, 궁성으로 달려간 백성이 경복궁·창덕궁·창경궁 세 궁궐을 모두 불 지르니 일시에 다 타버렸다.[67]

류성룡이 일행과 함께 돈의문을 지나 사현(무악재)에 이르니 동쪽이 밝아왔다. 성안을 돌아보니 남대문 안의 큰 창고에 불이 나서 연기와 불길이 하늘로 치솟았다. 선조 일행이 마산역(파주시 광탄면)을 지날 때 밭 가운데 있던 사람이 보고는 "나라가 우리를 버리니 우리는 누굴 믿고 살라는 말입니까"라며 울부짖었다.

저녁 8시경 동파역(파주시 진동면)에 도착했는데 파주 목사 허진과 장

---

66 류성룡, 『징비록』, 김시덕 역, 「교감해설 징비록」, 아카넷, 2013, 205~207쪽

67 『선조수정실록』 권26, 25년 4월 14일(계묘)
일본군이 도성에 들어왔을 때 장려한 궁궐을 보았다는 일본 측 기록과 강화가 시작되고 한성을 퇴각하는 일본군들이 방화했을 것이라는 추측설이 있으나 근거 있는 사료 확인은 불가능하다.

단 부사 구효연이 약식으로나마 수라간을 마련해 두었다. 그러나 온종일 굶주린 호위군들이 먼저 수라간에 난입하여 음식을 다 먹어버렸다. 임금께 드릴 음식이 없어지자 허진과 구효연은 두려워 달아났다.[68] 배고픈 호위군에게는 임금의 수라상도 안중에 없었다.

선조가 떠나고 사흘째 되는 5월 3일 일본군이 도성을 함락하니 도검찰사 이양원, 도원수 김명원, 부원수 신각 등이 모두 달아났다.[69] 임금도 신하도 하나같이 달아나니 백성은 누굴 믿고 살란 말인가?

68 류성룡, 『징비록』, 김시덕 역, 「교감해설 징비록」, 아카넷, 2013, 205~207쪽
69 『선조실록』 권26, 25년 5월 3일(임술)

몽진인가, 파천인가

선조의 피난은 파천播遷인가, 몽진蒙塵인가.

당대의 많은 사료가 선조의 피난을 파천으로 쓰고 있다. 일부는 몽진이라 쓰기도 했다. 파천은 임금의 거처를 옮기는 일이고, 몽진은 먼지를 뒤집어쓰고 거처를 옮기는 일이다. 파천은 선조실록에 140회, 선조수정실록에 12회 표기되어 있다. 하지만 몽진은 선조실록에만 단 9회 표기되어 있다. 역사를 기록하는 사관의 처지에서 몽진보다 파천이라 쓸 수밖에 없었음을 이해한다.

오늘의 우리는 파천하면 '아관파천'이 떠오른다. 고종이 일본군을 피해 경복궁 영추문을 빠져나와 러시아 공사관으로 거처를 옮겼던 일을 말한다. 그러나 선조가 일본군을 피해 경복궁 인정전을 빠져나와 의주까지 천 리 길을 도망쳤던 일을 단순히 파천이라 할 수 없다. 빗길을 뚫고 산길을 넘어 흙먼지 뒤집어쓰고 도망간 일은 몽진이라 기록해야 맞다. 사관들도 비판적 기사를 쓸 때는 여지없이 몽진이라 쓰고 있다. 역사가 실체적 사실을 기록하는 일이라면 파천보다 몽진이란 표현이 실체적 상황에 부합된다고 할 것이다.

문제는 용어가 아니라 피난의 당위성이다. 과연 전략적 선택이었나, 비겁한 도망이었나. 지금도 이론이 분분하다.

어쩔 수 없는 선택이었다는 관점은 이전에도 국왕이 도망치는 몽진의 역사가 있었다는 점을 들고 있다. 고려 제8대 현종은 1010년 거란의 2차 침략으로 개경이 함락되었을 때 나주까지 피난한 적이 있다. 제23대 고종은 9차례 몽골의 침입을 받은 여몽 전쟁 끝에 1232년 강화로 천도하여 28년간 항쟁한 적이 있다. 몽진은 국가를 지키기 위한 전략적 수단일 수도 있다. 하지만 무려 360년 전의 일이다. 조선 건국 이래 2백 년 만에 국왕 몽진이라는 미증유의 사태를 맞게 된 것이다.

비겁한 도망이라는 관점은 피난 과정에서 선조가 취했던 행동이 나라의 안위보다 자신의 생존을 더 걱정하는, 비겁한 태도였다고 보기 때문이다. 신하와 백성을 속이고 몽진을 떠난 일, 명나라로 내부(망명)하려 했던 일, 전후 공신 책봉에서 전장에서 싸웠던 신하보다 자신을 호종한 신하를 더 많이 우대한 일, 몽진했던 국왕이 자신의 존호를 높여 받은 일, 자강의 노력은 없고 오직 명군에게 구걸만 했던 일 등이다.

선조도 자신의 몽진이 임진왜란 7년 내내 자승자박의 족쇄가 되었음을 스스로 인식하고 있었다. 재위 기간 41년은 조선의 27명 국왕 중 네 번째로 길었던 기간이다. 하지만 선조는 손꼽히는 비겁한 겁왕, 무능한 국왕으로 전락하고 말았다.

시발始發
파천을 처음 발의한 사람은 선조였다

신료들의 반대에도 불구하고, 파천을 결정한 주체는 다름 아닌 선조 자신이었다. 실록의 기록이다.

충주에서 패전 보고가 이르자 임금이 대신과 대간을 불러 입대케 하고, 비로소 파천에 대한 말을 발의하였다(始發去邠之議). 대신 이하 모두가 눈물을 흘리며 부당함을 극언하였다. 영중추부사 김귀영이 아뢰기를 "종묘와 원릉이 모두 이곳에 계시는데 어디로 가시겠다는 것입니까. 경성을 고수하여 외부의 원군을 기다리는 것이 마땅합니다" 하였고, 우승지 신잡은 아뢰기를 "전하께서 끝내 파천하신다면 신의 집엔 80 노모가 계시니 신은 종묘의 대문 밖에서 스스로 자결할지언정 감히 전하의 뒤를 따르지 못하겠습니다" 하였고, 수찬 박동현은 "전하께서 일단 도성을 나가시면 인심은 보장할 수 없습니다. 전하의 연을 멘 인부도 길모퉁이에 연을 버려둔 채 달아날 것입니다" 하면서 목

놓아 통곡하니 상이 얼굴빛이 변하여 내전으로 들어가 버렸다.[70]

하지만 영의정 이산해는 그저 울기만 하다가 나와서 승지 신잡에게 옛날에도 피난한 사례가 있다고 말했으므로 모두가 웅성거리며 그 죄를 이산해에게 돌렸고, 양사가 합계하여 파면을 청했으나 선조가 윤허하지 않았다.[71] 선조가 동조자인 이산해의 파면을 윤허할 리가 없었다.

이보다 앞서 선조가 피난을 준비하고 있음을 눈치챈 신하의 상소가 날카롭다.

기성부원군 유홍俞泓이 경성을 고수하여 사직과 함께 죽을 것을 상소하고 또 아뢰기를 "미투리는 궁중에서 쓰는 것이 아니고 백금은 적을 방어하는 물건이 아닙니다. 지금 화급을 다투는 격문이 빗발치듯 하는데 문득 무역할 것을 명하시니 전하께서는 어찌 이토록 나라를 망치는 일을 하십니까" 하니 상이 타이르기를 "내가 여기를 버리고 어디로 가겠는가. 미투리는 바로 출정하는 군사에게 주려고 무역하게 하였고, 백금은 변란 전에 무역하게 한 것이니 이는 날조된 말이다. 경은 의심하지 말라" 하였다.[72]

---

70 『선조실록』 권26, 25년 4월 28일(정사)
　　거빈(去邠): 임금이 전란을 피해 서울을 버리고 다른 곳으로 옮겨가는 것. 원래 빈(邠)은 중국 주(周)나라의 서울이었는데 태왕(太王)이 오랑캐의 침입을 받자 기산(岐山) 밑으로 옮겨간 고사에서 유래함. 유사어 파천

71 『선조실록』 권26, 25년 4월 28일(정사)

72 『선조수정실록』 권26, 25년 4월 14일(계묘)

신하는 임금이 도망칠 준비로 미투리와 백금을 수입했다며 성토하고, 임금은 오해하지 말라며 설득하고 있다. 참으로 비극적인 장면이 아닐 수 없다.

유홍의 의심처럼 선조는 진작부터 피난할 준비를 하고 있었다는 비난을 면할 수 없다. 줄행랑은 손자병법 삼십육계 중 마지막 패전계로 장수가 이기기 위한 계략이지 임금의 생존을 위한 수단은 아닐 것이다.

파천은 묘수인가?

선조의 파천은 절묘한 선택인가, 비겁한 도망인가. 역사가들의 이론이 분분하다. 국왕이 잡히면 나라가 망할 수 있다는 전제에서 생각하면 선조의 파천은 나름 타당해 보인다. 왜냐하면 4월 30일 도성을 빠져나왔는데 사흘 후인 5월 3일 함락당했고, 또 6월 11일 평양성을 떠났는데 사흘 후인 14일 함락당했기 때문이다. 만일 선조가 도망하지 않고 그대로 있었다면 일본군에게 포로로 잡히거나 죽었을지도 모른다. 삼전도의 굴욕을 당한 인조仁祖처럼 적에게 항복하고 전쟁에 패하는 비극을 가져왔을지도 모른다. 선조의 파천이 타당했다고 보는 사람들의 이야기다.

　과연 그런 상황이 벌어졌다면 조선은 정말 망했을까. 조선은 일본처럼 성주가 항복하거나 할복하면 통째로 넘어가는 그런 나라가 아니었다. 국왕이 죽으면 세자가 곧바로 즉위하는 세습체제였고, 이미 광해군의 나이 18세였다. 제9대 성종은 13세에 즉위했어도 성군이 되었고, 제13대 명종은 12세에 즉위했고, 선조 자신도 16세에 즉위했다.
　선조의 파천은 왕조의 영속을 빙자하여 자신의 생존을 지키려는 이기적 판단이 아니었는가. 한 나라의 국왕이 백성을 버리고 먼저 도망쳐도 되는 것일까. 이미 세자 책봉과 분조까지 하는 마당에 자신의 한 몸 바쳐 나라를 살리겠다는 용단은 왜 없었을까.

세자 광해는 분조分朝 이후 소조를 이끌고 남으로 향했다. 전쟁터를 돌며 군무를 지원하고 백성을 위무했다. 책봉과 분조까지 해놓고 도망칠 생각만 하는 부왕 선조와는 달라도 아주 달랐다. 만일 선조가 목숨을 걸고 당당하게 버텼다면 관군이나 의·승병, 그리고 백성도 일본군을 물리치는 데 더 많이, 더 적극적으로 목숨을 걸었을 것이다. 거듭되는 선조의 파천은 아무리 전략이었다 해도 그 타당성을 인정할 수 없다. 선조는 도성인 한성을 떠날 때도, 평양성을 떠날 때도, 명나라로 망명하려 할 때도 백성을 속이고 약속을 저버렸다. 특히 종묘사직에 대한 권한을 광해군에게 넘기고 자신은 망명하려 했기 때문에 왕실을 지키기 위해 파천했다는 명분은 사라졌다. 사실상 한 나라의 왕이자 아버지가 자신만을 위해 백성과 나라 그리고 자식마저도 버렸다는 비난을 면할 수 없다.

오늘날에도 이런 비극은 반복되고 있다. 얼마 전 탈레반에게 수도 카불이 함락 위기에 처하자 누구보다 재빨리 국외로 도망친 아슈라프 가니 아프가니스탄 대통령 이야기다. 가니 대통령은 당시 엄청난 현금을 갖고 있었는데 탈출용 헬기에 다 싣지 못해 일부는 활주로에 남겨 두고 떠났다고 한다.

가니 대통령은 뒤늦게 "탈레반은 카불을 공격해 나를 타도하겠다는 의사를 분명히 밝혔다"라며 "학살을 막기 위해 떠나기로 했다. 만약 내가 아프간에 머물러 있었다면 수없이 많은 애국자가 순국하고 카불이 망가졌을 것"이라고 변명을 늘어놓았다.

　이 같은 행동에 대해 국민은 물론 정부 내에서도 비판이 일고 있다. 예나 지금이나 도망자들의 한결같은 궤변과 합리화, 지독한 이기심과 사리 추구에 할 말을 잃는다.

기망欺罔
신하를 속이고 백성을 버리고

선조는 전쟁 초기부터 신하와 백성을 속였다. 4월 29일 선조가 피난을 결심하고도 떠나지 않겠다며 신하를 속이는 모습이다.

> 파천에 대한 논의가 이미 결정되어 종실 해풍군 이기李耆 등 수십 명이 합문을 두드리고 통곡하니 상이 전교하기를 "가지 않고 마땅히 경들과 더불어 목숨을 바칠 것이다" 하였다. 이에 기 등이 물러갔다.[73]

하지만 선조는 다음날 새벽 도성을 빠져나갔다. 4월 30일 동파에서 자신의 안위를 위해 신하와 백성을 버리는 모습이다.

> 저녁에 임진강 나루에 닿아 배에 올랐다. 밤은 칠흑같이 어두운데 한 개의 등촉도 없었다. 밤이 깊은 후에 겨우 동파까지 닿았다. 임금이 배를 가라앉히고 나루를 끊고 가까운 곳의 인가도 모두 철거시키도록

---

73 『선조실록』 권26, 25년 4월 29일(무오)

명했다. 적병이 그것을 뗏목으로 이용할 것을 걱정했다. 백관들은 굶주리고 지쳐 촌가에 흩어져 잤는데 강을 건너지 못한 사람이 반이 넘었다.[74]

적병이 이용할 것은 걱정해도 신하와 백성이 강을 건너지 못할 것은 아랑곳하지 않았다. 하지만 자기 자식의 피난 길은 상賞을 주면서까지 챙겼다. 5월 1일의 기록이다.

상이 개성에 머문 지 이틀 만에 금교역에 머물렀다. 이날 적이 이미 경성에 침입하여 서쪽으로 향한다는 말을 듣고 상이 다급하여 재촉해서 떠났다. (당시 정혜 옹주가 아직 어렸는데 피난길이 어수선하고 말을 준비할 수 없었으므로 따르는 관리들에게 명하여 자원하여 다른 길로 데리고 가서 난리를 피하게 하면 후한 상을 내릴 것이라고 하였다) 내수사 관원 윤백상이 전지에 응하여 길을 바꿔 황해도 산길로 들어가 갖은 고생을 겪으면서 적을 피한 뒤 겨울에야 사잇길로 의주에 이르렀다.[75]

전쟁통이라도 금쪽같은 딸을 챙기는 임금의 가족 사랑이 그야말로 가상嘉賞하다. 그러나 호송 중에 부모의 안부를 걱정하는 신하의 근친은 거절하는 모습이다. 5월 18일의 기록이다.

74 위와 같은 책, 4월 30일(기미)
75 『선조수정실록』 권26, 25년 5월 1일(경신)

이때 호위하던 신하 중 부모의 행방을 알지 못하는 자가 생겨 잇달아 사직을 청하니 상이 청하는 자마다 허락하였으므로 조정이 거의 빌 지경에 이르렀다. 이에 대신 최흥원·윤두수·유홍이 아뢰기를 "행궁의 호위가 빈약하여 체모가 없습니다. 남의 신하가 된 도리에 있어서는 위급한 때가 임박하면 있던 자리에서 죽어야 하는 것입니다. 이제부터는 친상親喪을 당했다는 소식이 확실한 자 이외는 사사로운 편의를 일체 허락하지 않음으로써 대의를 중하게 하소서"하니 상이 따랐다.[76]

전쟁통에 하늘 같은 노부모의 생사를 모르는 자식의 마음이야 또한 오죽하겠는가. 충과 효는 하나인데 임금에 대한 충만 챙기고, 백성의 효는 버리는 처사였다.

76 『선조실록』 권26, 25년 5월 18일(정축)

교언巧言
죽음으로써 평양성을 지키겠다

선조는 5월 7일 평양성에 들어갔다. 그러나 평양에 머문 기간은 불과 한 달 남짓이었다. 한성이 함락되기 사흘 전 도망쳤던 것처럼 평양성이 함락되기 사흘 전 또다시 도망쳤기 때문이다.[77]

평양성에도 선조가 도망칠지 모른다는 소문이 파다했다.

6월 2일 선조가 "이제 또 어디로 갈 것인가"를 대사간 정곤수에게 물으니 "의주로 가되 먼저 백성을 알아듣게 타일러야 합니다" 하였다.[78] 선조는 함구문으로 가서 군민들에게 "죽음으로써 평양성을 지키겠다"고 다짐했다.[79] 한성을 떠날 때 "가지 않고 마땅히 경들과 더불어 목숨을 바칠 것이다" 했던 모습과 닮은꼴이었다. 역시 말뿐이었다.

6월 10일 중전이 함흥으로 가기 위해 궁속이 먼저 나가자 평양 군민들이 난을 일으켜 몽둥이로 궁비를 쳐 말 아래로 떨어뜨렸으며 호조판

77 『선조실록』 권27, 25년 6월 11일(기해)

78 위와 같은 책, 6월 2일(경인)

79 위와 같은 책, 6월 2일(경인)

서 홍여순은 길에서 백성에게 맞아 등을 다쳐 부축받아 돌아왔다. 거리마다 칼과 창이 삼엄했고, 고함이 진동했는데 모두 대가가 성을 나가지 못하도록 하려 함이었다.[80]

6월 11일 평양성을 떠날 때도 한성을 떠날 때와 상황이 크게 다르지 않았다. 며칠 전부터 임금이 성을 떠나려 한다는 소문이 떠돌았다. 많은 백성이 이를 눈치채고 먼저 성을 나가 도망쳤다.

선조는 세자에게 대동관문에 나아가 평양성을 굳게 지킬 뜻을 알리라고 했다. 그러자 백성이 "반드시 국왕이 직접 말하는 것을 들어야만 하겠다"라고 하자 이튿날 어쩔 수 없이 관문에 나아가 승지를 시켜 설득하게 했다. 노인 수십 명이 절하고 엎드려 통곡하다가 명을 받들고 물러갔다. 그리고는 사람들을 불러 성으로 들어오게 하니 성안이 모두 꽉 찼다.

그러나 선조는 재신 노직魯直에게 명하여 종묘사직 위판을 받들고 궁인을 호위해서 먼저 떠나도록 하였다. 한성을 떠날 때 했던 거짓말을 평양성을 떠나면서도 되풀이하는 선조였다.

무섭게 분노한 백성이 가만히 있을 리가 없었다. 몽둥이와 칼을 들고 길을 가로막고 신하들을 가리키며 큰 소리로 꾸짖었다.

"너희들이 평일에 국록만 훔쳐 먹다가 이제는 나라를 그르치고 백성을 속이는가?"

80 위와 같은 책, 6월 10일(무술)

또 행궁의 문에 모여 "이미 성을 버리려고 했으면서 왜 우리를 속여 성에 들어오도록 하여 적의 손에 어육이 되게 하는가"라고 부르짖었다.[81]

그런데도 선조는 다음날 평양성을 떠나[82] 13일 영변에 도착했다.

81 『선조수정실록』 권26, 25년 6월 1일(기축)

82 『선조실록』 권27, 25년 6월 11일(기해)

내부內附
명나라로 망명하는 것이 본래 나의 뜻이다

　백성이 더욱 분노한 것은 임금이 도성을 버린 것도 모자라 나라를 버리고 망명한다는 소문이었다. 선조는 도성을 떠날 때부터 이미 명나라로 망명할 계획을 하고 있었다.

　5월 1일 동파관을 떠나던 날[83] 아침 선조가 대신들을 불러서 이르기를 "일이 이렇게까지 되었으니 내가 어디로 가야 하겠는가. 꺼리거나 숨기지 말고 속에 있는 생각을 털어놓고 말하라" 하니 신하들이 얼른 대답을 못 하고 눈물만 흘렸다. 선조가 이항복에게 "승지의 뜻은 어떠한가" 하고 물으니 그의 대답이 놀랍다.

　"의주에 머물만합니다. 만약 형세와 힘이 궁하여 팔도가 모두 함락된다면 바로 명나라에 가서 호소할 수 있습니다."[84]

　이때 류성룡이 펄쩍 뛰며 "안 됩니다. 대가(임금의 수레)가 우리 국토 밖으로 한 걸음만 떠나가면 조선은 더는 우리 땅이 아닙니다" 하였다. 그

---

83 『선조실록』 권26, 25년 5월 1일(경신)
84 『선조수정실록』 권26, 25년 5월 1일(경신)

러나 선조는 이미 마음을 굳히고 있었다. "명나라로 내부(망명)하는 것이 본래 나의 뜻이다"라고 선언했다. 류성룡은 다시 "아니 되옵니다" 하였고, 이항복도 다시 아뢰기를 "신이 말한 것은 곧장 압록강을 건너자는 것이 아니라 극단의 경우를 두고 한 말입니다"라고 하였다.

류성룡이 실망하여 이항복을 책망하기를 "어떻게 경솔히 나라를 버리자는 의논을 내놓는가. 자네가 비록 길가에서 임금을 따라 죽더라도 궁녀나 내시의 충성밖에 되지 못할 것이다. 이 말이 한번 퍼지면 인심이 크게 무너질 것이니 누가 그 수습을 할 수 있겠는가"하고 질책하니 이항복이 사과하였다.[85]

선조의 마음은 이미 명나라를 향하고 있었다. 이항복의 의견은 곧 선조의 의중이었기 때문이다. 이항복은 전쟁이 끝난 후 호성공신 1등에 책봉되었다.

6월 13일 선조는 영변 행궁에서 신하들에게 명나라로 망명하겠다는 의지를 밝혔다.

"당초에 요동으로 갔었더라면 좋았을 것인데 의논이 일치하지 않아 이와 같은 지경에 이르게 되었다. 나는 처음부터 항상 왜적이 앞에서 나타난 뒤에는 피해 가기 어렵다는 일로 말하곤 하였다."

선조가 요동으로 들어갈 일에 대하여 말하자 영의정 최흥원崔興源이 아뢰기를 "요동은 인심이 몹시 험합니다" 하니 "그렇다면 어찌 갈 만한 지역을 말하지 않는가. 내가 천자의 나라에서 죽는 것은 괜찮지만 왜적

85 『선조수정실록』 권26, 25년 5월 1일(경신)

의 손에 죽을 수는 없다"라고 말했다. 최흥원이 "소신의 생각에는 요동으로 들어가는 것은 불가합니다. 들어갔다가 허락하지 않으면 어떻게 하겠습니까" 하니 "아무리 그렇더라도 나는 반드시 압록강을 건너갈 것이다" 하였다.[86]

　　선조가 명나라 요동으로 가겠다는 결심은 너무나 확고했다. 망명을 말리는 신하와 망명을 고집하는 임금, 과연 누가 나라의 진정한 주인이란 말인가.

86　『선조실록』 권27, 25년 6월 13일(신축)

분조分朝
아비는 살길로, 자식은 죽을 길로

6월 13일 선조는 조정을 반으로 나누는 분조를 단행했다. 선조 자신은 대조大朝를 맡아 명나라로 망명할 테니 세자 광해는 소조小朝를 맡아 종묘사직을 지키라는 것이었다. 자신은 살길을 찾아 명나라로 가고, 자식은 죽음의 길인 전쟁터로 가라는 이기적인 아버지였다.

다음 날 선조는 요동으로 건너갈 계획을 결정하고, 선전관을 보내어 중전을 맞아 돌아오도록 하였다.[87] 그리고 22일 드디어 의주에 도착했다.

백성은 크게 실망했다. 국왕이 명나라로 망명한다는 소식을 들었기 때문이다. 선조가 의주에 도착했을 때 성안은 텅 비어 있었고, 백성은 모두 산골짜기로 들어가 숨어버렸다.

의주 목사 황진과 판관 권탁이 관아의 여종 두어 명을 데리고 국왕의 수라를 장만하는 정도였다. 임금을 따라간 관원들이 성안의 빈집에 분산 거처했지만, 꼴과 땔나무조차 없었으니 적막하기가 마치 빈 성과 같

---

87 『선조실록』 권27, 25년 6월 14일(임인)

았다.[88] 민심의 이반과 백성의 울분이 이와 같았다.

선조는 분조 후에도 십여 차례 선위禪位 소동을 벌였다. 말로는 전란의 책임을 지겠다고 했으나 명의 불신과 압박, 백성의 원성과 이반으로 입지가 불안했기 때문이다. 그러나 광해에게 양위하겠다는 선위소동은 세자의 정치적 위상을 떨어트리고, 자신의 입지를 강화하려는 정치적 제스처에 불과했다.

이 같은 사실을 잘 알고 있는 사관은 선조의 뜻이 선위에 있지 않음과 또 너무나 잦은 선위 파동에 대해 조롱하고 비아냥거리는 논평을 싣고 있다. 사신은 논한다.

상이 2백 년 조종의 기업을 당대에 이르러서 남김없이 다 멸망시켜 놓고 겸퇴하면서 다시는 백성의 윗자리에 군림하지 않고자 하여 하루 아침에 병을 이유로 총명한 후사에게 대위를 물려주려고 하니 그 심정은 진실로 서글프나 그 뜻은 매우 아름다운 것이다. 진실로 현명한 판단이 아니었으면 어떻게 이러한 결론을 내릴 수 있었겠는가. 대신으로서는 눈물을 흘리며 봉행하더라도 잘못됨이 없을 것인데 어찌하여 백관을 인솔하고 끈질기게 설득하고 극력 간쟁하여 반드시 승낙을 받고서야 그만두려 하는가.

왜적이 물러가기 전에 그 일을 시행하려 하면 우선 왜적이 물러가기를 기다려야 한다고 간쟁하고, 왜적이 물러간 다음에 그 일을 시행하

88 위와 같은 책, 6월 22일(경술)

려 하면 우선 환도하기를 기다려야 한다고 간쟁하고, 환도한 다음에
그 일을 하려 하면 중국의 조사가 공관에 있으므로 할 수가 없다고 하
고, 조사가 돌아간 다음에 그 일을 하려 하면 세자가 어려서 할 수 없
다고 하면서 세월을 끌며 말을 바꿔 임금과 신하 사이에 마치 어린아
이가 서로 희롱하는 것처럼 하였으니 이것이 도대체 무슨 사리인가.

　당시에 세자의 나이가 이미 약관이었고, 학문도 고명하였으며 덕망
도 이미 성숙하였으니 대위를 이어받는다고 하더라도 충분히 난을 평
정하고 화를 종식시켰을 것인데 계속 어린 세자라고 하였다. 예부터
약관의 어린 세자가 언제 있었던가. 끊임없이 간쟁하여 상의 훌륭했
던 생각을 중지시켰으니 매우 애석한 일이다.[89]

　선조의 선위 파동은 전쟁이 끝나는 무술년까지[90] 무려 10여 차례에
이르렀다.

89　『선조실록』권42, 26년 9월 7일(무오)
90　『선조실록』권97, 31년 2월 25일(경진)

도피|逃避
난파선에서 뛰어내리는 쥐새끼들

　사관들이 사초를 불태우고 도망쳤다. 호종하던 신하들도 시나브로 하나둘 사라졌다. 쥐 같은 동물은 지진이 일어나기 전에 천재지변을 눈치채고 재빨리 도망친다고 한다. 조선의 조정에도 쥐새끼들이 많았다. 하기야 임금이 도망가는데 신하들이야 오죽하겠는가.

　민심이 이미 떠났으니 다 책망할 수는 없으나 수찬 임몽정과 정언 정사신이 달아나고, 지평 남근은 연서까지 왔다가 달아났으며 그 이외에 낭서와 모든 관사의 소관들도 마음대로 흩어져 버렸다. 대가가 평양에 도착하자 대사성 임국로는 모친이 병환 중이라는 핑계로 상소하여 명을 기다리지도 않고 떠났다. 이조 좌랑 허성은 가족이 있는 곳에 머물면서 전혀 하는 일이 없었다. 사관 조존세·김선여·임취정·박정현 등은 안주에 도착하기 전에 달아났으며 헌납 이정신은 평양에 있을 적에 상소하여 근친하기를 청원했으나 허락을 받지 못하자 달아났고, 판서 한준은 낙상하였다는 핑계로 양덕으로 도망갔다. 순찰사 홍여순, 병조 좌랑 김의원 등은 행재소行在所로 가려다 일시에 흩어졌으며 승지 민준, 참판 윤우신 등은 정주에서 도망갔다.

선조를 호종한 사람이 문·무관을 합쳐 수십 명에 불과했으며 세자를 따른 사람도 역시 10여 명이었다고 한다.[91]

선조의 분노는 당연했다. 사관들이 도망치자 임금이 사색이 되어 말과 얼굴빛이 변하도록 분노했다.

그러나 도망치는 임금 밑에 도망치는 신하들이다. 정작 분노해야 할 사람은 임금과 신하가 함께 도망치기를 경쟁하는 군신들을 바라보는 백성들이었다. 얼마나 이 모양이 한심했으면 사간 이시언 등이 차자를 올려 임금에게 간하는 내용이다.

"나라의 일이 이 지경에 이르렀으니 무슨 말을 할 수 있겠습니까. 우리나라는 인심이 흩어지고 국가의 기강이 해이된 지가 오래되었습니다. 변란이 일어난 뒤로는 혼란이 더욱 심해지고 정치는 대부분 당장 편한 것만 택하는 임시변통이어서 기율이 진작되지 못하고 있습니다. 사졸들은 주장의 죽음을 구원하지 않고, 주장은 임금의 어려움에 달려가지 않았습니다. 도성이 적의 손아귀에 들어가자 조정에서 벼슬하던 자들은 새처럼 흩어졌고, 임금이 몽진하자 난을 막는 사람이 없었습니다. 한 방면의 정치를 맡은 자들이 소매를 떨치고 일어나 적을 토벌할 줄 몰랐으며, 백 리의 지역을 담당한 수령들은 오직 문을 열고 적을 맞이할 줄만 알았습니다. 부역을 꺼려 뇌물을 바치고 도망하여 돌아오는 것을 훌륭한 계책으로 여겼고, 죄를 지어 군율을 범하면 조정에 달려가 죄에서 벗어나는 것을 상책으로 삼고 있습니다. 이와 같은데 일을 이루고 공을 세우기를 기대한다면 어렵지 않겠습니까. 삼가 바라건대 전하께서

91 『선조실록』 권27, 25년 6월 21일(기유)

는 공정한 도리를 밝히시고 조정의 기강을 정돈하여 법령이 올바른 데에서 나오게 하소서."[92]

　사관이 도망치는 것도, 대신들이 달아나는 것도, 벼슬아치들이 새떼처럼 흩어지는 것도, 백성들이 뇌물을 바치고 부역에서 도망치는 것도, 모두 나라의 기강이 무너진 탓이다. 이는 오로지 임금이 먼저 모범을 보여야 하는 것이니 유념해 달라는 강력한 주청이었다.

92　『선조실록』 권38, 26년 5월 25일(무인)

최악의 선조실록, 최초의 수정 실록

사관이 줄행랑을 쳤다. 임진년 6월 29일 사간원이 아뢰었다.

"사관은 일을 기록하는 것으로 직분을 삼기 때문에 좌우에서 떠나지 않고 말과 행동을 반드시 기록해야 하는데 주서 임취정·박정현, 검열 조존세·김선여 등이 안주에서부터 서로 이끌고 도망하였으니 일을 기록하는 직무가 폐지되고 시행되지 못하게 하였습니다. 이것은 전고에 없던 일이니 모두 벼슬아치의 명부에서 삭제하도록 명하소서."[93]

선조수정실록의 기사는 더 구체적이다.

사관 조존세·김선여·임취정·박정현 등이 도망했다. 조존세 등은 좌우 사관으로서 처음부터 호종하면서 침실문을 떠나지 않았으므로 임금이 이들을 아들처럼 대했다. 이날 밤 네 사람은 선조가 요동으로 건너갈 것을 결정하자 도망할 것을 몰래 의논하고는 먼저 사초 책을 구덩이에 넣고 불을 지른 뒤 어둠을 타고 도망쳤다. 선조가 길에서 자

---

93 『선조실록』 권27, 25년 6월 29일(정사)

주 돌아보며 "사관은 어디 있느냐"고 물었는데 모두 보지 못했다고 대답했다. 선조는 "김선여가 탄 말이 허약한데 걸어서 오느라 뒤에 처졌는가"하고 걱정했다. 그러다 새벽이 되어서 그들이 도망한 것을 알게 된 선조는 사색이 참담했고, 따르는 자들이 모두 분개했다.[94]

이렇게 임진왜란 이전의 모든 사초가 사라졌다. 춘추관일기, 승정원일기, 각사등록各司謄錄 등 국가 기록도 모두 불타 없어졌다. 사초를 복구하기 위해 임진왜란 이전에 사관을 지낸 사람들을 불러 기억을 되살려 사료를 제출하게 했고, 임진왜란 이전의 조보朝報·정목政目·일기·야사 등 소장하고 있는 것들은 모두 바치게 하였다.[95]

선조실록은 모두 221권으로 선조 재위 41년간의 방대한 분량이지만 선조 즉위년인 1567년 7월부터 임진왜란이 발발한 1592년 3월까지 25년간의 기사는 단 26권에 불과하다. 그나마 임진왜란 이전의 실록에는 기사가 없는 달이 상당히 많고, 또 당월에 기재했어야 할 기사를 전월에 계속 기재하고, 달을 표시하지 않은 것도 많이 있다.

임진왜란 이후는 전란을 치르는 과정에 사건이 많은 데다 자료 보관도 가능해 많은 분량을 차지하고 있다. 그러나 기사가 조잡하고, 당파 관계로 공정한 입장을 견지하지 못한 것이 많았다. 따라서 선조실록은 역대 왕조실록 가운데 최악의 실록이라는 평을 면치 못한다.

특히 서인인 이이·성혼·박순·정철, 남인 류성룡 등에 대해서는 없는

---

94 『선조수정실록』 권26, 25년 6월 1일(기축)
95 『선조실록』 권60, 28년 2월 15일(무오)

사실을 꾸며 비방하는가 하면 집권층인 북인 이산해와 이이첨李爾瞻 등에 대해서는 지나친 칭찬을 하여 시비가 많았다. 따라서 인조반정 후 서인이 집권하자 곧 선조실록을 수정하자는 의견이 대두되어 선조수정실록을 편찬하게 되었다.[96]

선조수정실록은 정묘호란(1627)·병자호란(1636) 등 여러 사유로 미루어지다가 1641년(인조 19년) 2월에 대제학 이식李植의 상소로 수정을 결의하고, 이식에게 수정을 전담시켰다.[97]

수정을 시작한 것은 1643년부터이나 1646년에 이식이 다른 일로 파면되고,[98] 곧 사망하자 수정 사업은 중단되었다.[99] 1657년(효종 8년) 3월에 이르러 수정실록청을 다시 설치하고, 영돈녕부사 김육金堉과 채유후蔡裕後 등이 그해 9월에 완성했다.

선조수정실록은 1년을 1권으로 편찬했기 때문에 총 42권으로 이루어졌다. 선조 즉위년부터 29년까지의 30권은 이식이 편찬했고, 30년부터 41년까지의 12권은 채유후 등이 편찬했다.[100]

혹자는 선조수정실록을 이순신과 같은 덕수이씨인 이식이 편찬을 주도했기 때문에 원균에 대해 매우 편파적이라고 한다. 그러나 봉교·대교·검열 등 여러 사관이 초초·중초·정초의 편집 과정을 밟는 기사를 과연 이식 혼자의 힘으로 원균을 비난하는 실록을 남길 수 있었는지는 의문이다.

96 『한국민족문화대백과사전』 '선조실록' 한국학중앙연구원
97 『인조실록』 권42, 19년 2월 12일(정사)
98 『인조실록』 권47, 24년 1월 9일(정사)
99 『인조실록』 권48, 25년 6월 13일(임오)
100 『한국민족문화대백과사전』 '선조수정실록' 한국학중앙연구원

더 큰 문제는 사초 책을 불태우고 도망친 사관들에 대한 처벌이 없었다는 점이다. 처벌은커녕 전쟁이 끝나자마자 사관으로 복귀시키고 승진까지 시켰다. 임진왜란이 끝난 다음 해인 1599년 6월 조존세를 예문관 대교(정8품)로, 김선여를 예문관 검열(정9품)로 삼았고,[101] 불과 두 달 후에 조존세를 예문관 봉교(정7품)로, 김선여를 예문관 대교(정8품)로 승진시켰다.[102]

선조가 노발대발하여 "조존세·김선여 등은 사초를 버리고 도망한 자들이니 다시 이런 무리에게 역사의 수정을 맡겨 국사를 욕되게 할 수는 없다. 예로부터 어찌 도망한 사람이 역사를 수정한 일이 있었던가"[103/104] 하였지만 이들은 결국 사관으로 복귀했다. 수정실록에는 선조가 이들의 복귀를 허락하지 않아 모두 외직에 나갔다고 하는데 이들이 지방관으로 근무한 기록은 찾을 수 없다. 일벌백계가 이루어지지 않으니 영이 제대로 설 리가 없다. 어떻게 이런 일이 있을 수 있는가.

사관의 평가에 그 답이 있다. 즉 도망쳤던 사관 네 사람은 모두 북인의 영수였던 이산해의 문하인이었다. 김선여는 김첨경(정2품, 예조판서)의 아들로 가장 문망이 있었고, 임취정은 임국로(정2품, 대제학)의 아들이고, 박정현은 박계현(정2품, 호조판서)의 사촌 동생이고, 조존세는 조사수(정2품, 공조판서)의 손자로서 모두 명문 귀척이었다.[105] 예나 지금이나 '아빠 찬스'는 물론 할아버지나 형님 찬스까지 금수저에 대한 보호막은 견고했다.

101 『선조실록』 권114, 32년 6월 24일(신축)

102 『선조실록』 권116, 32년 8월 21일(정유)

103 『선조실록』 권139, 34년 7월 2일(정유)

104 『선조수정실록』 권33, 32년 8월 1일(정축)

105 『선조수정실록』 권26, 25년 6월 1일(기축)

선조수정실록이 최초의 수정실록이 되는 와중에도 다행스러운 것은 원래 실록을 파기하지 않고 함께 보존했다는 것이다. 이는 후대의 역사가 객관적으로 비교하고 평가할 수 있도록 한 것으로 만대를 두고 민족의 긍지로 여길 수 있는 주묵사朱墨史(중국 송나라 때 채변이 『신종실록』을 고칠 때 옛 기록은 묵으로, 새 기록은 붉은색으로 써서 주묵사라고 불렀다)라 할 수 있다.

유네스코 세계기록유산으로 등재된 조선왕조실록이야말로 한국인의 유산을 넘어 세계인의 위대한 유산이다.

조롱嘲弄
대왕의 행차는 이제 어디로 가시렵니까

　선조가 명나라로 가기 위해 외교문서를 발송했다.[106] 5월 7일 평양에 도착한 이후 명에 보낼 성절사로 유몽정柳夢鼎을 내정했다. 그러나 유몽정이 아뢰기를 "중국에서는 우리나라가 적을 친하게 대한다고 의심하는데 만약 원조를 청하지 않고 내부를 먼저 청한다면 의혹만 더 불러일으킬 듯싶습니다. 왜변이 일어난 까닭을 낱낱이 열거하여 요동의 진에 갖추어 자문을 보낸 다음에 내부에 대한 말을 해야 합니다" 하자 선조가 자문을 갖추어 보냈다.[107]

　6월 27일 청원사 대사헌 이덕형이 요동에서 돌아와 내부를 허락받았다고 보고한다.

　"이달 21일에 신이 요동에 도착하여 '지금 소방 군신의 생명이 모두 명나라 병사에게 달렸으니 즉시 불쌍히 여겨 소방을 보전해 달라'며 바로 자문을 올렸는데 답하기를 '참으로 국왕의 사세가 위급함을 알겠다.

---

106 『선조실록』 권27, 25년 6월 14일(임인)
107 『선조수정실록』 권26, 25년 5월 1일(경신)

어찌 갑자기 이 지경에 이르렀는가. 즉시 상사에 통보하겠거니와 회보가 오기 전이라도 사세가 위급하면 강을 건너 적병을 피하는 일을 임의대로 하라. 평상시에 한 집안처럼 보아 왔는데 이 지경에 이르렀으니 어찌 오지 못하게 막을 리 있겠는가' 하였으니 이는 요동으로 들어가는 것을 허락한 것입니다."[108]

이때 선조의 망명 소식을 들은 어떤 백성이 관아 기둥에 '대가가 강계로 가지 않고 의주로 갔다'라는 내용의 방을 써 붙였다. 선조가 이동한 방향을 왜적에게 알려주기 위한 것이다. 사람들은 "영변 사람들이 왜적이 그 지방으로 올까 두려워하여 일본군이 그 글을 보고 선조가 있는 곳을 알게 하려고 한 짓"이라고 하였다.[109] 얼마나 임금이 미웠으면 국왕의 행선지를 적에게 고자질했을까.

8월 초에는 선조가 이미 명나라 요동으로 건너갔다는 소문이 한성에까지 빠르게 퍼져나갔다. 신잡이 아뢰기를 "이 도의 인심이 크게 소란한 까닭은 오직 대가가 요동으로 건너간다는 것 때문이었습니다"[110] 하였고, 동궁 처소에서 온 이상의가 아뢰기를 "소신이 경성에 있을 때는 인심이 전혀 적을 토벌할 마음이 없었으므로 권징이 힘을 다하여 소모하였으나 백성들은 모두 대가가 요동으로 들어갔으니 다시 해볼 도리가 없다고 여겨 조금도 명에 응하는 사람이 없었습니다" 하였다.[111]

백성의 민심이 이러하니 대신들의 반발도 극심했다.

---

108 『선조실록』 권27, 25년 6월 27일(을묘)

109 『선조실록』 권27, 25년 6월 28일(병진)

110 『선조실록』 권29, 25년 8월 2일(기축)

111 위와 같은 책, 8월 5일(임진)

7월 29일 삼도 도체찰사 정철이 아뢰기를 "전하께서는 압록강을 건넌다는 말을 입 밖에 내지 않아야 할 뿐 아니라 마음속에서도 영원히 끊어 버리시길 바랍니다" 하였다.[112] 8월 2일 신잡이 아뢰기를 "만약 국왕께서 요동을 건너면 필부가 되는 것입니다. 필부로 자처하기를 좋게 여긴다면 이 땅에 있더라도 피란할 수 있을 것입니다" 하였다.[113] 선조의 명나라 망명 계획은 '겁왕怯王'이라는 낙인을 찍기에 충분했다.

이때 평양성에 있던 고니시 유키나가가 선조에게 조롱의 글을 보내왔다.

"이제 일본의 수군 10만 명이 서해로부터 올 것입니다. 알지 못하겠습니다만 대왕의 행차는 이제 어디로 가시렵니까."[114]

다행히 이순신이 남해를 틀어막아 제해권을 장악한 덕분에 10만 명은커녕 단 한 명도 올라오지 못했다. 임금을 조롱하는 적장의 글이 헛소리가 됐으니 그나마 다행이었다.

112 『선조실록』 권28, 25년 7월 29일(병술)
113 『선조실록』 권29, 25년 8월 2일(기축)
114 류성룡, 『징비록』 남윤수 역, 하서출판사, 2003. 110쪽

의심 疑心
의주에 있는 선조는 진짜 임금입니다

선조의 망명 요청을 받은 명나라 역시 깊은 고민에 빠졌다. 조선이 그렇게 쉽게 빨리 무너진 상황을 믿을 수 없었기 때문이다. 오히려 조선이 일본과 짜고 명나라를 침범하려는 게 아닌가 의심할 수밖에 없었다. 이런 불신은 임진왜란 이전부터 명 조정에 은밀히 보고되었다.

복건성福建省 상인으로 일본과 거래하던 허의후는 "조선이 일본에 나귀를 바치고, 일본과 모의하여 명나라를 침범하려 하면서 조선이 그의 선봉이 되기로 하였다"라고 보고했다. 그러던 차에 조선이 구원병을 요청해오자 요동 사람들이 전언하기를 "조선이 실지로는 일본과 함께 배반하고는 거짓으로 가짜 왕을 정해 길을 인도하여 쳐들어온다"라고 하였다. 흉흉한 소식이 난무하자 명에서는 조선의 패전과 선조의 몽진, 그 사실 여부를 확인하고 싶어졌다.

이때 명의 재상 허국許國이 나서서 "제가 조선에 사신으로 간 적이 있어 그 실정을 익히 아는데 조선은 예의의 나라이니 결코 이와 같은 짓을 하지 않을 것입니다"라고 하였다.

그래도 의심이 걷히지 않자 요동의 순안어사 이시자李時孳가 송국신

宋國臣을 보내 조선 국왕의 진위를 알아보게 하였는데 그 자문에 불신이 가득했다.

"그대 나라가 반역을 도모한다고 하고, 또 팔도의 관찰사가 한마디도 왜적에 대하여 언급한 것이 없고, 또 팔도의 군현에서 어찌 한 사람도 대의를 부르짖는 자가 없는가. 그러니 어느 날 아무 도가 함락당했고, 어느 날 아무 주가 함락당했으며, 어떤 사람이 왜적에게 죽고, 어떤 사람이 왜적에게 붙었으며, 왜적의 장수는 몇 명이고, 군사는 몇만 명인가 밝히라."[115]

다행히 송국신이 말하기를 "내가 일찍이 사신 왕경민을 수행하여 조선에 이르러 그 국왕을 보았으니 지금 가서 보면 반드시 기억하여 알아볼 수 있겠습니다" 하여 그에게 살펴보도록 하였다. 선조를 만나본 송국신이 돌아가 "확실히 의주에 있는 선조는 진짜 임금입니다"라고 보고하자 비로소 믿게 되었다.[116]

115 『선조실록』 권27, 25년 6월 18일(병오)
116 『선조수정실록』 권26, 25년 6월 1일(기축)

거절拒絕
망명은 사실상 거부당했다

6월 16일 선조가 "요동으로 가지 않을 수도 있다"라고 피력한 적이 있다. 물론 이는 선조의 진의가 아니었다. 영의정 류성룡이 강력하게 망명을 만류하는 데 따른 반발의 성격이 강했다.

선조가 "요동에 자문을 갖고 갈 사신을 미리 정하는 것이 좋겠다"라고 하자 류성룡이 아뢰기를 "황제의 분부가 있기를 기다려 내부하고자 하면 들어가기가 어렵게 될 염려가 있을 듯합니다" 하니 선조가 이르기를 "그렇다면 내게 갈만한 곳을 제시하면 요동으로 가지 않겠다"라고 하였다.[117]

명나라로 가지 않을 수 있는 좋은 방법이 있으면 말해보라는 책망에 가까웠다. 이는 설령 본의가 아니라 해도 망명 시도에 제동이 걸리는 최초의 상황이었다.

7월 3일 선조는 망명에 장애 요인이 많다는 사실을 인지하게 된다. 내부를 청원하러 갔던 청원사 대사헌 이덕형이 돌아와 올린 명의 반응과

---

117 『선조실록』 권27, 25년 6월 16일(갑진)

장도의 어려움 때문이었다.

선조가 망명하면 어떻게 대우할지를 그곳의 관원과 의논한 결과 외교상으로는 망명을 허용하는 것 같았지만 조선이 받아들일 수 없는 조건부 허락이었다. 즉 선조가 명으로 온다면 요동의 끝 변두리 국경 관전보의 빈 관아에 거처할 것, 또 선조를 수행하는 인원은 1백 명을 넘기지 말 것 등이었다. 형식은 허용이었으나 내용은 거절이었다. 선조는 명이 조선의 사대를 저버렸다며 분노했다.

이덕형은 "매우 급하면 내부를 해도 방해가 없을 듯합니다. 그러나 요동은 변방의 끝 모퉁이라서 사는 사람이 매우 적고, 도로도 험하여 평상시 하인의 왕래에도 오랫동안 머물기가 어렵습니다" 했다. 선조가 이르기를 "대체로 요동에 들어갈 계획은 어떠한가"라고 물으니 덕형이 아뢰기를 "우리나라에 한 고을도 남은 곳이 없게 된 뒤에야만 가야 할 것입니다. 만일 한 고을이라도 남아 있으면 갈 수가 없습니다. 대부분의 공억供億(망명을 보살핌)을 어느 아문에서 하겠습니까. 반드시 적병의 핍박으로 부득이하게 된 뒤에 가야 할 것입니다. 그렇지 않으면 가서는 안 될 듯합니다" 하였다.

선조가 이르기를 "여기서부터 요동으로 들어가는 길에 물이 있는가" 하니 덕형이 아뢰기를 "여덟 번 강을 건너는 곳이 있고 또 험준한 산과 물결이 급한 강이 있습니다. 물에 막히면 건너기가 쉽지 않고 청석령靑石嶺 등의 산길은 매우 험합니다. 요동은 극변의 지역이어서 인가도 매우 드물고 더러워서 유숙할 수가 없습니다. 요양遼陽은 성곽과 지세가

낮으며 수토水土도 나쁩니다" 하였다.[118]

이때 선조는 깨달았다. 망명 인원을 최소한으로 하라는 것은 요동으로 넘어오는 것을 달갑지 않게 여긴다는 뜻이고, 길이 멀고 지세가 높고 험하며 수토까지 나쁘다는 것은 망명을 하더라도 잘못하면 변을 당할 수 있다는 뜻이었다.

선조는 망명을 안 한 것이 아니라 못한 것이었다.

---

118 『선조실록』 권28, 선조 25년 7월 3일(경신)

계륵鷄肋
명의 골칫거리가 된 선조

7월 4일 조선의 망명 요청을 받은 요동 도지휘부가 자문을 보내왔다.

"국왕은 잠시 물러나 서쪽(의주)에 와 있으나 종묘사직을 계승하여 지키는 것을 중히 여겨야 한다. 더구나 조선의 백성들은 임금을 그리는 마음이 없지 않아서 충용스러운 사람이 적지 않다. 일은 조선의 집정 재상 및 2~3명의 일을 담당하는 자가 기회에 맞게 독단하여 처리하는 데 있을 뿐이다. 한편으로는 국왕을 수행할 궁속 등이 각각 몇 명인지를 조사하여 압록강을 건너는 무리가 하나라도 넘치는 인원이 없도록 힘써야 하고, 한편으로는 현재의 병마가 얼마인지를 조사하여 일을 담당한 제신이 책임지고 도망친 자와 배반한 자를 수습하여 왕자가 보호하게 하여 만에 하나라도 다른 걱정이 없게 해야 한다. 혹 부득이하여 반드시 요동으로 와야 할 형편이면 마음에 계획을 정하여 충용스러운 제신은 그곳에 두어 우리 군사와 함께 힘껏 미친 도적을 섬멸하고 다시 옛 임금(선조)을 맞이하게 해야 한다. 단지 아주 가깝고 믿는 권속과 신복만 거느리고 임시로 적의 군사를 피할 것이요, 어지럽게 따르는 백성들 때문에 회복할 계책을 그릇되게 하지 말라."[119]

망명을 허용하는 것처럼 보이나 책망과 경고가 조선의 자존심을 짓밟고 있다.

7월 11일 중국 병부에서 요동 도사에게 보낸 자문의 내용을 보면 명나라가 조선을 얼마나 계륵 같은 존재로 여기고 있는지 알 수 있다.

"조선이 대대로 동방에서 왕위를 누려 대국으로 일컬어졌는데 어찌하여 왜가 한번 쳐들어오자 풍문만 듣고 달아났는가. 몹시 놀랍고 이상스럽다. 만약 저 나라가 사직을 지키지 못하여 갑자기 도망해서 올 경우, 막자니 의지할 곳이 없어 우러러 의뢰하는 마음을 잃게 될 것이요, 받아들이는 것도 사세가 가볍지 않으므로 신하로서 마음대로 처리할 수 있는 것이 아니다. 더구나 왜노는 너무도 교활하고, 저들의 향도가 된 중국인이 많으니 만약 기회를 틈타 사술을 부려 마구 침입해 오면 해를 끼침이 적지 않을 것이다. 만일 조선이 위급하여 참으로 도망해 오면 막기가 어렵다. 당연히 여러 해 공순했던 점을 생각하여 칙령으로 용납할 것이니 반드시 인원수를 짐작하여 1백 명을 넘지 않도록 하게 하라. 성지에 '왜적이 조선을 함몰시킴에 국왕이 도피하였으니 나의 마음이 민망스럽고 애처롭다. 원병을 벌써 파견하였고, 또 사람을 차출하여 그 나라의 대신에게 충성을 다하여 나라를 수호하고 각청의 병마를 힘껏 모아 성지를 굳게 지키고 험한 곳을 막아서 힘써 회복을 도모하도록 선유하였다. 어찌 앉아서 망하는 것을 보고만 있을 수 있겠는가'고 하였다."[120]

119 『선조실록』 권28, 25년 7월 4일(신유)

120 『선조실록』 권28, 25년 7월 11일(무진)

선조가 명으로 망명해오면 일본군이 조선을 점거하게 되고, 그렇게 되면 나라를 회복할 기회가 없어지니 남아서 조선을 지키는 것이 최선이라는 것이다. 선조가 조선에 남아 나라를 굳게 지키면 명이 구원병을 보내어 왜적을 칠 것이니 요동으로 오는 것보다 의주에 머물러 구원병을 기다리라는 것이었다.

선조의 망명을 받아들이면 결국 일본군까지 끌어들이는 것이 되니 그러고 싶지 않은 명나라였다.

복귀復歸
돌아온 선조, 돌아선 민심

1593년 10월 1일 선조가 도성으로 돌아왔다.[121] 그러나 머무를 곳이 없었다. 경복궁·창덕궁·창경궁 세 궁궐이 모두 불타버리고 없었기 때문이다. 선조는 왕실인 월산대군(성종의 형님)의 집을 임시 행궁으로 삼았다. 이곳은 태조비 신덕왕후의 정릉이 있던 동네로 정릉동 행궁이라 불렸다. 광해군 이후에 경운궁이 되었다가 고종이 1897년 대한제국을 선포하면서 황궁이 되었다. 1907년 조선의 마지막 황제 순종이 즉위하며 덕수궁으로 명하여 오늘에 이르렀다.

선조가 도성을 떠난 지 일 년 반 만에 돌아왔으나 민심은 싸늘하게 돌아서 있었다. 몽진 중에 행했던 임금의 비겁함에 대한 업보였다. 선조도 이 점을 잘 알고 있었다. 그래서 피난은 불가피한 선택이었음을 스스로 옹호하고 강변했다. 겁왕이 아니라 명군을 불러오기 위한 전략적 선택이었다는 것이다. 명의 원병을 불러와 나라를 구했으니 몽진과 구원병 요청은 옳은 선택이었다는 것이다.

---

121 『선조실록』 권43, 26년 10월 1일(신사)

그러나 명나라 구원군은 싸우기보다 전쟁을 회피하는 데 급급했다. 요동을 넘어온 명나라 부총병 조승훈祖承訓은 1592년 7월 17일 평양성을 공격했다가 일본군에게 대패했다. 조승훈의 3천 군사 중에서 무사히 돌아간 자는 불과 수십 명뿐이었다.[122] 일본군을 얕잡아 본 무모한 자신감이 불러온 패배였다.

5개월 후 이번에는 명나라 제독 이여송李如松이 4만 3천의 대군을 이끌고 압록강을 넘어왔다. 1593년 1월 6일 이여송이 이끄는 조·명 연합군 5만여 명이 평양성을 공격했다. 치열한 전투에서 고니시 유키나가의 1만 5천 명을 무찔러 쫓아냈다. 평양성을 빼앗긴 지 7개월 만의 탈환이었다.[123] 그러나 이때 이여송이 일본군에게 퇴각로를 열어주는 이해할 수 없는 행태가 벌어졌다.

제독 이여송이 고니시 유키나가에게 전하기를 "우리 병력으로 한번 거사하여 충분히 섬멸시킬 수 있지만 차마 인명을 죽일 수 없어 너희의 살길을 열어주니 속히 여러 장수를 데리고 나와서 나의 분부를 들어라. 그렇게 하면 용서해줄 뿐 아니라 후한 상을 주겠다" 하니 고니시 유키나가가 "우리가 퇴각하려고 하니 후면을 차단하지 말아 달라" 하여 제독이 허락하였다.[124]

참으로 한탄스럽다. 적군을 섬멸해야 하는 장수가 '차마 인명을 죽일

122 이형석 『임진전란사』, 임진전란사간행위원회, 1974, 415쪽
123 위와 같은 책, 650~669쪽
124 『선조실록』 권34, 26년 1월 11일(병인)

수 없다'라는 말은 무슨 말이고, '살길을 열어준다'라는 말은 또 무슨 말인가. 이여송은 일본군을 섬멸하겠다는 것이 아니라 싸움을 회피하고 있었다. 지휘관 이여송의 태도가 이러했으니 평양성 탈환의 기쁨도 잠시뿐이었다.

평양성 승리에 도취해 의기양양하게 한성을 향해 내려오는 이여송의 명군을 일본군이 벽제관碧蹄館에서 지키고 있었다. 1월 25일부터 사흘간 벌어진 벽제관 전투에서 이여송은 일본군에게 대패했다. 일본의 역사는 이 벽제관 전투를 칠천량 해전·울산성 전투와 함께 3대 대승전투로 꼽는다.

이여송은 개성으로 후퇴했다. 영의정 류성룡이 뒤쫓아가 "명의 대군이 한번 물러가면 왜적의 기세가 더욱 교만해져 군민들이 놀라 두려워할 것이오. 잠시 여기서 머물다가 일본군의 틈을 보아 다시 군사를 일으키길 바랍니다" 하였다. 이여송은 "그렇게 할 것이오"하고, "날씨가 맑아지면 도로가 굳어질 것이므로 내 마땅히 진격하여 적을 격파할 것이다" 하였으나[125] 모두 허언이었다.

벽제관 패전을 계기로 명 조정과 명군 지휘부는 태도를 바꾸었다. 이여송은 이제 강화교섭을 통해 일본군을 철수시키겠다고 공언했다. 전쟁이 예상보다 장기화할 것을 우려한 명 조정도 전비 지출을 우려하는 소리가 높아졌다. 심지어 이여송 군 내부에서는 "속국 조선을 위해 왜 끝까지 피를 흘려야 하는가. 한강 이북 지역을 탈환한 것만으로도 명은

---

125 이형석 『임진전란사』, 임진전란사간행위원회 1974, 681쪽

조선에 대해 할 만큼 했다"는 이야기가 흘러나왔다. 이렇게 전쟁을 회피하는 의식이 퍼져 가고 있었으니 이여송의 역할은 거기까지였다. 마침내 이여송은 9월에 보병 1만여 명만 남겨 두고 요동으로 돌아가 버렸다.[126]

선조실록은 "제독 이여송은 벽제 싸움에서 패배한 후로는 감히 싸움에 대하여 말을 못 하고 있었고, 송응창宋應昌과 서둘러 강화를 논하고 있었다"라고 기록했다.[127]

명의 역사를 보면 그해 4월 후경원이 황제에게 상소문을 올려 "우리 명나라가 왜와 무슨 원수가 되기에 속국을 위해 여러 군사를 수고로이 합니까. 왕경을 수습하고, 양도를 회복하여 돌려준다면 망하는 나라를 보존하고 멸절되는 국가를 일으켜 세워준 의로운 명성이 해외에 떨칠 것이고, 병사를 온전히 데리고 돌아간다면 얻는 바가 실로 많을 것입니다"라고 하였다. 황제가 이에 조선이 스스로 나라를 지키도록 하고, 대병을 철군하도록 하였다. 다만 지원 나온 송응창이 상소하기를 "조선의 전라도 지역은 중국과 마주 보기 때문에 계료(계주와 요동, 지금의 천진시 계현)와 일본의 해로가 통하지 않음은 조선이 있기 때문입니다. 관백(도요토미 히데요시)이 조선을 침략하는 뜻은 실제 중국에 있으니 우리가 조선을 구하는 것은 속국을 위해서만이 아닙니다. 조선이 견고하면 동쪽으로 계료가 보존됩니다. 이제 군대를 발하여 함께 지키는 것이 가장 좋은

126 『선조수정실록』 권27, 26년 9월 1일(임자)
127 『선조실록』 권50, 27년 4월 23일(신미)

계책입니다"라고 하였다. 이에 일부는 머물게 하고 나머지는 모두 철군하였다.

　명군이 철군하자마자 바로 10월에 선조가 도성에 돌아온 것이다.[128] 백성들은 임금의 복귀가 마냥 기쁘지 않았다. 선조가 그렇게 공치사하던 명나라 구원군이 싸우다 말고 돌아가 버렸기 때문이다. 일부를 남겼으나 오히려 원망은 더 커졌다. 전쟁을 끝내기는커녕 강화교섭으로 장기화의 우려가 커지고 있었다. 떠나간 민심이 돌아올 리 없었다.

---

128 『선조실록』 권43, 26년 10월 1일(신사)

추락隊落
왕권의 추락, 민심의 동요

조선에 주둔한 명군 병력은 1592년 7월 3천5백 명, 그해 12월 4만3천 명, 1593년 9월 1만6천 명, 1596년 7만 명, 1598년 10월 9만2천 명이었다. 대략 5만에서 10만 명의 주둔군을 유지했다. 정유재란 이후엔 명나라 수군도 조선의 해전에 참전해서 주둔 병력이 늘었다. 북경 병부에서는 이들을 관리하고 지원한다는 명목으로 현지 총사령관인 경략經略을 연이어 파견했다. 송응창·고양겸·손광·형개·양호·만세덕 순이었다.

명군이 조선에서 지휘권을 장악하고 내정까지 간섭하니 신료들은 선조의 왕권을 무시하고 명에게 사대하고 아부하는데 열을 올렸다. 비변사에서는 선조에게 명나라 사신이나 장수를 대할 때 더 공손히 대할 것을 요구했고, 명나라 황제 및 경략에게 서찰을 보낼 때는 손수 친서를 써야 한다고 압박했다.

선조는 "나는 본시 잔글씨를 못 쓴다. 내가 할 수 있다면 어찌 감히 이같이 사양하겠는가. 부득이해야 할 일인가?"[129] 라며 변명하는 모습이

129 『선조실록』 권44, 26년 11월 30일(경진)

한없이 비참하다.

홍문관에서는 모욕에 가까운 상소를 올렸다. 선조가 명나라 사신 심유경沈惟敬을 대하는 접대가 소홀하다는 내용이었다.

"심유경이 경성에 들어온 지 며칠이 되는데 접대하는 정성이 참장參將에게 한 것보다 못한 듯하니 신들의 생각에 전하께서 사람을 접하는 마음이 순수하지 못한 듯합니다. 전하께서는 천지 같은 도량을 넓히시고 도리로 대하시어 조금도 모가 드러나는 일이 없게 하소서."[130]

정유재란 직전에도 부제학 신식申湜 등이 차자(상소문)를 올려 임금이 지켜야 할 자세를 논했다.

"변방이 날로 위급해지는데 싸워서 지킬 계책은 한 가지도 세워지지 않았으니 머지않아 모두 망할 지경에 이를 것입니다. 중국 장수가 노하여 질책하는 것은 요인이 제대로 굳게 지키지 못한다는 것으로 신하 된 직분으로서 차마 들을 수 없는 말까지 하였습니다. 이 모두가 여러 신하의 불충한 죄가 아닌 것이 없으나 또한 전하께서도 마음속으로 일찍 결정하지 못하여 말과 행동 사이에 의혹을 시원스레 풀어주지 못하였으므로 항간에 떠도는 말이 중국 사람의 귀에 들어간 것입니다. (중략) 원하건대 전하께서는 전에 하신 말씀을 실천토록 노력하시어 반드시 뒷날의 공효를 기약하도록 하소서. 성공과 패망의 원인이 무엇인가를 통찰하시고, 분발하시는 뜻을 굳히시어 자주 신하들을 접견하시고 국가 기무를 자문하소서. 좋아하고 싫어함을 자기의 취향에 치우치게 하지 마시고, 권장하고 징계함을 여론에 어긋남이 없도록 하여 공도를 더욱

130 『선조실록』 권45, 26년 윤11월 5일(을유)

넓히고 군율을 엄중히 하소서."

그러자 선조가 답하기를 "나는 오늘날처럼 될 줄 전부터 알았다. 나와 같은 사람이 무슨 말을 하겠는가. 전에 내렸던 교서와 같이 속히 물러나게 해야 할 것이다. 차자의 내용은 유의하겠다"라고 하였다.

국왕이 실천해야 할 이상적 군주상을 이야기했으니 하나도 틀린 말은 아니었고, 선조도 차자의 내용을 유의하겠다고 하였다. 그러나 문제는 이 차자가 중국 장수가 노하여 질책하므로 신하 된 직분으로서 차마 들을 수 없는 말까지 들었기 때문이라는 것, 이와 같은 질책은 항간에 떠도는 말이 중국 사람의 귀에 들어갔기 때문이라는 것이었다. 명나라 장수의 눈치를 보며 대놓고 국왕의 무능을 비난하고 행동거지를 타이르는 모습이다. 임금의 권위는 전쟁 내내 한없이 추락하고 있었다.

불신不信
조선의 왕위교체론

명나라는 툭하면 병력 철수, 왕위 교체, 직할통치 등을 거론하며 조선을 압박했다. 조선을 믿지 못하겠다는 거였다. 심지어 명나라 인사들은 임진왜란을 불러온 원인이 조선의 국왕에게 있음을 지적했다. 즉 '조선은 평화가 오랫동안 이어지면서 군신들이 안일과 연락에 빠져 병사를 돌보지 않았다'라거나 '조선은 전투 기술은 닦지 않고, 선조가 주색에 빠졌다'라는 식으로 군신들의 무사안일을 비판하는 경우가 많았다.[131] 그러면서 선조의 무능함을 들먹이고, 왕위교체론을 흘리기도 하였다.

그 대표적 인물이 병부 직방사 증위방曾偉芳이었다. 그는 조선이 일본군의 침입에 맥없이 무너진 것은 군주가 게으르고 무능하여 통치력을 발휘하지 못했기 때문이라고 진단했다. 심지어 선조가 '음탕한 짓'을 많이 했기 때문에 빚어진 것으로 매도했다. 그는 일단 선조에게 기회를 준 뒤 개과천선이 불가능하다고 판단되면 그를 왕위에서 물러나게 하고

---

131 한명기, 『임진왜란과 한중관계』 역사비평사, 1999, 59~60쪽

광해군을 즉위하도록 하자는 계책을 제시했다.[132] 이것이 임진왜란 발발 이후 명 조정에서 최초로 불거진 왕위교체론이었다.

명 황제 신종神宗(만력제) 역시 조선에 보낸 칙서에서 "선조가 안일에 빠져 소인배들을 믿었으며 백성을 돌보지 않고 군정을 닦지 않았다"[133]며 왜란을 초래한 원인을 선조의 잘못으로 보고 있었다.

급기야 1595년 3월에는 신종이 직접 왕세자 광해군에게 칙서를 내렸다.

"황제는 조선국 광해군 혼琿에게 칙유한다. 이제 그대에게 전라도와 경상도 지방의 군무를 총독 하도록 특별히 명한다. 자금과 양식을 비축하고 장병을 불러 모으며 진지를 구축하여 병기를 배치하고, 병사를 훈련 시켜 요새를 지키는 모든 일을 처리하도록 모두 허락하니 권율을 거느리고 마음을 다해 다스리라. 그대는 마땅히 분발하여 마음을 다해 부왕父王의 실패를 만회하여 보존되도록 도모하여 안으로는 전쟁으로 인한 상처를 회복하고 밖으로는 전비를 가다듬어 널리 만전할 계책을 세움으로써 나의 울타리를 굳게 하고, 너의 종사를 안녕하게 하라."[134]

부왕의 실패를 만회하라는 이 칙서는 선조에게는 치욕 그 자체였다. 선조는 칙서를 받자마자 승정원에 지시하기를 "이번 칙서는 황은이 망극하다. 바로 온 나라의 경사이니 교서를 지어 사방에 알리는 것이 합당할 것 같다. 또한 칙서 내용 중에 세자에게 군무를 총독 하라고 하였으니 금후로는 군무를 세자에게 품하여 재결할 것을 대신에게 말하라" 하

132 위와 같은 책, 59~60쪽 『명신종실록』 권264, 만력 21년 9월 경오
133 위와 같은 책, 61쪽 『명신종실록』 권264, 만력 21년 9월 병자
134 『선조실록』 권61, 28년 3월 27일(경자)

였다.[135]

과연 이것이 선조의 진심일 리 있겠는가. 선조의 심중을 눈치챈 대신들이 황제의 칙서는 전라도와 경상도의 군무일 뿐 조선 전체의 군무를 총괄하라는 것이 아니라고 강조하며 며칠을 만류했다.

그러나 선조는 "과인은 죄인이니 다시 신민의 위에 있을 수 없고, 황제의 명이 지엄하니 다시 군정의 사무를 볼 수 없으며 병들고 사리에 어두운 것은 다시 덧붙여 말할 필요가 없다. 국사가 날로 잘못됨이 물꼬가 터져 만회할 수 없는 것과 같다. 오늘의 일은 의리로 보거나 정세로 보거나 전혀 감당할 수 없으니 결코 의심할 것이 없다. 바라건대 경들은 다시 생각하여 위로는 성지를 따르고, 중간으로는 종사를 위하며 아래로는 나의 정성을 살펴서 특별히 물러나게 허락하라. 군무는 세자가 총독 하게 하고, 나머지 모든 정사는 예전대로 하면 어찌 편하지 않겠는가. 이처럼 시끄러우니 이익은 없고 손상만 있을까 매우 걱정된다" 하였다.[136]

이날부터 세 정승을 비롯한 대신과 모든 백관, 삼사와 승정원, 예문관 그리고 왕세자 광해군까지 나서서 영을 거두기를 상소했다. 일주일 내내 상소가 이어지니 선조는 못 이기는 척 "죽고 싶은 마음을 참고 따르겠다"라며 받아들였다.[137]

명나라는 조선을 믿지 못했고 그 책임을 국왕 선조에게 물었다. 명에게 불신당한 선조는 세자 광해를 믿지 못했으니 불신은 불신을 낳았다. 임금도 신하도 서로 믿지 못했다.

---

135 위와 같은 책, 3월 27일(경자)
136 『선조실록』 권62, 28년 4월 2일(갑진)
137 위와 같은 책, 4월 4일(병오)

분사分司
세자와 3조의 판서는 남으로 내려가라

조정의 분조에 따라 대조에 비변사備邊司가 있었고, 소조에 무군사撫軍司가 있었다. 무군사 설치는 명군의 강압에 따른 결과였다.

1593년 3월부터 명과 일본의 강화교섭이 본격화되고, 명군이 조선에서 철수하는 상황이었다. 당시 경상도를 중심으로 형성된 왜군과의 전선은 소강상태로 접어들고 있었는데 명나라는 일선에서 이루어져야 할 제반 조처를 왕세자를 중심으로 시행하도록 요구한 것이다.

비변사가 아뢰기를 "중국 사신이 '세자와 삼조의 판서는 내가 여기에 있는 동안에 남으로 내려가야 한다. 그래야 내가 조정에 돌아가서 아뢸 것이다' 하였으니 동궁의 행차는 늦출 수 없을 것 같습니다. 또 동궁의 행차에 호령號令이 없을 수 없고, 배행陪行하는 재신宰臣에게 명칭이 없으므로 명령이 제대로 이루어지지 않습니다. 분 비변사의 호칭을 무군사로 고치고, 배행하는 재신을 당상으로 삼으며 편의에 따라 종사하게 하는 것이 마땅하겠습니다" 하자 선조가 "내 뜻을 이

미 영상에게 일렀으니 그렇게 할 수 없다" 하였다.[138]

선조가 기존 비변사를 두고 새로운 무군사 설치를 좋아할 리 없었다. 윤허하지 않고 버텼지만 결국 거듭된 요청을 따를 수밖에 없었다.[139]

왕세자 광해군은 몸이 몹시 불편했음에도 명나라 사신의 재촉을 받고 남하할 수밖에 없었다. 광해군은 공주를 거쳐서 12월 16일 목적지인 전주에 도착했다.[140] 분 비변사였을 때는 왕세자를 중심으로 군사와 그에 관련된 재정 등을 관장하는 선에서 기능이 제한되어 있었다. 그러나 무군사는 일선에서 행해지는 제반 행정을 모두 먼저 조처하고, 뒤에 왕에게 보고하는 분조로서 기능하였다.

무군사에서 조처하는 제반 업무는 날마다 기록해 '무군사 일기'로 왕에게 보고되었다.[141] 무군사의 여러 임무 가운데 모병과 군사 훈련이 중요한 부분을 차지하였다. 어차피 임란 초에 선조의 분조로 조정이 나누어진 상태였으니 명의 요구와 맞물려 비변사도 무군사로 분사가 된 것이다. 임금이 주도하는 대조의 비변사, 세자가 주도하는 소조의 무군사로 분리되었으니 분조의 아픔이 분사의 아픔으로 이어졌다 할 것이다.

막강한 권한과 기능을 가졌던 비변사를 반으로 나누어 무군사를 설치한 것은 명군의 조선 왕위교체론과 조선 직할통치론과 무관치 않은

---

138 『선조실록』 권45, 26년 윤11월 16일(병신)
139 『선조실록』 권46, 26년 12월 2일(신해)
140 위와 같은 책, 12월 27일(병자)
141 위와 같은 책, 같은 기사

요구의 결과였다. 명군의 강요였고, 선조가 원하지 않았으나 원천적으로 분조를 설치한 데서 비롯되었으니 분사의 책임이 선조에게도 있다 할 것이다. 전례가 악례로 작용했기 때문이다.

직할直轄
명의 직할통치론

선조는 임진왜란 최고의 공로자로 명군 지원을 불러온 자신을 꼽았다. 그러나 선조는 7년 전쟁 내내 자신의 업보에 시달려야 했다. 조선의 왕위교체론과 함께 불거진 명의 직할통치론 때문이었다. 조선에 잔류한 명군 1만 6천 명의 군량을 지원해 달라고 하자 명나라 병부가 그럴 바엔 조선을 직접 통치해야 한다고 주장했다.

"조선에서 소요되는 군량은 조선 스스로 부담하게 하되 조선의 왕과 신료가 전처럼 태만할 경우는 명이 그들을 직접 통제하거나 병력을 철수시켜야 한다."[142]

직할통치론을 내세우며 조선을 압박했던 명나라는 조정 신료는 물론이고 국왕 선조까지도 명의 신하로 치부했다. 제후국 조선의 국왕은 종주국 명 황제의 신하라고 여겼기 때문이다. 조선의 국왕이 명의 신하인데 조선의 신하들이야 당연히 명군이 마음대로 주무를 수 있는 신하였다. 그러니 명군의 군량 조달을 맡고 있던 하급 관리 애자신艾自新이 군

---

142 명 신종실록 권264 만력 21년 9월 11일(무진)

량 조달이 되지 않는다며 조선의 고위 관료인 지중추부사(정2품) 김응남, 호조참판(종2품) 민여경, 의주목사(정3품) 황진을 불러 곤장을 때리는 만행도 서슴지 않았다.[143]

또 벽제관 전투에서 패배한 이여송은 일본군과 계속 싸우기를 청하는 류성룡을 군법으로 처벌하겠다며 조선 영의정의 무릎을 꿇리기도 하였다.

"이여송은 노하여 나(류성룡)와 호조판서 이성중과 경기 좌감사 이정형을 불러 뜰 아래 꿇어 앉히고 큰소리로 꾸짖으며 군법으로 다스리려 하였다. 나는 사과를 하면서도 나랏일이 이 지경에 이른 것을 생각하니 나도 모르게 눈물이 주르르 흘렀다."[144]

이같이 조선의 국왕과 신료들이 겪는 치욕과 수모는 명·일간 강화교섭이 시작되면서 더욱 심해졌다. 명의 강화론자들은 강화를 통해 전쟁을 끝내려고만 했고, 강화 반대론자들은 명의 안위를 위해 조선을 지켜야 한다는 원칙을 내세우면서도 군사적·경제적 부담을 줄이는 방안을 찾고 있었다. 그것은 조선의 군신을 압박하여 자위를 꾀하도록 종용하고, 여의치 않으면 명이 직접 관원을 파견하는 직할통치론으로 구체화되었다.[145]

최초의 직할통치론은 1594년 강화 반대론자였던 계요총독 손광孫鑛

143 『선조실록』 권35, 26년 2월 1일(병술)
144 류성룡, 『징비록』, 남윤수 역, 하서출판사, 2003, 146~147쪽
145 한명기, 『임진왜란과 한중관계』 역사비평사, 1999, 61쪽

이 제기했다. 그는 조선에 정동행성征東行省을 설치하고, 순무(각처를 돌아다니는 관리)를 파견해서 조선 신료들을 전부 관리하면서 조세 징수권 등을 갖도록 하자고 주장했다.[146]

명의 조선 직할통치론이 부상하니 명군들은 더욱더 조선군의 작전권과 지휘권을 옥죄고 있었다. 특히 삼도 수군통제사 이순신은 명군 도독 진린陳璘의 견제와 횡포로 일본군을 공격하고 싶어도 제대로 할 수 없다고 누차에 걸쳐 조정에 호소했다.

전후 통제사의 장계를 보건대 진 도독이 통제사의 공격을 정말 허락하지 않았다 하니 그의 소행이 매우 한심스럽다. 이로부터 주사(수군)의 일이 잘못되고 수로를 차단하여 협공하는 계획도 허사가 되게 생겼으니 본사는 의당 잘 도모하여야 한다.[147]

통제사 이순신이 치계(보고)하였다. (중략) "신이 수군을 정돈하여 바다로 내려가서 기회를 틈타 왜적을 섬멸하려 하여도 매번 도독(진린)에게 중지당하니 걱정스럽기 그지없습니다."[148]

명나라 지휘부가 행사한 권한은 병권만이 아니었다. 명의 경리 양호楊鎬는 1597년 8월 전황이 위급함에도 조선 조정은 피난 준비만 한다고 비난하고, 광해군에게 남방으로 진주하여 명군의 활동을 도우라고 지

146 『선조실록』 권52, 27년 6월 18일(을축)
147 『선조실록』 권104, 31년 9월 8일(경인)
148 위와 같은 책, 9월 10일(임진)

시했다.[149] 그는 접빈관을 선조에게 보내 자신의 의사를 직접 전달하거나 밀첩密帖을 보내 정무에 관여했다. 1598년 4월에는 군량 운반에 태만했다는 이유로 윤승훈을 처벌하고, 김수를 교체하라는 밀첩을 보내기도 했다.

이처럼 명나라의 경략·경리·제독·도독 등이 조선 조정의 여러 권한을 간섭하고 침해했다. 단순한 간섭이 아니라 왕위교체론, 직할 통치론 등을 거론하면서 전쟁 내내 선조를 불안하게 만들었다.

이런 명의 압박은 조선의 정치·군사 자율권 상실은 물론 국왕의 자존감 상실, 열등감 누적, 분노의 폭발 등 국정 전반에 걸쳐 부정적 영향을 미칠 수밖에 없었다.

이런 와중에도 통제사 이순신만은 달랐다. 명나라 사신과 장수들의 횡포에도 분노를 절제하며 유연한 외교력으로 당당하게 맞서고 있었다. 금토패문禁討牌文을 보내 일본군을 치지 말라는 명의 선유도사 담종인譚宗仁에게 "일본 놈들이 진을 치고 있는 땅이 모두 우리 땅인데 우리더러 일본 진영에 가서 트집을 일으키지 말라는 것은 무슨 뜻이며, 우리에게 속히 제 고장으로 돌아가라고 하는데, 제 고장이란 어디란 말입니까? 트집을 일으킨 자는 우리가 아니고 저 일본 놈들입니다"라며[150] 당당히 항변했다.

또 견제를 일삼는 명군 도독 진린에게 왜적의 수급首級을 나누어 주

149 『선조실록』 권91, 30년 8월 8일(병인)
150 『완역 이충무공전서』 잡저, '답담도사종인금토패문' 이은상 역, 성문각, 1988, 121쪽

는 회유, 명군의 만행이 그치지 않자 차라리 조선군을 철진撤陳하겠다고 압박하여 처벌권을 확보하는 협상력 등은 모두 치밀어오르는 분노를 관리하는 지혜였다.

오죽하면 감명한 진린이 선조에게 "이순신은 세상을 다스리는 경천위지지재經天緯地之才(베의 날줄과 씨줄처럼 천하의 체계를 바로 세우는 재능)와, 보천욕일지공補天浴日之功(하늘을 깁고 해를 씻기듯 나라를 바로잡은 공)이 있다"[151]고 했을까.

151 방성석, 『역사 속의 이순신, 역사 밖의 이순신』 행복한 미래, 2015, 103쪽

반격反擊
조선의 힘만으로 일본군을 무찌르다

임란 초기 조선군은 도망하기 바빴고, 패하기를 거듭했다. 선조는 도성이 함락되고 국왕이 잡힌다면 조선은 망한다고 판단했다. 선조는 자신의 의주 피난과 원군 요청은 나라를 살리는 궁극의 전략이라 강변했다.

과연 사실일까? 반드시 그런 것은 아니었다. 시간이 지날수록 전황은 호전되고 있었다. 5월부터 바다에서 이순신의 반격이 시작됐다. 육지에서는 의병장들이 일본군을 공격했다. 일본군 선발 대장 고니시 유키나가가 5월 3일 한성을 점령하고, 6월 14일 평양성을 점령했으나 진격은 거기까지였다.

평양에서 의주는 불과 2백km 남짓이었다. 류성룡은 『징비록』에서 "적군이 이미 평양을 함락하매 그 형세가 마치 높은 곳에서 물을 동이채 쏟아붓는 것 같아서 아침이나 저녁으로 압록강까지 쳐들어올 것으로 생각했다"고 고백했다.[152] 고니시는 의주에 있는 선조에게 "이제 일본의 수군 10만 명이 서해로부터 올 것입니다. 대왕의 행차는 이제 어디

---

152 류성룡, 『징비록』, 남윤수 역, 하서출판사, 2003, 101쪽

로 가시렵니까"라며 조롱했다.[153] 그러나 이순신이 제해권을 장악하면서 단 한 명도 올라오지 못했다.

일본군은 이후 상당한 병력손실을 입었다. 『일본 전사 조선역』에 의하면 임진년 1년 동안 고니시의 병력은 1만8천7백 명에서 6천6백26명으로 무려 64%가 감소했다. 당연히 새로운 병력이 충원되어야 했지만 남해에서 병력과 군량이 차단되니 굶주림에 시달릴 수밖에 없었다. 또 초가을부터 몰아치는 북방의 혹독한 추위도 복병이었다. 규슈·시코쿠 등 따뜻한 지방 출신의 일본군은 극복하기 힘들었다. 게다가 곡창지대인 호남 공격이 좌절되니 조선에서 군량을 조달하겠다는 야심도 무너졌다.

이때 수군과 의병의 역할을 구체적으로 살펴본다.

바다에서는 전라 좌수사 이순신의 승전이다. 1차 출동인 5월 7일 옥포와 합포, 8일 적진포에서 모두 일본 군선 44척을 불태웠고, 2차 출동인 5월 29일 사천, 6월 2일 당포, 5일 당항포, 7일 율포에서 72척을, 3차 출동인 7월 8일 한산도, 10일 안골포에서 80척을, 그리고 4차 출동인 9월 1일 일본 수군의 본거지 부산포를 공격하여 1백34척을 격멸했다. 일본군이 남해를 지나 서해를 돌아 군사와 군량을 공급하려던 병참 조달 계획은 철저히 무산됐다.

육지에서는 의병이 봉기하고 관군이 가세했다. 5월 26일 의령 정암진에서는 의병장 곽재우郭再祐가 안코쿠지 에케이의 호남진출을 차단했다. 6월 6일 고령 의병장 정인홍이 무계에서, 7월 7일 김제군수 정담 등

153 위와 같은 책, 110쪽

이 웅치에서, 8일 이치에서는 동복현감 황진 등이, 10일 거창 우척현에서는 의병장 김면이 호남을 방어했다. 24일 영천에서는 의병장 권응수가 영천성을 수복했고, 8월 1일 청주에서는 의병장 조헌趙憲이 청주성을 탈환했다.

또한 9월 2일 의병장 이정암이 연안성 전투에서 승리하며 황해도 곡창지대 연백평야를 지켜냈고, 8일 경상좌병사 박진이 경주성을 탈환했다.

그리고 9월 16일 함경도 의병장 정문부가 경성에서 승리한 뒤 10월 30일 길주·장평(장덕산), 12월 10일 길주·쌍포, 다음 해 1월 28일 북관대첩에서 완벽한 승리로 가토 기요마사 군을 몰아내며 함경도를 탈환했다.

또 남쪽에서는 10월 6일 1차 진주성 전투에서 진주목사 김시민金時敏이 하세가와 히데카즈 등 일본군 대병력을 물리쳤다. 또 12월 11일 전라 순찰사 권율과 의병장 김천일金千鎰 등이 오산 독산성 전투를 승리로 이끌었다.

이렇게 명나라 지원군이 당도하기 이전부터 조선군 스스로 일본군을 물리치고 있었다. 분명 전쟁 초기와는 다른 양상이었다. 선조가 국왕으로서 도성 사수의 단호한 의지를 보였다면, 백성과 함께 죽겠다는 결연한 항전 의지를 보였다면 하는 아쉬움이 크다. 국왕이 버티고 있는 도성을 지키는 것과 국왕이 도망가고 없는 도성을 지키는 것은 하늘과 땅 차이다. 선조가 한성에 있었다면 6월 6일 용인 전투에서 전라도 순찰사 이광, 충청도 순찰사 윤선각, 경상도 순찰사 김수 등이 그처럼 지리멸렬 패하지는 않았을 것이다.

이와 같은 내용은 일본에서조차 연구되고 기록으로 전해지고 있다. 일본인 도마세이타의 연구『동아시아 세계의 형성』에서 조선군의 반격이 대단했음을 밝히고 있다.

"도요토미 정부군이 전쟁을 지속하기 곤란했던 원인은 반드시 명 정부군의 움직임 때문만은 아니고, 조선인 간에 점차 증대해 갔던 저항 때문이었다."[154]

일본군 종군 신부로 1593년 12월 조선에 건너와 1년간 머물렀던 스페인 신부 그레그리오 데 세스뻬데스[155]도 당시의 상황을 이렇게 기록하고 있다.

"처음 몇 달의 계속된 승리에도 불구하고, 전쟁의 상황은 침략자들(일본)에게 불리하게 돌아가고 있었다. 조선과 중국의 연합군대는 일본인들을 물리쳤으며 전쟁은 1593년에 일시 휴전에 들어가게 되었다. 그 당시 선교사들의 기록에 따르면 일본인들은 이미 병력의 3분의 1을 잃었다고 전해진다. 일부는 싸움에서 잃었지만, 상당수의 병사는 굶주림과 병으로 죽어갔다."[156]

조선은 수군과 의·승병 등 군민의 반격으로 명나라 지원군이 들어오기 전에 이미 전세를 역전시키고 있었다. 임진왜란 중은 물론 전과 후에

154 김문자, 『임진전쟁과 도요토미 정권』, 경인문화사, 2021, 7쪽

155 "하느님의 뜻에 따라 꼬리아 왕국에 갔었는데 일본인들이 한국인과 벌이고 있는 전쟁에 나가 있는 2천 명 병사들의 고백성사를 듣고 도와주기 위해서였으며, 그곳에서 일 년간 머물렀습니다." 박철, 『세스뻬데스』 서강대학교출판부, 1987, 48쪽

156 위와 같은 책, 39쪽

도 자력으로 외적을 물리치겠다는 자강·자립의 의지가 부족했던 것이 안타깝다. 오직 외세에만 의존하고 사대에만 몰두하여 재조지은再造之恩만 강조했던 위정자들이 부끄럽다.

겁왕怯王
군사 지휘권을 넘겨준 선조

임진년 6월 명군 부총병 조승훈의 선발대가 도착하자 선조는 바로 그
들에게 조선군의 지휘권을 넘겨줬다.

요동 유격 사유와 원임 참장 곽몽징이 기병 1천 명을 거느리고 임반
관(선천)에 도착하니 임금이 곤룡포에 익선관 차림으로 나와 재배를
끝내고 말하기를, "불곡不穀(임금이 자신을 낮춘 표현)이 나라를 잘 지키지
못하여 오늘의 화란을 오게 하여 귀국 대신들이 행차하는 수고로움을
끼쳤으니 황공하기 그지없소이다" 하니 두 장수가 아뢰기를, "평양을
일찍 구원하지 못하는 것이 한스럽습니다. 조(승훈) 총병이 의주에 도
착하면 우리가 돌아가서 의논하여 결정하겠습니다. 귀국은 어떻게 계
획하고 있습니까" 하자 임금이 이르기를 "한 나라의 존망이 대인들의
진퇴에 달렸으니 지휘를 삼가 받겠소이다" 하였다.[157]

157 『선조실록』 권27, 25년 6월 18일(병오)

겨우 전쟁 발발 64일 만에 조선군의 작전지휘권을 명나라 유격과 참
장에게 넘겨주는 순간이었다. 일국의 국왕이 지원군 참모에 불과한 장
수에게 재배를 올림은 어찌 된 모습이며 스스로 먼저 지휘를 받겠다 함
은 어찌 된 결심인가.

선조는 자신이 겁쟁이 왕이 아니라고 누누이 변명했다. 그러나 작전
지휘권 같은 중요한 권리를 쉽게 포기하는 모습, 명나라에 의존하고 사
대하는 모습, 명군에게 한없이 비굴한 모습은 전쟁이 끝나고 명군이 철
수할 때까지도 이어졌다.

선조도 자신이 겁왕의 평가를 받고 있음을 알고 있었다. 정유재란이
일어난 1597년 7월 22일 수군통제사 원균의 칠천량 패배를 들어 패전
의 책임과 대신들의 무기력을 질책하는 내용이다.

"오늘날 조정의 대신들이 사기를 잃고 소리도 제대로 내지 못하고 있
으니 슬프도다. 평일에는 사리를 논의하는 데에 날카롭고 국사를 계획
하는 데에도 있는 계책을 다하여 심지어 모두가 도성을 지키자고 하고,
나를 겁쟁이라고 기롱하더니 오늘에 이르러서는 어찌하여 이같이 사기
가 상실되었는가."[158]

8월 5일에는 "이기고 지는 것은 병가의 상사이니 비록 큰 차질이야
없겠지만 만약 대처하기 어려운 형편에 처하게 되어 다른 곳으로 물러
나 주둔하거나 서울로 후퇴하여 지키게 된다면 한갓 명성과 위세만 손
상할 뿐, 흉적은 더욱 기승을 부리게 될 것이니 차라리 가지 않는 것이

---

158 『선조실록』 권90, 30년 7월 22일(신해)

낮지 않겠는가. 사람들이 모두 나를 겁쟁이로 여길 것이니 이제 다시 말하고 싶지 않다. 모름지기 잘 생각하여 조처하라" 하였다.[159]

피난을 가야겠는데 국내로 가서는 명성만 손상당할 뿐 차라리 명으로 망명하는 것이 옳겠다는 에두른 표현이었다.

8월 18일 남원성이 함락당하자 선조는 "애당초 적병이 국경에 버티고 있는 것을 생각하지 않고서 억지로 서울로 돌아오게 해놓고서는 지금 다시 낭패를 당하게 하였으니 그래도 원대한 생각이 있었다고 할 수 있겠는가" 하였다.[160]

국왕이 도성에 돌아온 것을 후회하며 신하들을 책망하니 어찌 겁왕이라 아니하겠는가. 선조는 또 "다른 일은 접어두고 우선 내전을 피란시키는 일을 속히 의논하여 결정하라. 대신들은 필시 원대한 생각이 있을 것이니 속히 사리에 맞게 조처하라. 어느 길을 경유하여 어느 곳에 주차駐箚해야 하는가. 늘 나를 겁쟁이로 여기지만 서둘러 조처하지 않을 수 없다" 하였다. 주차란 '외국에 머물러 있음'을 말하는데 선조는 다시 망명을 생각하고 있었다.

이것이 선조가 겁왕이란 비난을 피할 수 없는 이유다. 파천 그 자체만이 아니라 파천 도중이나 파천 이후에도 백성에게 보인 행보 때문이다. 적이 오기도 전에 스스로 먼저 도망칠 궁리를 하는 일, 절대로 성을 떠나지 않겠다고 해놓고 밤새 도망친 일, 파천 중에도 백성들이 따라오지

159 『선조실록』 권91, 30년 8월 5일(계해)
160 『선조실록』 권91, 30년 8월 18일(병자)

못하도록 배를 가라앉히고 나루를 끊어 버린 일, 파천하는 처음부터 명나라로 망명을 계획했던 일 등이다. 오로지 도망칠 생각만 하는 선조는 겁왕이란 오명을 면할 수 없다. 목숨 바쳐 싸웠던 군민에게 보여선 안될 배신과 분노의 행보였다.

3장

이순신에 대한
분노

정유재란 발발 후 1597년 3월 13일 선조는 우부승지 김홍미金弘微에게 이순신을 죽여야 할 세 가지 죄상을 전교했다.

"이순신이 조정을 기망한 것은 임금을 무시한 죄고, 적을 놓아주어 치지 않은 것은 나라를 저버린 죄며, 심지어 남의 공을 가로채 남을 모함하기까지 하며(장성한 원균의 아들을 가리켜 어린아이가 모공하였다고 계문하였다) 방자하지 않음이 없는 것은 기탄함이 없는 죄이다. 이렇게 허다한 죄상이 있고서는 법에 있어서 용서할 수 없으니 율을 상고하여 죽여야 마땅하다. 신하로서 임금을 속인 자는 반드시 죽이고 용서하지 않는 것이므로 지금 형벌을 끝까지 시행하여 실정을 캐어내려 하는데 어떻게 처리할 것인지 대신들에게 하문하라."[161]

선조의 복합적인 분노가 한꺼번에 폭발했다. 전쟁 중에 최고 지휘관 이순신을 죽이라는 경악할 명령이었다. 선조의 분노는 어디에서 왔을까?

분노 전문가이자 정신과 의사인 T. 에프론은 "사람은 자신에게 패배감을 주는 상대, 열등감을 주는 적수에게 분노를 폭발한다. 특히 자신이 믿었던 사람에게 배신당했다는 생각과 그러한 행위 자체에 대해 도덕적인 분노와 충격을 느끼는 것"이라고 한다.[162]

임금에 대한 절대적 충성은 민유방본民惟邦本, 백성은 나라의 근본이니 위기에 처한 백성을 끌어안는 애민정신에서 나온다. 하지만 선조는 왜적이 쳐들어오자 백성을 버리고 도망쳤다. 작전상 후퇴라는 변명은

---

161 『선조실록』 권86, 30년 3월 13일(계묘)
162 Ronald T. Potter-Efron, 『A Step-by-Step Guide to Overcoming Explosive Anger』 (욱하는 성질 죽이기). 전승로 옮김, 다연, 2019, 113쪽

통하지 않았다. 몽진 중에 온몸으로 느꼈던 백성의 원망과 비난, 하늘처럼 의지했던 명의 불신과 무시는 선조를 패배감과 열등감에 빠트렸다. 그러나 이순신에 대한 절대적 신망은 어적보민禦敵保民, 왜적을 막아 백성을 보호하고 구제하는 애민정신에서 나왔다.

선조에게 이순신은 의지할 수밖에 없는 장수이자 동시에 견제할 수밖에 없는 장수였다. 이순신은 군민의 신망과 명의 신뢰, 그리고 막강한 군사력까지 갖추고 있었기 때문이다. 여기에 이순신을 대체할 수 있다고 믿는 원균의 존재도 한 역할을 했다.

정유년에 왜적이 다시 쳐들어오자 임진년부터 누적된 선조의 분노가 폭발했다. 한참 전쟁 중인 장수 이순신을 죽이라는 것이었다. 갑오년에 "전선에 나가 있는 장수를 바꾸는 일은 병가의 꺼리는 바이니 체직시킬 수 없다"[163]라고 했던 선조의 판단은 이때는 적용되지 않았다.

선조의 분노는 이순신 파직과 칠천량 패전의 비극으로 이어졌고, 원균의 분노는 자기의 죽음과 수군의 궤멸로 이어졌다.

이순신을 죽여야 하는 세 가지 죄목, 조정을 속이고 임금을 무시한 죄(欺罔朝廷 無君之罪), 적을 놓아주어 치지 않아 나라를 저버린 죄(縱賊不討 負國之罪), 심지어 남(원균)의 공을 가로채고 모함한 죄(奪人之功 陷人於罪)를 각각 불신적 분노, 보복적 분노, 잠재적 분노로 규정하고 그 실상을 살펴본다.

---

163 『선조실록』 권58, 27년 12월 1일(갑진)

불신적 분노
기망조정 무군지죄 欺罔朝廷 無君之罪

이순신이 조정을 속인 것은 임금을 무시한 죄다?

선조의 논죄 중 첫 번째가 '조정을 속인 것은 임금을 무시한 죄'라는 것이다. 이 논죄는 1597년 1월 1일과 2일 연이어 올라온 두통의 장계가 화근이었다. 이 장계들은 모두 1596년 12월 12일 '부산 왜영 방화'에 대한 내용을 담고 있다.

1월 1일 통제사 이순신이 김난서金蘭瑞·안위安衛·신명학의 논상을 청했다. 12월 27일에 성첩한 이순신의 서장은 다음과 같다.

"신의 장수 가운데 계려가 있고 담력과 용기가 있는 사람과 군관·아병으로 활을 잘 쏘고 용력이 있는 자들이 있습니다. 이들은 항상 진영에 머물면서 함께 조석으로 계책을 의논하기도 하고, 그들의 성심을 시험하기도 하고, 함께 밀약하기도 하였으며 또 그들을 시켜 적의 정세를 정탐하게도 하였습니다. 그러던 터에 거제현령 안위 및 군관 급제 김난서, 군관 신명학이 여러 차례 밀모하여 은밀히 박의검을 불러 함께 모의했습니다. 그랬더니 박의검은 아주 기꺼워하여 다시 김난서 등과 함께 간

134

절하게 지휘하면서 죽음으로 맹세하고 약속하였습니다.

같은 달 12일 김난서 등은 야간에 약속대로 시간되기를 기다리는데 마침 서북풍이 크게 불어왔습니다. 바람결에다 불을 놓으니, 불길이 세차게 번져서 적의 가옥 1천여 호와 화약 창고 2개, 군기와 잡물 및 군량 2만 6천여 섬이 든 곳집이 한꺼번에 다 타고 왜선 20여 척 역시 잇따라 탔으며 왜인 24명이 불에 타 죽었습니다. 이는 하늘이 도운 것이지만, 대개 김난서가 통신사의 군관에 스스로 응모하여 일본을 왕래하면서 생사를 돌보지 않았기에 마침내 이번 일을 성공한 것입니다.

안위는 평소 계책을 의논하다가 적에 대해 언급하면 의분에 분개하여 자신이 살 계책을 돌보지 않았으며 그의 군관 김난서와 신명학 등을 거느리고 적진으로 들어가 갖가지로 모의하여 흉적의 소굴을 일거에 불태워 군량·군기·화포 등 제구와 선박 및 왜적 34명을 불태워 죽게 하였습니다. 부산의 대적을 비록 모조리 다 죽이지는 못했으나 적의 사기를 꺾었으니 이 역시 한 가지 계책이었습니다. (중략) 안위·김난서·신명학 등이 성심으로 힘을 다하여 일을 성공시켰으니 매우 가상하며, 앞으로 대처할 기밀의 일도 한둘이 아니니 특별히 논상하여 장래를 격려하소서."[164]

그런데 바로 다음 날 이조 좌랑 김신국金藎國이 적의 소굴을 불태운 것은 허수석이라며 상으로 은냥을 후히 보내줄 것을 청했다.

"지난날 부산의 적 소굴을 불태운 사유를 통제사 이순신이 이미 장계

164 『선조실록』 권84, 30년 1월 1일(임진)

하였다고 합니다. 그런데 도체찰사 이원익李元翼이 거느린 군관 정희현은 일찍이 조방장으로 오랫동안 밀양 등지에 있었으므로 적진에 드나드는 사람들이 정희현의 심복이 된 자가 많습니다. 적의 진영을 몰래 불태운 일은 이원익이 전적으로 정희현에게 명하여 도모한 것입니다. 정희현의 심복인 부산 수군 허수석은 적진을 마음대로 출입하는 자로 그의 동생이 지금 부산영 성 밑에 살고 있는데 그가 주선하여 성사시킬 수 있었으므로 정희현이 밀양으로 가서 허수석과 몰래 모의하여 기일을 약속해 보내고 돌아와 이원익에게 보고하였습니다. 날짜를 기다리는 즈음에 허수석이 급히 부산영에서 와 불태운 곡절을 고했는데 당보도 잇따라 이르렀습니다. 그래서 이원익은 허수석이 한 것을 확실하게 알게 된 것입니다. 이순신의 군관이 부사의 복물선을 운반하는 일로 부산에 도착했었는데 마침 적의 영이 불타는 날이었습니다. 그가 돌아가 이순신에게 보고하여 자기의 공으로 삼은 것일 뿐 이순신은 이번 일의 사정을 모르고 치계한 것입니다.

허수석이 상을 바라고 있고, 이원익도 또 허수석을 의지해 다시 일을 도모하려 하고 있습니다. 그렇다고 지금 갑자기 상을 내리면 누설될 염려가 있으니 이런 뜻으로 유시하고 은냥을 후히 주어 보내소서. 조정에서 만일 그런 곡절을 모르고 먼저 이순신이 장계한 사람에게 상을 베풀면 반드시 허수석의 시기하는 마음을 일으키게 될 것이고, 적들이 그런 말을 들으면 방비를 더욱 엄하게 할 것입니다. 그렇게 되면 도모한 일을 시행할 수 없을 것입니다. 그래서 이원익이 신에게 계달하도록 한 것입니다. 이번에 비밀리에 의논한 일은 이미 이원익의 장계에 있기에 서계하지 않습니다."[165]

　이상 두 통의 장계를 받은 선조의 판단은 이순신이 조정을 속였고, 임금을 무시했다는 것이었다.

　"나는 이순신의 사람됨을 자세히 모르지만, 성품이 지혜가 적은 듯하다. (중략) 부산 왜영을 불태운 일도 김난서와 안위가 몰래 약속하여 했다고 하는데, 이순신은 자기가 계책을 세워 한 것처럼 하니 나는 매우 온당치 않게 여긴다. 그런 사람은 비록 가토 기요마사의 목을 베어오더라도 용서할 수가 없다."[166]

　임금의 말끝 하나하나에 불신과 분노가 가득했다.

이순신은 조정을 속이지도, 임금을 무시하지도 않았다.

　선조의 분노는 이순신의 장계는 거짓이고, 김신국의 장계가 진실이라는 판단에서 비롯됐다. 그러나 이순신의 장계에는 부하들이 왜영에 불을 지르는 경위와 과정, 시기와 장소, 방법과 성과 등이 소상히 보고되어 있다. 조정을 속이는 거짓 장계치고는 너무나 구체적이고 사실적이다. 반면 김신국의 장계에는 거사의 구체적 내용이 없다. 단지 이순신이 일의 사정을 잘 모르고 치계 했다는 것과 허수석에게 포상해야 한다는 당위성을 강조하고 있다.

　이조 좌랑 김신국이 부산에 내려간 까닭도 부산 왜영 방화 사건을 조

---

165 『선조실록』 권84, 30년 1월 2일(계사)
166 『선조실록』 권84, 30년 1월 27일(무오)

사하러 간 것이 아니라 일본군의 재침에 대비하기 위해 군기선유관軍機
宣諭官으로 이원익에게 갔던 것이다.[167] 불과 닷새 전 12월 25일까지 한
성에 있었던 김신국이다.[168] 방화에 관한 내용을 소상히 알 리가 없다.
더구나 상소 말미에 '이번에 비밀리에 의논한 일은 이미 이원익의 장계
에 있기에 서계하지 않습니다'라고 했다. 그러나 이원익의 장계에는 '다
른 사정은 모두 김신국이 계달한 내용에 있습니다'라고 했을 뿐이다.[169]
결국 김신국과 이원익 누구의 장계에도 비밀리에 의논한 내용은 없다.
실록에 기록되지 않는 또 다른 장계가 있지 않고서야 김신국의 보고만
이 옳다고 판단할 수 없는 일이다.

이순신은 이미 여러 전공으로 삼도 수군통제사 정2품 정헌대부에 오
른 수장이다. 한낱 방화 사건에 공을 탐하여 거짓 장계를 올렸다고 생각
하기 어렵다. 부하의 허위 보고를 검증 없이 조정에 보고했다는 것도 상
상하기 어렵다. 김신국에게 계달을 지시한 도체찰사 이원익 또한 강직
한 신료의 표상이었다. 이순신과 이원익 모두 선조의 올곧은 신하였고,
두 사람은 서로가 깊이 신뢰하는 사이였다. 이순신이 감히 조정을 속이
고 임금을 무시하는 속임수를 쓸 리가 없고, 이원익도 김신국을 시켜 함
부로 없는 사실을 꾸며 이순신을 모함하는 무리수를 둘 리가 없다. 따라
서 이순신의 장계는 거짓이고, 김신국의 장계는 진실이라고 단정할 만
한 근거가 부족하다.

분노 상담가이자 심리학자인 데이비드 폴리슨의 진단처럼 분노는 때

167 위와 같은 책, 1월 23일(갑인)
168 『선조실록』 권83, 29년 12월 25일(정해)
169 『선조수정실록』 권31, 30년 1월 1일(임진)

로는 좌절하거나 불평하는 모습으로, 때로는 닫힌 마음으로 상대방을 판단하거나 공격성을 보이는 모습으로 나타난다.[170]

선조의 의식 속에 자리 잡은, 이순신에 대한 불만과 불신이 문제였다. 이순신이 조정을 속이고 임금을 무시했다는 논죄는 신중히 판단했어야 했다.

부산 왜영 방화는 비밀리에 계획된 다발적 거사였다.

부산 왜영 방화는 명군과 조선군이 오래전부터 계획한 작전이라고 볼 수 있다. 1596년 6월 선조가 명군 부사 양방형楊方亨의 역관인 박의검을 불러 왜의 정세 등에 관해 물었을 때 답하기를 "부사가 이중군과 황배신을 시켜 함께 감독하여 왜영을 불사르게 하였으므로 소신도 가서 살펴보았더니 적진의 방옥·목책은 죄다 불탔고, 그때 남아 있던 배가 47척이었는데 이 또한 바다를 건너갈 참이었습니다"라고 하였다.[171]

또 1597년 1월 이원익의 장계에는 "도원수 권율과 상의하였는데 율은 '근일 부산에 있는 적의 소굴 중 상당수가 불에 타 어느 정도는 당초 계획대로 되었으나 곧바로 부산의 군영을 치는 일은 실로 경솔하게 거사하기 어렵다'라고 했다"라고 기록했다.[172]

이 장계는 선조수정실록에 정유년 1월 1일로 되어있지만, 실제 이원익이 올린 날짜는 1월 4일이었다.[173]

---

170 David Arthur Powlison, 『GOOD & ANGRY』, 김태형·장혜원 옮김, 토기장이, 2019, 18쪽

171 『선조실록』 권76, 29년 6월 1일(정유)

172 『선조수정실록』 권31, 30년 1월 1일(임진)

173 이원익, 『국역 오리선생문집』, 4도체찰사 때의 장계(정유년 1월 4일), 여강출판사, 1995, 522쪽

이같이 '명나라 부사 양방형이 왜영을 불사르게 한 것'과 '도원수 권율의 당초 계획대로 되었다'라는 언급으로 보아 부산 왜영 방화는 명군과 조선군 수뇌부의 계획된 거사였고, 도체찰사·도원수·통제사·경상수영 등에서 다발적으로 추진한 작전이었다.

그 근거로는 12월 19일 명나라 도사 호응원의 게첩揭帖(내걸어 붙인 문서)에도 "왜영에 불이 나서 1천여 가옥이 불에 탔고, 미곡 창고·군기·화약·전선이 모두 타버렸다"라는 기록과[174] 1월 1일 경상수영 도훈도 김득이 그날 밤 불타는 모습을 보고는 "이달 12일 이경二更(오후 9~11시)에 부산의 왜적 진영 서북쪽 가에다 불을 놓아 적의 가옥 1천여 호 및 군기와 잡물·화포·기구·군량 곳집을 빠짐없이 잿더미로 만들었다"[175]라고 한 것처럼 명군과 조선군 여러 곳에서 이 방화 사건을 보고하고 있기 때문이다.

통제사 이순신과 도체찰사 이원익의 동시적 거사였다.

조정의 여론도 이순신이 거짓 장계를 올릴 리 없으니 신중히 판단해야 한다는 것이었다. 지중추부사 정탁鄭琢은 "통제사 이순신이 정신병자가 아니라면 일의 사정을 모른 채 그런 보고를 할 리가 없다"고 했다.[176] 호조판서 김수도 "왜영을 불태우는 일을 이순신이 처음에 안위와 밀약하였는데 다른 사람이 먼저 불사르니 이순신이 도리어 자기의 공로로 삼은 것이다. 그러나 그 일은 자세히 알 수가 없다"고 했다. 이조참

---

174 『선조실록』 권83, 29년 12월 19일(신사)

175 『선조실록』 권84, 30년 1월 1일(임진)

176 정탁, 『藥圃集1』 황만기 역, 안동대학교 퇴계학연구소, 성심인쇄소, 2013, 366~372쪽.

판 이정형도 "변방의 일은 멀리서 헤아릴 수가 없으니 서서히 처리해야 한다"고 했다.[177]

선조는 김신국의 장계만 믿고, 이순신이 부산 왜영을 불태웠을 리 없다고 했다. 또 이순신이 자기의 계책인 것처럼 하는 것도 온당치 않다고 했다. 호조판서가 '불태우는 일은 이순신이 처음에 안위와 밀약한 것'이라고 아뢰는데도[178] 선조는 이순신이 조정을 속이고 자신을 무시했다며 불신과 분노를 쏟아낼 뿐이었다.

그러나 김신국의 주장처럼 이순신이 일의 사정을 모르고 치계했다면 이순신은 부하들에게 속아 허위 보고를 한 것이 된다. 그렇다면 허위 보고를 한 부하들도 처벌받아야 마땅하다. 거제현령 안위[179] 및 군관 급제 김난서[180]는 일개 졸병이 아니고, 과거에 급제한 책임 있는 장수들이기 때문이다. 그러나 누구도 허위 보고로 처벌받은 기록은 없다. 오직 상관 이순신만 문제 삼았다는 것은 개인적 불신에 따른 표적성 논죄라 할 수 있다.

과연 '부산 왜영 방화'의 실상은 무엇인가?

김신국에게 장계를 올리도록 한 도체찰사 우의정 이원익은 누구보다도 이순신에게 우호적인 재상이었다. 을미년(1595) 8월부터 정유년(1597) 10월까지 통제사 이순신의 상관인 도체찰사로서, 영의정 류성룡

---

177 『선조실록』 권84, 30년 1월 27일(무오)

178 위와 같은 기사

179 안위(安衛) 1592년 영유무과(永柔武科)에 급제하여 군인으로 발탁되었다. 한국향토문화전자대전

180 〔무과〕 선조 5년 임신 별시2 을과 2위(5/52)

이나 지중추부사 정탁보다도 가장 많이 면대했고 소통했기 때문이다. 이원익은 이 사건이 있기 불과 3개월 전 병신년(1596) 10월에도 임금에게 "소신의 생각으로는 경상도에 있는 많은 장수 가운데 이순신이 제일 훌륭하다고 여겨집니다"[181]라고 칭찬한 사람이다. 굳이 없는 사실을 꾸미며서 김신국에게 이순신의 장계와 상반되는 보고를 올리도록 할 이유가 없다. '이순신이 부하들의 보고만 듣고 일의 사정을 모르고 치계 했다'라는 내용은 소북의 영수가 되는 북인계 김신국의 편견일 수 있음을 배제할 수 없다.

당시 정황으로 보아 이순신의 부하와 이원익의 부하가 방화한 일은 모두 사실로 보인다. 부산 왜영 방화는 명군과 조선군이 오래전부터 계획한 작전이기 때문에 양쪽 모두 적합한 날을 기다리던 중 마침 서북풍이 크게 불어 거사하기 좋은 시간에 맞춰 동시에 거행했다는 것이 합리적 추정이다.

이순신이나 김신국이 있지도 않은 사실을 의도적으로 왜곡하거나 거짓으로 꾸며냈다고 볼만한 증거는 없다.

---

181 『선조실록』권81, 29년 10월 5일(무진)

보복적 분노
종적불토 부국지죄 縱賊不討 負國之罪

적을 놓아주어 치지 않은 것은 나라를 저버린 죄다?

선조의 논죄 중 두 번째가 '적을 놓아주어 치지 않은 것은 나라를 저버린 죄'라는 것이다. 이 논죄는 세 가지 분노 중 핵심이라고 볼 수 있다. 거듭되는 실록의 기사로 보아 그렇다.

정유년 1월 선조는 "우리나라가 믿는 바는 오직 수군뿐인데 통제사 이순신이 적을 토벌하지 않아 가토 기요마사가 안연히 바다를 건너게 하였으니 잡아다 국문하고 용서하지 말아야 하겠지만, 바야흐로 적과 진을 맞대고 있으므로 우선 공을 세워 효과를 거두게 해야 한다"라고 했다.[182]

정유년 2월 사헌부는 "이순신은 적을 토벌하지 않고 놓아두었으며 은혜를 저버리고 나라를 배반한 죄가 큽니다. 잡아 오라고 명하여 율

---

182 『선조실록』 권84, 30년 1월 28일(기미)

에 따라 죄를 정하소서"라고 했다.[183]

선조와 사헌부가 이토록 분노한 이유는 다음과 같다.

1596년 9월, 4년 가까이 끌어온 명·일간 강화교섭이 성과 없이 끝나자 일본은 재침을 시도했다. 이때 명의 사신을 수행했던 황신黃愼이 군관 조덕수와 박정호를 11월 6일 급거 귀국시켜 일본의 재침 소식을 알려왔다.[184]

놀란 선조가 12월 5일 승정원에 전교하기를 "가토 기요마사가 1~2월 사이에 나온다고 하니 미리 통제사에게 정탐꾼을 파견하여 살피게 하고, 혹 왜인에게 후한 뇌물을 주어 그가 나오는 기일을 말하게 하여 바다를 건너오는 날 해상에서 요격하는 것이 상책이다. 다만 바다를 건너오는 날을 알아내기가 어려울 따름이다" 하였다.[185]

통제사 이순신에게 가토 기요마사의 도해渡海를 막으라는 것이었다. 이 어명이 제때 전달되었다면 12월 중순쯤이었을 것이다.

12월 21일 일본에서 돌아온 황신은 "가토가 올해 겨울에 먼저 바다를 건너올 것이고, 후속 대군은 2월경에 나올 것입니다"라며 화급한 내용을 전했다.[186] 선조는 부랴부랴 명의 지원을 다시 요청했다.[187]

183 『선조실록』 권85, 30년 2월 4일(을축)
184 『선조실록』 권82, 29년 11월 6일(무술)
185 『선조실록』 권83, 29년 12월 5일(정묘)
186 위와 같은 책, 12월 21일(계미)
187 위와 같은 책, 12월 29일(신묘)

1월 19일 경상우병사 김응서의 장계가 올라왔다. 적장 고니시 유키나가가 첩자 요시라를 보내 가토의 도해를 알려온 내용이었다.

"이달 11일 요시라가 나왔는데 고니시의 뜻으로 말하기를, 가토가 7천명의 군사를 거느리고 4일에 이미 대마도에 도착하였는데 순풍이 불면 곧 바다를 건넌다고 하니 대비해야 한다. 요즈음 잇따라 순풍이 불고 있어 바다를 건너는 데 어려움이 없을 것이니 조선 수군이 속히 거제도에 나가 정박하고 있다가 가토가 바다를 건너는 날을 엿봐야 한다. 다행히 동풍이 세게 불면 거제도로 향할 것이니 거제도에 주둔하고 있는 조선 수군이 공격하기 쉽겠지만, 만약 정동풍이 불면 곧바로 기장이나 서생포로 향하게 될 것이므로 거제도와 거리가 멀어 막을 수가 없다. 따라서 이 경우를 대비해서 전함 50척을 기장 지경에다 정박시켰다가 경상좌도 수군과 합세하고, 5~6척으로 부산 바다가 서로 바라보이는 곳에서 왕래하면 가토의 도해가 어려울 것이다."[188]

선조는 황신을 경상도 제진위무사로 보냈다.[189] 경상도로 내려온 황신은 "이달(1월) 13일 신이 삼가현(합천)에 달려가는 길에 도원수 권율이 의령에서 이미 한산도로 향했고, 도체찰사 이원익 역시 경주에서 안동으로 향했다는 말을 들었습니다. 신은 곧바로 의령에 도착해 병사 김응서와 함께 의논하고, 도체찰사와 도원수가 있는 곳에 의논을 통했습니다" 하였다. 황신이 권율에게 전한 어명은 1월 21일에야 이순신에게 도달했다. 이때는 이미 가토가 도해한 다음이었다.

188 『선조실록』 권84, 30년 1월 19일(경술)
189 위와 같은 책, 1월 23일(갑인)

이원익은 21일 "가토가 이달 13일에 일본 군선 2백 척을 끌고 이미 다대포에 정박했다"라고 했고,[190] 황신도 22일에 "12일 가토 관하의 배 1백 50척과 휘하의 배 1백 30척이 비를 무릅쓰고 바다를 건너 서생포로 향하고 있다"라고 보고했다.[191]

선조수정실록의 기사에는 "이때 이순신이 바닷길이 험난하고 왜적이 필시 복병을 설치하고 기다릴 것이므로 전선을 많이 출동시키면 적이 알게 될 것이고, 적게 출동하면 도리어 습격을 받을 것이라며 거행하지 않았다"라고 기록하고 있다.[192] 이 기사로 인해 이순신이 임금의 출동 명령을 거역한 것으로 알려져 왔다.

선조는 가토가 이미 도해했다는 보고에 분노가 폭발했다.

"이번에 이순신에게 어찌 가토의 목을 베라고 바란 것이겠는가. 단지 배로 시위하며 해상을 순회하라는 것뿐이었는데 끝내 하지 못했으니 참으로 한탄스럽다."

상이 길게 한숨지으며 이르기를 "우리나라는 이제 끝났다. 어떻게 해야 하는가, 어떻게 해야 하는가" 하였다.[193]

마침내 선조는 "이순신은 조금도 용서할 수가 없다. 무신이 조정을 가

---

190 위와 같은 책, 1월 21일(임자)
191 위와 같은 책, 1월 22일(계축)
192 『선조수정실록』 권31, 30년 2월 1일(임술)
　　이긍익, 『연려실기술』 제17권, 285쪽.
193 『선조실록』 권84, 30년 1월 23일(갑인)

볍게 여기는 습성을 다스리지 않을 수 없다"고 했다.[194]

선조는 원균을 경상우도 수군절도사로 임명하고,[195] 바로 다음 날 경상도 통제사를 겸하도록 했다.[196] 그런 다음 2월 6일 이순신을 잡아 올리고, 원균과 교대할 것을 명하니[197] 원균이 전라 좌수사 겸 삼도 수군통제사가 되었다.

선조가 3월 13일 내린 어명이다.

"이순신이 적을 쫓아가 토벌하지 않은 것은 나라를 저버린 죄다. 율律을 상고하여 죽여야 마땅하다."[198]

일본군의 재침으로 또다시 풍전등화의 위기에 놓인 조선이다. 선조가 아무리 대체할 원균이 있다고 해도 수군 최고의 장수 이순신을 죽이라는 무모한 판단은 어디서 나왔을까?

분노 치료 전문가 아론 백은 말한다.

"한 개인이 다른 이에 의해 권력을 훼손당했다고 느끼게 되면 비록 복수가 자기 파괴적이라 할지라도, 더 큰 고통이 유발될지라도 반격을 가하게 된다."[199]

선조는 이순신이 출동하지 않은 것은 임금의 권력을 훼손한 것이라고 받아들이고, 파괴적 보복을 불사한 것이다. 선조가 신하인 이순신의 충

194 위와 같은 책, 1월 27일(무오)
195 위와 같은 책, 1월 27일(무오)
196 위와 같은 책, 1월 28일(기미)
197 『선조실록』 권85, 30년 2월 6일(정묘)
198 『선조실록』 권86, 30년 3월 13일(계묘)
199 Aaron T. Beck, 『PRISONERS OF HATE』 (우리는 왜 분노에서 벗어나지 못하는가), 김현수 외 옮김, 학지사, 2018. 143쪽

언은 듣지 않고, 적군인 고니시 유키나가의 허언을 믿고 분노했다는 것은 이순신을 적과 같이 대하지 않고서야 내릴 수 없는 보복적 분노였다.

이순신은 수륙 합동작전을 주청했고, 윤허까지 받았다.

이순신이 선조의 출동 명령을 어겼다는 것이 사실인가? 이순신은 결코 왜적을 치는 일에 주저함이나 망설임이 없는 장수였다. 만약 선조수정실록의 기사처럼 '바닷길이 험난하고 복병이 숨어 있을 것을 염려하여 출동을 거행하지 않았다'라면 분명 다른 대안을 제시했을 것이다. 그렇다. 이순신은 출전 명령을 거부한 것이 아니라 '수륙 합동작전'이라는 대안을 주청했다.

목포해양대 고광섭 교수의 논문이다.[200]

"병신년(1596) 12월 28일 한 통의 비밀 장계가 올라왔다. 이 장계의 내용이 누설되어 조정에서 큰 문제가 되었다. '근일 계획하는 일은 군국의 막대한 기밀입니다'로 시작되는 이 기사는 군사 기밀이 누설된 책임으로 비변사의 비밀 낭청(당하관 실무관)을 파직하고, 도승지를 추고(잘못을 따짐)하는 내용을 담고 있다.[201] 그러나 비밀 장계이기 때문에 올린 이가 누구인지, 비밀 내용이 무엇인지 알려진 바는 없다. 다행히 12월 29일 실록에서 28일 비밀 장계를 올린 이가 이순신이라는 사실이 밝혀진다. 28일의 장계가 조작되었다는 내용을 통해서다.

---

200 고광섭, '정유재란 시기 선조의 출전 명령과 이순신의 출전 의지 및 출전 불가 사유에 대한 연구', Journal of the KNST, 2021; Vol.4, No.1; pp. 001~013,

201 『선조실록』 권83, 29년 12월 28일(경인)

'선전관 조영이 통제사 이순신에게 유지를 가지고 갔다가 이순신으로부터 서장을 받아 온 일이 있는데 겉봉투에는 뜯어 본 흔적이 뚜렷이 있고, 서장 내에 기록한 월일의 숫자에 획을 고쳤다는 말을 듣고 그 서장을 가져다 보니 겉봉투를 뜯어 본 흔적은 알 수 없으나 날짜에 획을 고쳐 그은 흔적은 분명하였습니다. 조영이 날짜를 지체한 죄를 면하려고 감히 장계를 고쳤으니 매우 놀라운 일입니다.'[202]

그리고 1월 2일 실록에서 12월 28일 장계에 수록된 군사 비밀이 수륙 합동작전이었음이 밝혀진다. 선조가 우부승지 허성에게 내린 전교의 내용을 통해서다.

'이 일은 조정에서 허락하느냐 허락하지 않느냐에 달려있을 뿐, 허다한 절차를 멀리서 지휘하기는 어려울 것 같다. 지금의 의논이 이러하니 체찰사로 하여금 급히 편의에 따라 시행하게 하되 여러 장수가 협력해서 하고 공을 다투다가 일을 그르치는 일이 없도록 하라. 일을 성공하면 마땅히 김응서와 이순신을 함께 수공首功으로 삼을 것이다.'[203]

선조의 전교는 수륙 합동작전을 윤허하며 공을 다투지 말고 잘 협력하라는 당부였다. 이원익은 수군과 육군을 통괄하는 도체찰사고, 김응서는 육군의 경상우병사고, 이순신은 수군의 삼도통제사였기 때문이다. 그렇다면 이순신은 선조의 출동 명령을 거역한 게 아니었다. 이순신은 수륙 합동작전이라는 대안을 주청했고, 임금의 윤허까지 내려진 사안이었다."

---

202 『선조실록』 권83, 29년 12월 29일(신묘)
203 『선조실록』 권84, 30년 1월 2일(계사)

이와 관련하여 고광섭 교수는 '정유재란 시기 선조의 출전 명령과 이순신 항명의 진실'에서 이렇게 설명했다.

"임진왜란 시기 이순신은 해전 출전 시 육군과의 합동작전을 중요시한 점, 또 선조가 육군 장수인 김응서와 수군통제사 이순신의 협조를 특별히 당부한 점 등으로 보아 이순신의 출전 건의 요청서는 수륙 합동작전에 대한 내용이 담겨있을 것으로 보인다."[204]

이순신은 적을 치기 위해 출동을 자청했고, 끝까지 출동했다.

이순신이 수륙 합동작전만 주청한 게 아니라 부산 출동을 자청했다는 기록들이 많다. 먼저 정유년 1월 1일 선조수정실록의 기사다.

통제사 이순신이 치계하기를 "중국의 사신이 이미 통신하며 왕래하였는데도 흉적이 그대로 변경에 있으면서 아직도 틈을 노리어 침략할 계책을 품고 있으니 참으로 분개할 일입니다. 신이 수군을 뽑아 거느리고 부산 근처로 진주하여 적이 오는 길을 차단하고 일사의 결전을 하여 하늘에 사무친 치욕을 씻고자 합니다. 만일 지휘할 일이 있거든 급히 회유回諭를 내려주소서" 하였는데 듣는 자들이 모두 장하게 여겼다.[205]

다음은 이원익의 장계에 나타난 기록이다.

---

204 고광섭·최영섭, 『우리가 몰랐던 이순신』, 북코리아, 2021, 230쪽
205 『선조수정실록』 권31, 30년 1월 1일(임진)

"병신년 12월 7일 수군의 형세가 갖춰진 뒤에 이순신은 스스로 부산의 길을 가로막으려 한다."[206]

"병신년 12월 26일 이순신과 상의한바 가토 기요마사가 바다를 건널 때 즉시 막는 것이 마땅하다 하여 이순신에게 지휘하도록 하였다."[207]

"정유년 1월 4일 3도의 수군을 지금 서둘러 징발하는 중이니 거제도를 점거하여 곧 해로를 막아 다가오는 적을 죽이는 것입니다."[208]

"정유년 1월 12일 부득이 가덕 동쪽 바다에 나아가 정박하여 장소포에 진을 치기도 하고 혹은 다대포 앞바다에 진을 치기도 하면서 기회를 보아 맞아 싸운다는 것이 이순신의 생각이며 또 지금 거사하려고 하면 형편상 몰래 다니거나 가만히 숨어 있을 수 없다. 언덕에 있는 적이 배를 타면 우리는 그들을 공격할 수 있고 언덕에 있으면 그들이 우리를 공격할 기세가 없는 것이니 형세가 어려운 적을 피할 이치가 없다고 하였습니다"[209]

이처럼 이순신은 스스로 출동을 자청했을 뿐 아니라 가토 기요마사가 도해하는 당일까지도 출전 계획을 세우고 있었기 때문에 임금의 출동 명령을 거역했다는 논죄는 합당하지 않다.

그러나 선조의 회유는 1월 21일에야 도달했다. 이순신이 선조의 회유를 기다리는 동안 12일과 13일에 가토 기요마사의 도해가 이루어진 것

---

206 이원익, 『국역 오리선생문집』, 4도체찰사 때의 장계(정유년 1월 4일),
여강출판사, 1995, 521쪽

207 위와 같은 책, 521쪽

208 위와 같은 책, 522쪽

209 위와 같은 책, 523쪽

이다.

2월 6일 통제사 이순신이 파직되고, 원균이 후임 통제사가 되었다.[210] 그러나 이순신은 자신이 파직된 사실도 모른 채 2월 10일 이미 도해한 가토를 잡겠다고 경상우병사 김응서와 함께 가덕도·다대포 앞바다로 출동했다. 수륙 합동작전을 펼친 것이다.

2월 20일 도원수 권율이 치계했다.

"이달 2월 10일 진시에 우병사·통제사·우수사 및 각진의 여러 장수가 배 2백여 척으로 다대포를 건너가 머물렀다. 우병사가 송충인·두모악 김아동 등을 부산포 왜장 고니시에게 보내 밀약을 했다. 전일 모의하기를 가토를 부산으로 유인해 저들과 우리가 동시에 참살하고, 요행히 오지 않는다면 고니시가 가토의 처소에 나가서 서로 이야기할 때 우리나라가 마음을 합쳐 엄습하여 죽인다. 배들은 부산에서 서쪽으로 10리 가량 떨어진 초량항에 모여 대총통 한 발을 방포한 뒤에 그대로 그곳에 머물기로 한다."[211]

2월 23일에도 권율은 장계를 올렸다.

"경상우병사 김응서의 치보에 10일은 일기가 온화했다. 저와 통제사, 경상우수사가 일시에 전선 63척을 거느리고 해 뜰 무렵 장문포에서 배를 띄워 미시(오후 2시)에 부산 앞바다에 정박하니 왜적이 창황히 수선떨며 병력 3백여 명을 내어 저항하려고 하였다. 날이 저물 무렵에 수군이

---

210 『선조실록』 권85, 30년 2월 6일(정묘)
211 『선조실록』 권85, 30년 2월 20일(신사)

절영도로 후퇴하여 정박하자 왜적들도 자기 진으로 도로 들어갔다."[212]

2월 26일 이순신이 한산도에서 나포되어 한성 의금부로 이송되었다. 이순신이 적을 치지 않고 놓아주어 나라를 져버렸다는 선조의 논죄는 이순신에게 너무나 억울한 누명이었다. 이순신은 선조의 윤허대로 경상우병사 김응서와 수륙 합동작전을 전개했고, 가토를 잡기 위해 부산 앞바다까지 출동했기 때문이다.

가토의 도해는 이순신의 잘못이 아니었다.

선조의 출동 명령이 이순신에게 도달한 날은 1월 21일이었다.[213] 황신은 1월 13일에야 삼가현에 갔다가 다시 의령으로 가서 한산도로 향하는 도원수 권율에게 어명을 전했다. 설령 당일에 전달되었다 해도 13일 이후다. 이미 가토가 부산에 도해한 다음이었다. 따라서 가토의 도해는 이순신의 잘못이 아니었다. 그러나 조정에서는 가토의 도해에 관해 당파에 따라 의견이 달랐다.

먼저 '이순신이 출동하지 않은 것은 잘못'이라는 이들이다.

해평부원군 윤근수는 요시라의 첩보대로 곧바로 출동시켜야 한다고 주장했고[214], 영중추부사 이산해는 이런 귀한 첩보를 준 요시라와 고니시를 후대하지 않을 수 없으니 이 뒤에도 기대하는 바가 있기 때문이라

212 위와 같은 책, 2월 23일(갑신)

213 이긍익, 『연려실기술』, 제17권 丁酉倭寇再出, 민족문화추진회, 1966, 284쪽

214 위와 같은 책, 284쪽

고 했다.[215] 전 현감 박성은 가토의 도해를 막지 못한 이순신의 목을 베어야 한다고 소를 올렸다.[216] 심지어 선조가 사실 확인을 위해 한산도에 보낸 성균관 사성 남이신南以信도 사실대로 보고하지 않았다. 오히려 "가토가 바다 가운데 섬에 일주일 동안 머물러 있었다"라고 하면서 "만약 우리 군대가 출동하였다면 그를 잡아 올 수 있었을 터인데 이순신이 지체하는 바람에 때를 놓쳤다"라고 하여 이순신을 죽음의 함정으로 밀어 넣었다.[217]

남이신의 거짓 보고에 대해 조선의 역사를 실증적으로 정리했던 이긍익李肯翊은 『연려실기술』에서 다음과 같이 평했다.

"이순신은 류성룡이 천거한 사람이었다. 류성룡과 사이가 좋지 않은 자, 곧 북당의 남이신이 떠들썩하게 이순신이 군사의 기회를 잃었다는 것으로써 죄를 만들었는데 그 뜻은 류성룡에게 누를 끼치려는 데 있었다."[218]

윤근수는 서인의 영수 윤두수의 동생이고, 이산해는 북인의 영수였고, 박성은 북인의 영수 정인홍 계보였고, 남이신 역시 북인의 영수 남이공의 형으로 모두 류성룡을 공격하는 당파 사람이다. 남이공은 같은 북인으로 부산 왜영 방화 장계를 올렸던 김신국과 사돈 간으로 남이공의 아들이 김신국의 딸과 혼인했다. 두 사람은 소북小北의 영수였다.[219]

215 『선조실록』 권84, 30년 1월 27일(무오)

216 이긍익, 『연려실기술』, 제17권, 285쪽

217 류성룡, 『징비록』 김시덕 역, 아카넷, 2013, 482~483쪽

218 이긍익, 『연려실기술』 제17권 286쪽

219 『한국민족문화대백과사전』 '북인北人' 한국학중앙연구원

반면 '이순신이 출동하지 않은 것은 잘못이 아니다'라는 이들이다. 비변사는 "대개 이번 일로 인하여 적의 정세를 정탐하고, 따라서 부산영의 허실을 아는 것이 급선무이므로 한갓 요시라의 일만 듣고서 그 진짜 형세를 살피지 않아서는 안 된다"라고 하였다.[220]

류성룡도 "적의 말을 경솔히 듣다가 그들의 계책에 빠질까 싶으니 경솔히 움직여서는 안 된다"라고 하였고,[221] 이조참판 이정형도 "이순신이 거제도에 들어가 지키면 좋은 줄 알지만, 한산도는 선박을 감출 수 있는 데다가 적들이 천심을 알 수 없고, 거제도는 만이 비록 넓기는 하나 선박을 감출 곳이 없을뿐더러 또 건너편 안골의 적과 상대하고 있어 들어가 지키기에는 어렵다고 하였으니 그 말이 합당한 듯하다"라고 하였다.[222]

이긍익은 『연려실기술』에서 "이때 조정에 있던 여러 신하의 의논은 나누어져서 갈라짐이 더욱 심하였으니 서인(북인 포함)은 원균을 두둔하고, 동인은 이순신을 두둔하여 서로 공격하면서 국사는 마음에 두지 않았다"라고 했다.

사관의 평가 - 적장의 계책

사관은 이 모든 것이 적장의 계책이라고 평가했다.

"마땅히 고니시를 엄하게 벌해야 하는데도 여전히 그를 의지하고 신임할 뿐 아니라 비밀리에 우리나라에 첩자를 보내어 이순신을 제거하

---

220 『선조실록』 권84, 30년 1월 2일(계사)
221 『선조실록』 권84, 30년 1월 23일(갑인)
222 위와 같은 책, 1월 27일(무오)

고, 원균을 속여 패전하게 했으니 이는 실상 가토와 표리가 되어 한 짓이다. 더구나 가토는 일본 명장들 가운데 우두머리고, 고니시는 도요토미 히데요시의 중신인데 어찌 우리나라에 몰래 통고하고 틈을 봐서 살해할 리가 있겠는가. 그렇다면 도요토미가 어떻게 강적이 되어 우리에게 침범할 수가 있었겠는가. 그들이 화의를 위하여 왕래한 것은 중국 사람의 뜻에 거짓으로 응하면서 사실은 교묘한 계책을 실행하여 중국 군사들을 지치게 하고, 우리나라 군사를 피로하게 한 뒤에 이미 휴식을 취한 저들의 군사들을 재차 출병하고는 중국 황제를 성나게 해서 군대를 동원하여 원정을 오게 함으로써 저들은 군대를 바다에 주둔시킨 채 주인이 객을 기다리는 전술로써 필승의 계책으로 삼으려는 것이었다."[223]

선조가 이순신에게 내린 논죄 '적을 놓아주어 치지 않은 것은 나라를 저버린 죄'는 신하의 충정보다 적장의 간계를 믿는 통한의 오판이었다. 이순신은 출동을 거부한 게 아니라 적장의 계략을 간파하고 수륙 합동 작전의 대안을 제시한 것이다.

지피지기 백전불태知彼知己 百戰不殆, 상대를 알고 나를 알고 싸우면 백번 싸워도 위태롭지 않지만, 부지피부지기 매전필태不知彼不知己 每戰必殆, 적을 모르고 나를 모르고 싸우면 전투마다 위태롭다고 했다. 이순신은 승리하는 병법을 구사한 것이지 임금의 명령을 거역한 것이 아니었다. 선조가 이순신에게 보복적으로 분노할 일은 더욱 아니었다.

---

223 『선조수정실록』 권30, 29년 12월 1일(계해)

잠재적 분노
탈인지공 奪人之功

이순신이 원균의 공을 빼앗았다?

선조의 논죄 중 세 번째 '남의 공을 가로채고 남을 모함하여 죄에 빠트렸으니 한없이 방자하고 기탄이 없는 죄' 중에서 이순신이 남의 공, 즉 원균의 공을 가로챘다는 죄상이다.

정유년(1597)에 이 논죄가 이루어진다는 사실이 의아하다. 이미 5년 전 임진년으로 거슬러 올라가야 만날 수 있는 사건이기 때문이다. 오랫동안 누적되고 잠재된 분노의 표출이 아닐 수 없다.

임진년 선조수정실록 기사다.

처음에 원균이 이순신에게 구원병을 청하여 적을 물리치고 연명으로 장계를 올리려 하였다. 이에 순신이 말하기를 "천천히 합시다" 하고는 밤에 스스로 연유를 갖춰 장계를 올리면서 원균이 군사를 잃어 의지할 데가 없었던 것과 적을 공격함에 공로가 없다는 상황을 모두 진술하였으므로 원균이 듣고 대단히 유감스럽게 여겼다. 이로부터 각

각 장계를 올려 공을 아뢰었는데 두 사람의 틈이 생긴 것이 이때부터 였다.[224]

정유년 선조실록의 기사다.

영중추부사 이산해가 아뢰기를 "임진년 수전할 때 원균과 이순신이 서서히 장계하기로 약속하였다 합니다. 그런데 이순신이 밤에 몰래 혼자서 장계를 올려 자기의 공으로 삼았기 때문에 원균이 원망을 품었습니다"라고 하였다.[225] 또 호조판서 김수가 아뢰기를 "매양 이순신이 원균의 공을 빼앗았다" 하고, 좌승지 이덕열이 아뢰기를 "이순신이 원균의 공을 빼앗아 권준의 공으로 삼으면서 원균과 상의하지도 않고 먼저 장계한 것입니다. 그때 일본 군선 안에서 여인을 얻어 사실을 탐지하고 곧장 장계했다고 합니다"라고 하였다.[226]

이렇게 조정의 여론은 '약속을 어기고 공을 차지한 이순신'으로 형성되고 있었다. 가뜩이나 이순신에게 분노하는 마음을 품고 있던 선조의 논죄는 서릿발 같았다.

"이순신이 남의 공을 가로챈 것은 방자하고 거리낌이 없는 죄다. 법에 있어서 용서할 수 없으니 율을 상고하여 죽여야 마땅하다."[227]

224 『선조수정실록』 권26, 25년 6월 1일(기축)
225 『선조실록』 권84, 30년 1월 27일(무오)
226 위와 같은 책, 1월 27일(무오)
227 『선조실록』 권86, 30년 3월 13일(계묘)

분노 관리 전문가이자 정신과 의사 포터 T. 에프론은 말한다.

"잠재적 분노는 특정 개인이나 집단에 대해 오랫동안 분노가 누적되었을 때 나타난다. 또 자신을 아프게 했거나 자신을 배반한 사람에게 영원한 복수를 맹세할 때 나타난다."[228]

이미 5년 전 사건을 소환해 이순신을 죽여야 할 논죄로 삼으니 무서운 잠재적 분노가 아닐 수 없다.

이순신은 원균의 공을 빼앗지 않았다.

이순신이 장계를 연명으로 올리기로 약속한 사실이 있는가? 이순신이 원균의 공을 가로챘다는 논죄가 성립되기 위한 조건이다. 그러나 연명 약속에 관해 원균의 주장만 있을 뿐 이순신이 약속했다는 구체적 사실은 보이지 않는다.

약속이란 '다른 사람과 앞으로의 일을 미리 정하여 어기지 않을 것을 다짐하는 것'이다. 실록의 기사대로라면 이순신은 '천천히 합시다' 또는 '서서히 하기로 합시다' 등의 응답을 했을 뿐이다.

원균은 이순신과 합동작전을 했기 때문에 승첩 보고도 당연히 연명으로 해야 한다고 생각했던 것이고, 또 그렇게 원했던 것으로 보인다. 하지만 이순신은 경상도를 구원하라는 임금의 명령을 받고 출동해 전투를 총괄한 지휘관으로서[229] 승첩 보고는 당연히 자신의 의무라고 생각한 것으로 보인다.

228 Ronald T. Potter-Efron, 『A Step-by-Step Guide to Over coming Explosive Anger』(욱하는 성질 죽이기). 전승로 옮김, 다연, 2019. 115쪽
229 이순신, 『임진장초』 「赴援慶尙道狀(1)」, 조성도 역, 연경문화사, 1984.

중요한 것은 두 사람의 연명 약속 여부를 떠나서 이순신이 올린 '옥포 승첩을 아뢰는 장계'를 보면 왜 이순신이 연명으로 장계를 올릴 수 없었는지를 추론할 수 있다.[230]

"5일에는 새벽에 배를 띄워 두 도의 수군들이 지난번에 모이기로 약속한 곳인 당포로 급히 달려갔으나 그 도의 수사 원균이 약속한 곳에 있지 않았습니다. 신이 거느린 경쾌선으로 '당포로 빨리 나오라'라고 공문을 보냈더니 6일 진시(오전 7~9시)에 원균이 우수영 경내의 한산섬에서 단지 1척의 전선을 타고 도착했습니다."[231]

이순신은 약속을 지키지 않는 원균을 차디찬 바다에서 꼬박 하루 동안 기다려야 했다.

"오직 우수사 원균은 단 3척의 전선을 거느리고서 신의 여러 장수가 사로잡은 일본 군선을 활을 쏘면서 빼앗으려고 하였기 때문에 사부와 격군 2명이 상처를 입게 되었으니 원균은 제일 위 주장으로서 부하들을 단속하지 못한 일이 이보다 더할 수는 없습니다. 또 경상도 소속인 거제현령 김준민은 멀지 않은 바다에 있으면서 그가 담당하는 지역 안에서 연일 접전이 벌어졌고 주장인 원균이 빨리 오라는 격문을 보내었으나 끝내 나타나지 않았으니 이는 해악한 일이오니 조정에서 조처하시옵소서."[232]

이순신은 일본군과 처음으로 맞붙은 해전에서 원균과 그 부하들의 행위에 매우 경악했다. 이순신의 부하들이 나포한 일본 군선을 빼앗으

230 『완역 이충무공전서』 권2 장계(1) 이은상 역, 성문각, 1988, 142쪽
231 이순신, 『임진장초』 「玉浦破倭兵狀」 조성도 역, 연경문화사, 1984, 34쪽
232 위와 같은 책, 42쪽

려고 아군에게 화살을 쏘아대는 괘씸한 행위, 또 주장 원균의 명령에도 나타나지 않는 현령 김준민의 놀라운 행위 등이다. 이순신이 원균의 공을 빼앗은 게 아니라 원균의 부하들이 이순신의 공을 빼앗으려 달려들었던 이적행위였다. 그러나 이순신은 원균과 동급의 수군절도사로서 이들을 직접 처벌할 수는 없었다. 조정에 보고해서 조처를 구할 수밖에 없었다. 이런 상황에서 연명으로 장계를 올리자는 원균의 요청은 이순신이 수용할 수 있는 제안이 아니었다.

이 장계에서 양 수군의 참전 규모와 전과를 살펴보면 그 의도는 더욱 명확해진다.

전선의 규모로 보면 전라 좌수군은 판옥선 24척, 협선 15척, 포작선 46척으로 모두 85척이 출동했고, 경상 우수군은 판옥선 4척, 협선 2척 등 달랑 6척뿐이었다. 원균이 스스로 군영을 불태워 더는 참전할 군선이 없었기 때문이다.[233]

전투의 성과로 보면 파괴한 일본 군선 44척 중 전라 좌수군이 37척, 경상 우수군이 7척이었다.

보고의 체계로 보면 수군절도사의 단독 장계는 기본적 업무였다. 더구나 이순신이 삼도 수군통제사가 되기 이전이었다. 원균이 별도로 장계를 올린 일을 보아도 그렇다. '경상수사 원균의 승첩을 알리는 계본'[234] '원균이 동생 원전을 보내 승전을 알렸다'[235]등이다. 이순신이 원

233 『선조실록』 권27, 25년 6월 28일(병진)
234 『선조실록』 권29, 25년 8월 24일(신해)
235 『선조실록』 권84, 30년 1월 27일(무오)

균과 장계를 연명으로 올려야 할 의무도 책임도 없었다.

　원균의 입장을 좀 더 이해하기 위해 당시의 정황을 살펴본다. 전쟁이 발발했을 때 원균의 경상우수영은 지휘체제를 제대로 갖추지 못하고 있었다. 원균이 부임한 지 불과 3개월 만이었기 때문이다. 예하 8관 20포를 순시할 시간도 부족했고, 보유한 전선도 편제상 73척이었지만 가동할 전선은 그리 많지 않았다. 이순신이 전라좌수영에 부임했을 때 확인한 바에 의하면 판옥선이 편제상 30척이나 쓸만한 전선은 5척뿐이라고 했다. 경상우수영도 크게 다르지 않았을 것이다. 이순신은 1년 2개월 전에 부임하여 전선을 수리한 끝에 24척의 규모를 갖출 수 있었으나 원균은 그럴 상황이 되지 못했다.

　4월 29일 원균의 관문에 의하면 왜 적선 5백여 척이 부산·김해 등에 정박해 있어 그중 10척을 불태웠으나 적세가 너무 많아 대적하지 못하고 본영을 점령당했다고 했다.[236] 또 원균은 대적할 수 없는 형세임을 알고 전함과 전구를 모두 물에 침몰시켰으니[237] 두고두고 후회할 결정적 실수였다. 이때 1백여 척의 전선을 바다에 가라앉혔고,[238] 군사 1만여 명을 해산시켰다는 기록이 있다.[239] 그러나 이는 편제보다도 더 많은 숫자로 그대로 다 믿을 수는 없다. 하지만 대부분 전력을 잃은 것은 사실이다. 원균이 불과 판옥선 4척과 협선 2척으로 합세한 사실로 봐도 그렇다.

236 이순신, 『충민공계초』 「赴援慶尙道狀(二)」, 국립해양박물관 엮음, 민속원, 2017, 51쪽
237 『선조수정실록』 권26, 25년 5월 1일(경신)
238 류성룡, 『징비록』 김시덕 역, 아카넷, 2013, 311쪽
239 『선조수정실록』 권26, 25년 5월 1일(경신)

원균으로서는 비록 전선의 수가 적고, 군사의 수가 적었어도 자기 관할 경상도 해역에서 싸웠으니 부하들의 공로를 세워주고 지켜줘야 할 의무가 있었다.

전투력은 군의 사기와 직결되는 것이고, 장계를 통해 임금이 내리는 포상은 사기를 진작시키는 촉매제이기 때문이다. 그래서 전쟁에서 장수가 무공을 다투는 일은 당연한 일이기도 하다. 이순신 역시 경상도 해역까지 지원 나와 승리한 부하들의 무공을 하루빨리 임금에게 보고하고 포상받는 것은 당연한 권리이자 의무였다. 이순신의 장계에 연명에 대한 부담이나 고민의 흔적이 전혀 보이지 않는 것은 연명 약속이 없었던 것으로 볼 수 있다.

원균의 전공과 관련하여 확인해야 할 기록이 있다. 하나는 앞에서도 언급한 임진년 4월 29일 원균이 '10척을 불태웠다'라는 기록과[240] 다른 하나는 임진년 5월 10일 원균이 '30척을 격파했다'라는 기록이다.[241] 이 내용으로만 보면 옥포 해전 이전에 원균이 승리한 전투가 있었던 것으로 보인다.

그러나 원균의 관점에서 평가한 『원균 평전』에서도 이상 두 건의 기록에 대해서는 정상적 전투의 결과로 보고 있지 않다.

"원균이 초기에 10척을 쳐부순 사실은 원균 측 기록이 아니라 이순신의 『임진장초』에 나오는 내용이다. 즉 이순신이 원균의 서한을 옮기면

240 이순신, 『충민공계초』赴援慶尙道狀(2), 국립해양박물관 엮음, 민속원, 2017. 51쪽
241 『선조실록』 권26, 25년 5월 10일(기사)

서 '경상 우수군을 이끌고 적선과 조우하여 10척을 쳐부수었다'라는 사실을 전했다. (중략) 이 문제는 김간의 『원균 행장기』에도 나오는데 행장이기에 일부 과잉 해석된 내용도 있다. 하지만 공세적 전투는 아니고 후퇴하면서 몇 차례 조우한 것이다."[242]

"옥포 해전 이전에 원균이 이미 30척을 무찔렀다는 주장은 오해의 여지가 있다. 즉, 선전관 민종신은 선조에게 '저는 1592년 4월 29일에 경상도 순찰사가 있는 곳으로 갔으며 그때 원균이 바다에 나가 적선 30척을 격파한 사실을 들었다'라고 전했다. 과연 4월 중에 원균이 적선 30척을 격파한 기록은 사실일까? 마치 4월 29일 경상도 순찰사를 만날 때 이미 이룩한 전과로 들리지만 냉정하게 말해서 원균이 옥포 해전 이전에 30척을 격파할 상황은 아니었다. 이는 훗날의 원균 군세를 보아도 이해하기 어려운 주장이다. 따라서 민종신이 옥포 해전에 대한 이야기를 천안으로 올라가는 도중에 들었고, 이를 선조에게 전한 것이라는 해석이 합리적이다."[243]

이순신에 대한 논공행상은 정당했다.

이순신은 원균보다 더 많은 상을 받았는가? 이는 이순신이 원균의 공을 가로챘다는 논죄가 성립하기 위한 조건이다.

선조는 이순신에게 임진년 1차 출동(옥포·합포·적진포)의 전공으로 가

---

242 김인호, 『원균 평전』 평택문화원, 2014. 92쪽
243 위와 같은 책, 93쪽

선대부(종2품 하계)를,[244/245] 2차 출동(사천·당포·당항포·율포)의 전공으로 자헌대부(정2품 하계)를,[246] 3차 출동(한산도·안골포)의 전공으로 정헌대부(정2품 상계)를 상으로 내렸다.[247]

이순신의 부하들에게도 많은 상이 내려졌다. 2차 출동 이후 내린 상이다.

> 전라수사 이순신李舜臣을 자헌대부(정2품 하계)로 가자加資하고, 흥양현감 배흥립과 광양현감 어영담을 통정대부(정3품 상계)로 올리고, 녹도만호 정운과 사량첨사 김완을 절충장군(정3품 상계)으로 올리고, 낙안군수 신호를 겸 내자시정(정3품)으로, 보성군수 김득광을 겸 내섬시정(정3품)으로, 우후 이몽구와 전 첨사 이응화 등을 훈련원첨정(종4품)으로, 이기남을 훈련원판관(종5품), 김인영 등 3인을 훈련원주부(종6품)로, 변존서 등 14인을 부장(종6품)으로 한다.[248]

원균에게는 1차 출동 전공에 대한 가자가 없었으나 2차 출동의 공로로 가선대부(종2품 하계)를 하사했다. 그리고 3차 출동의 전공에는 원래 가자가 없었다.

이때 임금이 묻기를 "원균에게는 가자 하지 않는가?" 하였는데, 답하

---

244 『선조수정실록』 권26, 25년 5월 1일(경신)

245 위와 같은 기사

246 『선조실록』 권29, 25년 8월 16일(계묘)

247 『선조수정실록』 권26, 25년 7월 1일(무오)

248 『선조실록』 권29, 25년 8월 16일(계묘)

기를 "원균은 이미 높은 가자를 받았고, 지금 이 전첩의 공은 이순신이 으뜸이므로 원균에게는 가자할 필요가 없을 듯합니다" 하였다.[249] 그러자 임금이 정원에 전교하기를 "원균과 이억기는 이순신과 공이 같은 사람들이다. 품계를 높여주고, 글을 내려 아름다움을 포장하라"[250] 하여 원균에게 자헌대부(정2품 하계)를 내렸다.

물론 원균의 부하들에게도 3차 출동 이후 여러 상이 내려졌다.

비변사가 아뢰기를 "경상수사 원균의 승첩을 알리는 계본은 바로 얼마 전 이순신이 한산도 등에서 승리한 것과 같은 때의 일입니다. 싸움에 임해서는 수종首從이 있고, 공에는 대소가 있는 것이어서 차등이 있기 마련입니다. 그러나 이곳에서는 확실히 알기가 어려운 일입니다. 적을 벤 것으로써 대략을 논하면 힘을 다하여 혈전했음에는 의심이 없습니다. 다시 1등에 참여된 이는 마땅히 별도로 포상을 하여야 할 듯합니다. 첨사 김승룡·현령 기효근은 특별히 당상정3품 상계에 올리고, 현감 김준계는 3품으로 승서하고, 주부 원전은 5품으로 승서하고, 우치적 등 4인은 6품으로 승서하고, 이효가 등 13인은 공에 맞는 관직을 제수하소서. 만호 한백록은 전후 공이 가장 많은데 탄환을 맞은 뒤에도 나아가 싸우다가 오래지 아니하여 끝내 죽음에 이르렀습니다. 극히 슬프고 애처로운 일이니 또한 당상으로 추증하소서. 배지인(임금에게 올리는 장계를 가지고 가는 사람) 박치공은 세 명을 베고, 왜적 한

249 위와 같은 책, 8월 24일(신해)
250 『선조실록』 권30, 25년 9월 1일(무오)

명을 사로잡았으니 6품으로 승서함이 어떠하겠습니까"하니 윤허하
였다.[251]

　벼슬을 높여주고 표창하는 일은 세운 공의 크기에 따라 차등이 있게
마련이다. 이순신과 그 부하들에게, 또 원균과 그 부하들에게도 비변사
의 품의에 따라 포상이 내려졌다. 여기에 인용한 내용이 전체는 아니겠
지만 이순신이 원균보다 높은 벼슬을 받았고, 이순신의 부하들이 원균
의 부하들보다 많은 포상을 받은 것은 사실이다.
　비변사에서도 이에 대한 논란이 있을 것을 의식해서 '싸움에 임해서
는 주도적인 사람이 있고 보조적인 사람이 있고, 공에는 현격히 큰 사람
이 있고 그다음의 사람이 있어 그사이에 차등이 있기 마련'이라고 부연
했다. 한마디로 논공행상은 공정했다는 것이다.
　참전한 군선도, 불태운 적선도, 베어낸 수급도 이순신의 전라 좌수영
이 월등히 많았다. 이순신과 그 부하들이 더 많은 상을 받은 것은 당연
한 결과였다. 병조판서를 다섯 번이나 지낸 이항복의 판단도 그러했다.
　"원균의 경우는 다만 남을 의지해서 일을 성취시킨 자이니 진실로 감
히 이순신과는 공을 겨룰 수가 없다. 따라서 이순신의 공은 당연히 수군
에서 으뜸이다."[252]

251 『선조실록』 권29, 25년 8월 24일(신해)
252 이항복, 『백사집』 「국역 백사 별집 4권」, 민족문화추진회, 한국학술정보(주), 2007, 48쪽

잠재적 분노
함인어죄 陷人於罪

이순신이 원균을 모함했다?

선조의 논죄 중 세 번째 '남의 공을 가로채고 남을 모함하여 죄에 빠트렸으니 한없이 방자하고 기탄이 없는 죄' 중에서 이순신이 남을 모함, 즉 원균을 모함했다는 죄상이다.

"심지어 남을 모함하기까지 하며(장성한 원균의 아들을 가리켜 어린아이가 모공하였다고 계문하였다) 방자하지 않음이 없는 것은 기탄함이 없는 죄다. 이렇게 허다한 죄상이 있고서는 법에 있어서 용서할 수 없으니 율을 상고하여 죽여야 마땅하다."

모공冒功은 '없는 공을 있는 것으로 만드는 것'을 말하며, 계문啓聞이란 '신하가 글로써 임금에게 아뢰는 것'을 말한다.

이 역시 정유년에 논죄가 이루어진다는 사실이 의아하다. 이미 3년 전 갑오년(1594) 장문포 해전으로 거슬러 올라가야 만날 수 있는 사건이기 때문이다. 마찬가지로 오랫동안 누적되고 잠재된 분노의 표출이 아닐 수 없다.

1594년 11월 조정의 여론이다.

호조판서 김수가 임금에게 아뢰기를 "원균과 이순신이 서로 다투는 일은 매우 염려됩니다. 원균에게 잘못한 바가 없지는 않습니다만 그리 대단치도 않은 일이 점차 악화되어 이 지경까지 이르렀으니 매우 불행한 일입니다" 하니 상이 이르기를 "무슨 일 때문에 그렇게까지 되었는가" 하자 김수가 아뢰기를 "원균이 10여 세 된 첩자妾子를 군공에 참여시켜 상을 받게 했기 때문에 이순신이 이것을 불쾌히 여긴다고 합니다" 하였다.[253]

정유년(1597) 2월의 기사다.

병조판서 이덕형이 아뢰기를 "이순신이 원균을 모함하면서 말하기를 '원균은 조정을 속였다. 12세 아이를 멋대로 군공에 올렸다'고 했는데 원균은 말하기를 '나의 자식은 나이가 이미 18세로 활 쏘고 말 타는 재주가 있다'라고 했습니다. 두 사람이 서로 대질했는데 원균은 바르고, 이순신의 이야기는 궁색하였습니다" 라고 하였다.[254]

신망 높은 대신 이덕형의 아룀이니 선조의 판단에 결정적 영향을 미쳤다고 할 것이다.

253 『선조실록』 권57, 27년 11월 12일(병술)
254 『선조실록』 권85, 30년 2월 4일(을축)

이순신은 원균을 모함하지 않았다.

이순신은 원균의 아들로 12세 첩자妾子를 말하고 있고, 원균은 자신의 18세 적자嫡子를 말하고 있다. 12세는 어린아이고, 18세는 어엿한 청년이다. 언뜻 보기에도 식별이 되는 나이 차이다.

원주원씨 족보에 의하면 원균은 슬하에 딸 5명과 아들 1명을 두었다.[255] 아들은 원사웅으로 1575년생이니 당시 18살이 맞다. 그러나 김수가 아뢰는 기사에는 원균의 '10여 세 된 첩자'라고 했다. 원균에게 서녀가 있었던 것으로 보아[256] 서자가 있을 법도 하지만 단정할 수는 없다.

다만 병조판서 이덕형이 "두 사람이 서로 대질했는데 원균은 바르고, 이순신의 이야기는 궁색하였습니다"라고 한 것에 따르면 이순신이 잘못 말한 것으로 볼 수도 있다.[257]

그러나 이덕형의 논조가 바뀐다. 자신은 이순신을 직접 확인해 본 적이 없다는 것이다. 무술년(1598) 12월의 장계다.

"이순신의 사람됨을 신이 직접 확인해 본 적이 없었고, 한 차례 서신을 통한 적밖에 없었으므로 그가 어떠한 인물인지 알지 못했습니다. 전일에 원균이 그의 처사가 옳지 못하다고 한 말만 듣고, 그는 재간은 있어도 진실성과 용감성은 남보다 못할 것이라고 여겼습니다."[258]

이 장계는 이덕형이 순국한 이순신의 공적을 높이 평가하며 포상을 청하는 내용인데 놀라운 일이 아닐 수 없다. 주무대신인 병조판서가 파

255 김인호, 『원균 평전』 평택문화원, 2014, 51쪽
256 위와 같은 책, 53쪽
257 『선조실록』 권85, 30년 2월 4일(을축)
258 『선조실록』 권107권, 31년 12월 7일(무오)

직과 처벌의 궁지에 몰린 휘하 통제사 이순신을, 라이벌 원균의 일방적 말만 듣고 경솔히 비판했다는 고백을 한 셈이기 때문이다.

이순신이 원균을 모함했다는 실체는 무엇인가?

이순신은 원균보다 높은 정2품 상계 정헌대부에 올랐고, 삼도 수군통제사였다. 무관으로서 올라갈 수 있는 품계를 다 올라간 이순신이다. 원균의 없는 첩자를 지어내 모함할 이유가 무엇일까.

여기서 간과해서 안 될 문제는 특별히 괄호 안에 부연 설명한 모함의 실체다.

'이순신이 남을 모함하기까지 하며(장성한 원균의 아들을 가리켜 어린아이가 모공하였다고 계문하였다)'

과연 이순신이 모함했다는 실체가 '원균의 장성한 아들을 어린아이'라고 한 것인가? 아니면 '원균의 아들이 모공하였다고 계문' 한 것인가?

선조의 논죄는 이순신이 '원균의 아들이 모공하였다고 계문'한 것을 문제 삼았다고 판단된다. 실록의 기사가 그러하다.

선조수정실록 1594년 12월 1일 기록이다.

순신 또한 균이 공상功狀(공적이 나타난 상태)이 없음을 말하는 가운데 실상과 다른 한 조목이 끼어 있었다. 그런데 조정에서는 대부분 원균을 편들었으므로 마침내 모두 탄핵을 당했다.[259]

---

259 『선조수정실록』 권28, 27년 12월 1일(갑진)

'실상과 다른 한 조목'이라는 것이 '장성한 아들을 어린아이라고 한 것'이라면 다른 한 조목, 즉 '원균의 아들이 모공하였다'는 조목은 실상이라는 얘기가 된다.

선조가 논죄한 '이순신이 원균을 모함한 죄'의 실상을 확인하기 위해서는 이순신이 올렸다는 장계를 확인하면 될 일이다. 이순신이 미주알 고주알 상세한 내용까지 기록했을 것이기 때문이다. 이 사건의 무대는 갑오년(1594)의 장문포 해전이다. 하지만 안타깝게도 이순신의 장계는 전해지지 않는다. 그렇다면 문제의 발단이 된 장문포 해전의 다른 기록을 확인할 수밖에 없다.

이 해전은 9월 29일부터 10월 4일까지의 전투였다. 구체적으로는 9월 29일 1차 장문포 해전, 10월 1일 영등포 해전, 10월 4일 2차 장문포 해전으로 구분된다.

이순신의 모함이 아니라 원균의 모공이었다.

이순신이 계문했던 '원균의 아들을 가리켜 어린아이가 모공하였다'라는 내용에 대해 선조는 이순신이 원균을 모함했다고 논죄했다. 그러나 실체적 사실은 이순신의 모함이 아니라 원균의 모공이라는 게 여러 정황상 합리적 추론이다.

선조실록에는 장문포 해전 전후 원균의 아들 원사웅에 관한 두 건의 기사가 실려있다. 하나는 갑오년(1594) 4월 23일 원균이 아들 원사웅을 시켜 조총 70여 자루를 올렸다는 기사다.

경상 우수사 원균이 전후 누차에 걸쳐 병기를 올렸는데 이번에 또 보내온 크고 작은 조총이 70여 자루에 이르고 있으니 이것만 보아도 그의 전공을 알 수 있어 매우 가상한 일이다. 그것을 가지고 올라온 원사웅에게 직을 제수하라.[260]

원균이 노획한 조총을 조정에 올려보내며 원사웅에게 그 일을 시켰다. 배지인陪持人(임금에게 올리는 장계나 물품을 가지고 가는 사람)에게 상 받을 기회를 만들어주는 '아빠 찬스'다. 지금도 우리 사회는 부모의 사회경제적 지위를 이용하여 부와 권력을 대물림하는 데 분노하고 있다. 모공은 모몰염치冒沒廉恥, 염치없는 줄 알면서도 이를 무릅쓰는 일이다.

다른 하나는 같은 해 10월 8일 원균이 올린 장문포 해전 전황에 대한 장계다.

"9월 29일부터 10월 2일까지 장문포에서 적과 접전한 일은 이미 치계하였습니다. (중략) 5일 휴병할 때에 신이 거느린 사후선伺候船을 장수를 정하여 정심포관으로 보내 적병의 동태를 급히 보고하도록 하였는데, 6일 묘시에 사후장伺候將 원사웅과 조준표 등이 돌아와 보고하기를 사후선 4척이 편대를 지어 거제의 오비질포에 도착하여 적선 2척을 만났는데 기를 잡고 돌진해 들어가니 왜적의 반은 이미 육지에 내렸고, 배를 지키던 적병도 우리 배가 돌진해 감을 보고 물속으로 뛰어들었습니다. (중략) 적선 2척과 기타 실려있던 잡물은 모두 불 지르고, 막풍석(다다미)·물통·낫·도끼·노 등은 싣고 왔다고 하였습니다. 다시 타다 남은 적

260 『선조실록』 권50, 27년 4월 23일(신미)

선을 가지고 와서 증거품으로 하라고 하였더니 7일 (중략) 타다 남은 2척의 적선도 끌고 왔습니다."[261]

이 장계에서 원균은 아들 원사웅을 사후장伺候將으로 정했다는 것이다. 사후선은 정탐선으로 정원이 4~5명에 불과한 비 전투선이다. 급제자도 아닌 18세 아들의 포상 격을 높였다는 도덕적 의문이다.

더 중요한 의문은 이미 전투가 끝난 후의 전과라는 점이다. 장문포 해전은 10월 4일에 끝났다. 그래서 이순신은 이날 해 질 무렵 칠천량으로 돌아왔고, 5일 왜적과 싸운 장계를 작성했고, 7일에는 충청병사 선거이와 의병장 곽재우·김덕령 등도 돌아갔다.

그러나 원균은 4일에 그대로 외질포에 머무르며 5일 원사웅을 출동시켰다. 원사웅이 6일 적선 2척을 불 질렀고, 원균이 증거로 삼아야 한다며 불태운 적선을 가져오라고 하자 7일 원사웅이 다시 가서 타다 남은 적선 2척을 끌고 왔다는 것이다. 통제사 이순신의 허락 없이 단독으로 작전을 전개한 것이다. 군율을 위반하고 지휘체계를 무시한 월권행위였다.

더구나 난중일기에는 "9월 29일 선봉의 적선 2척을 무찔렀더니 육지로 내려가 도망쳤다. 빈 배만 쳐부수고 불태웠다"고 했다.[262]

명군 없이 조선군 단독으로 수륙 합동작전을 벌였던 장문포 해전에서 알려진 전과는 적선 2척뿐이다.[263] 원균의 장계대로라면 이순신이 불태웠다는 2척과 원사웅이 불태웠다는 2척을 합하면 장문포 해전의 전

261 『선조실록』 권56, 27년 10월 8일(임자)

262 이순신, 『난중일기』 갑오년 9월 29일, 노승석 역, 여해, 2014.

263 이형석, 『임진전란사』 중권, 임진전란사간행위원회, 1974. 815쪽

과는 적선 4척이 되어야 한다. 그러나 비교적 상세하게 전쟁사를 기록한 『임진전란사』에서도 장문포 해전의 10월 5~7일 원균의 전투 성과를 다루지 않은 점이 의아하다.[264]

그렇다면 이순신이 불태운 2척과 원사웅이 불태운 2척은 같은 적선이 아닌가 의문이 든다. 전투가 끝난 후 '원균이 이미 군율을 범하여 추핵 중에 있다'라는 실록의 기사와[265] '원균의 아들을 가리켜 모공하였다'라는 이순신의 계문이[266] 일맥상통하기 때문이다.

선조가 이순신을 논죄하는 핵심은 '장성한 원균의 아들을 가리켜 어린아이가 모공 하였다고 계문하였다' 부분이다. 즉 원균의 첩자보다도 원균의 모공을 지적한 것을 이순신의 모함이라고 판단한 것이다.

이순신은 원균의 모공을 알고 있었던 것으로 보인다. 왜냐하면 이순신은 10월 4일 작전이 종료된 후 5일 장계 초안을 작성했다가 10일 초안을 수정했다. 또 12일에는 장계 초안을 개정했다. 이날 원균이 적을 토벌한 일에 관하여 직접 장계를 올리겠다고 했다. 이순신은 13일 아전을 불러 최종적으로 장계 초안을 다시 작성했다.[267] 이순신이 이렇게 여러 번 장계를 작성하고, 수정하고, 개정하는 과정으로 보아 원균의 모공을 알고 여러 차례 고친 것임을 알 수 있다. 그러나 원균은 이미 9월 29일부터 10월 2일까지의 장계를 올린 바 있고, 10월 8일 두 번째 장계

264 위와 같은 책, 813~822쪽
265 『선조실록』 권58, 27년 12월 1일(갑진)
266 『선조실록』 권86, 30년 3월 13일(계묘)
267 이순신, 『난중일기』 갑오년 10월, 노승석 역, 여해, 2014.

까지 올린 다음이었다.[268]

10월 17일 급기야 이 문제가 심각하게 논의되었음을 난중일기가 보여준다.

"늦게 우수사 이억기도 오고, 순무어사 서성도 와서 조용히 이야기를 나누었는데 원 수사(원균)의 기망한 일을 많이 이야기했다. 참으로 해괴하다. 원 수사도 왔는데 그 흉포하고 패악한 꼴은 이루 다 말할 수 없었다."

모공의 부메랑 - 원균이 충청병사로 체직되다

1594년 11월 12일 조정에서는 이순신과 원균의 불화 문제가 집중적으로 거론되었다. 둘 중 한 사람을 경질해야 한다는 게 중론이었다. 선조는 원균에게 공이 많다면 지금 상을 주어 그의 마음을 위로하라 하였고, 우의정 김응남도 이순신이 체직을 자청하는 것은 부당하다며 원균을 옹호했다. 선조는 여론을 살피며 원균의 경질을 반대했다.[269]

11월 19일 경상도 관찰사 홍이상의 장계가 올라왔다. 장문포 해전 패전과 관련하여 지휘 장수들의 문제점을 보고했다. 첫째는 전라주사全羅舟師의 사후선 3척이 실종된 일, 둘째는 통제사(이순신)가 밤중에 배가 소실 당한 사건을 보고하지 않은 일, 셋째는 경상 우수사 원균이 왜적이 투항해 온 것을 돌진해서 생포했다고 거짓 보고한 일 등이었다.

홍이상은 "여러 장수가 서로 알력이 심하여 원수가 같은 배를 탄 격이

268 『선조실록』 권56, 27년 10월 8일(임자)
269 『선조실록』 권57, 27년 11월 12일(병술)

어서 전쟁에 임하여 서로 시기하여 일마다 모순투성이니 몹시 통탄스럽고 민망합니다. 전쟁에서 좌절된 일이 많았는데도 사실대로 보고하지 않고 도리어 장황한 말만 멋대로 늘어놓았습니다"라고 했다. 따라서 체찰사 윤두수, 도원수 권율, 통제사 이순신 등 최고 지휘부를 추고하여 조치할 것을 주청하는 내용이었다.[270]

하지만 홍이상의 치계 내용 중 확인할 점이 있다.

첫째, '전라주사全羅舟師의 사후선 3척이 실종한 일'에 관해서는 조정이 도원수 권율에게 그 책임을 묻고 있다.

12월 1일 장령 이철이 아뢰기를 "사후선 3척이 행방불명되었는데도 사실대로 보고하지 않았습니다. 그들이 군대를 무너뜨리고 위를 무시한 죄를 여러 날 논집하고 있는데도 아직껏 윤허하지 않으시니 몹시 민망하고 답답합니다" 하니 선조가 "도원수(권율)가 어찌 이렇게까지 했겠는가" 하고는 "전선에 나가 있는 상황에서 장수를 바꾸는 일은 병가의 꺼리는 바이니 체직시킬 수 없다" 하였다.[271]

실종된 3척의 최종 보고 책임은 도원수 권율에게 있었던 것을 알 수 있다.

둘째, 사도의 병선(판옥선) 1척이 불탄 내용에 대해서 이순신의 난중일

270 『선조실록』 권57, 27년 11월 19일(계사)
271 『선조실록』 권58, 27년 12월 1일(갑진)

기 갑오년 10월 1일에는 홍이상의 장계와 다른 사실을 적고 있다. 즉 '적이 불을 던졌으나 불이 일어나지 않고 꺼졌다'라는 것이다.

"해 질 무렵에 장문포 앞바다로 돌아와서 사도의 2호선이 육지에 배를 매려 할 때 적의 작은 배가 곧장 들어와 불을 던졌다. 불이 비록 일어나지 않고 꺼졌지만, 매우 분통하였다. (전라)우수사의 군관 및 경상 우수사의 군관은 그 실수를 조금 꾸짖었지만, 사도의 군관에게는 그 죄를 무겁게 다스렸다."[272]

셋째, '경상 우수사 원균이 왜적이 투항해 온 것을 거짓 보고한 일'에 관해서는 특별히 사신의 신랄한 논평이 추가되었다.

"이때 우수사 원균이 감사에게 치보 하기를 '중위장 곤양군수 이광악이 배를 타고 거제 부근에 가서 복병하고 왜적이 바다에 숨어서 출몰하는 것을 엿보다가 배를 달려 돌진하여 한 명을 생포했다' 하였습니다. 그러나 투항한 왜인의 진술을 보면 서로 만나서 투항할 것을 약속받은 것을 만인이 본 바인데도 그는 돌진해서 생포했다 합니다. 기타 속이는 일은 이에 따라 알 수 있습니다. 대개 이 거사는 애초 약속이 분명치 않아서 일에 허술함이 많았고, 여러 장수들의 알력은 날로 심하여 원수가 배를 같이 탄 격이어서 전쟁에 임하여 서로 시기하여 일마다 모순투성이니 몹시 통탄스럽고 민망합니다."[273]

11월 28일 비변사에서 원균을 체차遞差시키기로 중론이 모여졌다. 그

---

272 이순신, 난중일기, 갑오년(1594) 10월 1일, 노승석 옮김, 여해, 2014.

273 『선조실록』 권57, 27년 11월 19일(계사)

러나 선조는 "내 생각에는 이순신이 대장으로서 하는 짓이 잘못된 것 같다. 이순신을 체차할 경우 원균으로 통제사로 삼을 수 있을 것"이라며 오히려 이순신을 체차시키라는 뜻을 전했다.[274]

그런데도 비변사가 원균을 충청병사로 보내기로 하자 이번에는 다른 대신들이 반대하고 나섰다. "원균은 이미 군율을 범하여 지금 추핵 중에 있으므로 병사의 직임으로 바꾸는 것은 온당치 못하다"라는 것이었다.

병사는 수사보다 높은 종2품직 관직이기 때문이다. 선조는 또다시 "원균이 군율을 범했다고 말한다면 유독 이순신만은 군율을 범하지 않은 사람인가. 나는 이순신의 죄가 원균보다 더 심하다고 여겨진다. 원균을 병사로 삼아서는 안 된다는 그 주장을 나는 알 수 없다"[275] 하여 원균은 결국 12월 1일 충청병사로 체직되었다. 우여곡절 끝에 결정된 원균의 체직은 이순신의 모함보다 원균의 모공이라는 결론이 났기에 가능한 일이었다.

1594년 장문포 해전은 우리 측 전력이 훨씬 막강했음에도 고작 적선 2척을 불태웠을 뿐 아군도 전선 1척과 사후선 3척을 잃는[276] 부실한 전과였다. 이로 인해 조정에서는 장문포 해전의 모든 지휘관을 탄핵하는 상황이었다. 사헌부는 권율·이순신의 나국拿鞫(붙잡아 신문함)과 윤두수의 파직 등을 청했고,[277] '권율 등의 처벌과 원균의 체직 등에 대해 논의'

274 『선조실록』 권57, 27년 11월 28일(임인)

275 『선조실록』 권58, 27년 12월 1일(갑진)

276 『선조실록』 권57, 27년 11월 19일(계사)

277 위와 같은 책, 11월 22일(병신)

할 정도였다.[278]

이러한 정황으로 보아 이순신이 원균을 모함했다는 논죄는 잘못된 판단이었다. 원균의 첩자妾子는 사실이 확인되어야 하고, 원균의 모공은 사실로 결론이 난 사안이었다.

호조판서 김수도 "원균에게 잘못한 바가 없지는 않습니다마는 그리 대단치도 않은 일이 점차 악화되어 이 지경까지 이르렀으니 매우 불행한 일"이라 하였다.

278 『선조실록』 권58, 27년 12월 1일(갑진)

선조의 분노 결과
자업자득

　선조의 분노는 이순신을 삼도 수군통제사에서 파직시키고, 백의종군에 처했다. 후임 통제사 원균의 분노는 칠천량 해전의 패전과 수군의 궤멸을 불러왔다. 임진왜란 발발 이후 이순신이 지휘했던 조선 수군은 단한 차례도 패한 적이 없고, 단 한 번도 제해권을 뺏긴 적이 없었다. 그러나 원균이 지휘한 조선 수군은 칠천량 해전 단 한 번의 싸움으로 모든것을 잃었다. 선조의 분노로 시작된 조선 수군의 비극은 마치 정해진 각본처럼 궤멸의 길로 들어섰다.

　원균이 지휘한 칠천량 해전에서 조선 수군은 거북선·판옥선 등 군선대부분을 잃었다. 장수·병졸 등 군사 대부분도 죽었다. 삼도통제사 원균·전라 우수사 이억기·충청수사 최호 등 수군 수뇌부를 모두 잃었다. 똑같은 바다에서 똑같은 전선으로 싸운 전투였다. 단지 지휘관 한 사람만 이순신에서 원균으로 바뀌었을 뿐인데 왜 이런 최악의 결과가 나타났을까. 바로 리더의 능력, 리더의 역할, 리더의 책임, 리더의 중요성이다.

이순신 파직과 원균 기용을 불러온 선조의 분노는 연쇄적 분노를 폭발시켰다. 도체찰사 이원익에서 도원수 권율, 권율에서 통제사 원균, 원균에서 경상 우수사 배설로 이어지는 지휘권 갈등이 심각했다. 특히 원균의 '수륙 합동작전' 주장과 이를 반대하는 권율의 '수군 단독작전' 지시는 칠천량 해전 패전이라는 미증유의 결과를 불러왔다. 즉 원균은 수군의 부산 출동을 위해서 육군이 안골포·웅천 등지의 왜성을 공격해주기를 원했다. 그러나 권율은 육군의 전력이 부실해 합동작전을 할 여유가 없으므로 수군 단독으로 출동하라고 했다. 원균이 이미 수군 단독으로 가토 기요마사를 물리치겠다고 다음과 같이 공언한 바 있었기 때문이다.

정유년 1월 전라도 병마절도사 원균의 서장이다.

"우리나라의 위무는 오로지 수군에 달려있습니다. 신의 어리석은 생각에는 수백 명의 수군으로 영등포 앞으로 나가 몰래 가덕도 뒤에 주둔하면서 경선을 가려 뽑아 삼삼오오 짝을 지어 절영도 밖에서 무위를 떨치고, 1백여 명이나 2백 명씩 대해에서 위세를 떨치면 가토 기요마사는 평소 수전이 불리하다고 겁을 먹고 있었으니 군사를 거두어 돌아가리라 생각됩니다. 원하건대 조정에서 수군으로써 바다 밖에서 맞아 공격해 적이 상륙하지 못하게 한다면 반드시 걱정이 없게 될 것입니다. 이는 신이 쉽게 말하는 것이 아니라 전에 바다를 지키고 있어서 이런 일을 잘 알기 때문에 이제 감히 잠자코 있을 수가 없어 우러러 아룁니다."[279]

279 『선조실록』 권84, 30년 1월 22일(계축)

선조도 기다렸다는 듯 이순신을 파직시키고, 원균을 후임으로 삼았다. 이 장계야말로 원균이 이순신을 모함한 증거다. 왜냐하면 1596년 10월부터 1597년 1월까지 무려 석 달 이상 거의 날마다 이순신에 대한 거취와 처벌이 논의되던 시기였기 때문이다.[280] 육장인 전라도 병마절도사 원균이 임진년 수군의 승리를 마치 경상 우수사였던 자기의 치적으로 내세우며 수군으로서 가토 기요마사 군을 일거에 섬멸하겠다고 큰소리친 것이다. 지금 변방에 어려움이 많아 군사를 일으키지 못한다는 뜻은 이순신이 군사를 움직이지 않으니 자신이 대신 앞장서겠다는 뜻이다. 가뜩이나 통제사 이순신을 교체하고 싶었던 선조에게는 정확한 시점에 원균으로 교체할 명분을 제공해준 것이다.

칠천량 패전 이후 권율이 원균을 무리하게 몰아쳤다는 비난이 일었고 선조도 이에 가세하고 있었다. 하지만 원균의 장계를 잘 알고 있는 권율은 막상 후임 통제사가 되고 나니 말을 뒤집어 수륙 합동작전을 주장하는 것에 분노했다. 수군만으로 가토를 잡을 것처럼 장계를 올려 통제사가 되더니 이제는 육군을 끌어들여 자신마저 물고 들어가려는 원균의 행태가 괘씸했다. 임금에게 올렸던 장계처럼 수군 단독으로 작전하라는 것이었다.

권율이 원균의 요청을 거절한 또 다른 이유는 수륙 합동작전에 대한

---

280 『선조실록』 권81, 29년 10월 5일, 11월 5일, 11월 7일, 11월 9일, 11월 13일, 11월 17일, 12월 21일, 12월 29일,
『선조실록』 권84, 30년 1월 2일(계사)

다른 장수들의 의견이 달랐고, 또 전투에 소극적인 원균이 다른 장수와 합동작전을 펼치기도 어렵다고 보았기 때문이다. 무엇보다도 수륙 합동작전은 원래 이순신의 주장이었다.

권율과 원균의 갈등은 상급 지휘관인 도체찰사 이원익에게도, 임금 선조에게도 큰 걱정거리였다. 결국 이원익은 종사관 남이공을 수군 진영에 파견해서 출동을 독려하기에 이르렀고, 선조도 원균에게 후퇴하지 말고 적을 공격할 것을 명하면서 "전일과 같이 후퇴하여 적을 놓아준다면 나라에는 법이 있고 나 역시 사사로이 용서하지 않을 것"이라고 질책했다.[281]

이때의 상황을 권율 휘하에서 백의종군하던 이순신이 난중일기에 기록해놓았다.

"정유년 6월 17일 아침 식사 후에 원수(권율)에게 가니 원균의 정직하지 못한 점을 많이 말했다. 또 비변사에서 내려온 공문을 보이는데 원균의 장계에 '수군과 육군이 함께 나가서 먼저 안골포의 적을 무찌른 후에 수군이 부산 등지로 진군하겠다고 하니 안골포의 적을 먼저 칠 수 없겠습니까' 하였고, 또 원수의 장계에는 '통제사 원균이 전진하려고 하지 않고, 우선 안골포의 적을 먼저 쳐야 한다고 하지만 수군의 여러 장수는 이와 다른 생각을 많이 갖고 있고, 원균이 안으로 들어가 나오지 않으니 절대로 여러 장수와 합의하여 꾀하지 못할 것이므로 일을 그르칠 것이

281 『선조실록』 권90, 30년 7월 10일(기해)

뻔합니다' 하였다."²⁸²

　결정적 사건은 7월 11일 발생했다. 곤양에 도착한 권율은 원균을 출두시켰다. 그리고 지난 8~9일 부산 근해(대대포·절영도) 출동에 자신은 출동하지 않고 휘하 수사들만 출동시킨 통제사 원균을 질책했다. 끝내 곤장까지 치게 된 권율은 원균에게 다시 출동할 것을 재촉했다.²⁸³ 분한 마음을 품고 한산도로 돌아온 원균은 더욱 화를 내며 술에 취해 누워 있었다. 여러 장수가 원균과 의논하려 했지만 할 수 없었다.²⁸⁴ 도원수 권율로부터 곤장을 맞은 치욕과 울분을 참지 못한 원균은 13일 오전 모든 전선을 이끌고 부산으로 출동했다.

　7월 16일 원균은 칠천량에서 참패했다. 수군의 궤멸이었다. 그러나 이 모든 책임을 홧김에 출전한 원균이나 출전을 독촉한 권율이나 이원익에게만 물을 수는 없다. 모든 의사결정은 선조가 내렸다. 이순신의 파직도, 원균의 기용도 선조의 명령이었기 때문이다. 물론 원균의 장계가 선조의 의사결정에 결정적 역할을 했지만, 선조는 이미 1594년부터 통제사 이순신을 교체할 경우는 원균으로 통제사를 삼을 수 있다고 생각하고 있었다.²⁸⁵

282 이순신, 『난중일기』 정유년(Ⅰ) 6월 17일, 노승석 옮김, 여해, 2014

283 제장명, "정유재란 시기 해전과 조선 수군 운용" 부산대, 2014년,, 81쪽

284 류성룡, 『징비록』 김시덕 역, 아카넷, 2013년, 504쪽

285 『선조실록』 권57, 27년 11월 28일(임인)

선조는 언제라도 필요에 따라 이순신과 원균을 교체해서 군사적 힘의 균형과 견제를 이루고자 했다. 삼도 수군통제사는 당시에 가장 막강한 군사력을 보유하고 있었기 때문이다. 이순신의 위세가 너무 커져 하늘을 찌르면 적군을 위협하기도 하겠지만 내부적으로 또 다른 위협이 될 수 있다. 선조는 전쟁 후의 화근거리를 없애기 위해서라도 통제사를 원균으로 교체하는 것이 바람직하다고 생각했을지 모를 일이다.

그러나 선조는 임진년에 자신이 했던 주옥같은 어록을 잊고 있었다. 대신들이 영의정 이산해를 파직시키라 할 때 "좋아해도 그 나쁜 점을 알아야 하고, 미워해도 그 좋은 점을 알아야 한다"라고 했다.[286] 사람을 공평하게 대하여 사사로움이 없어야 한다는 『대학大學』의 말씀이다. 그러나 이순신에게서는 나쁜 점만 보려 했고, 원균에게서는 좋은 점만 보려 했으니 지나친 편증과 편애였다.

결과적으로 선조의 부당한 분노가 이순신을 파직시켰고, 권율의 무절제한 분노가 원균에게 곤장을 치게 되었고, 원균의 무분별한 분노가 자신의 최후를 불러왔다. 연쇄적으로 이어진 분노가 지난 6년 동안 한 번도 패한 적이 없는 막강 수군을 궤멸로 이끌었다. 중책을 맡은 지휘관이 심하게 분노하면 어떤 결과를 가져오는지 잘 보여주고 있다.

『소학小學』의 가르침을 다시 생각한다.

"관직에 있는 자는 반드시 심하게 성내는 것을 경계하라. 일에 옳지 않음이 있거든 마땅히 자상하게 처리하면 반드시 맞아들지 않는 것이

286 『선조실록』 권26, 25년 5월 2일(신유)

없으려니와 만약 성내기부터 먼저 한다면 오직 자신을 해롭게 할 뿐이니 어찌 남을 해롭게 할 수 있으리오."[287]

『안젤라의 재Angela's Ashes』로 퓰리처상을 받고, 1951년 한국전쟁에도 참전했던 미국 작가 프랭크 맥코트Frank McCourt의 조언이다.

"분노하며 원한을 품는 것은 네가 독을 마시고 상대가 죽기를 바라는 것과 같다."

---

[287] 『소학(小學)』 이기석 역해, 홍익출판사, 1982, 218~219쪽

원균의
분노

1장

———

정치적 후원자
윤두수 형제

최애 신하 윤두수,
최애 장수 원균

　선조의 태생적 열등감을 일거에 날려버리는 쾌거, 종계변무의 중심
에 윤두수·윤근수 형제가 있었다. 이때가 임진왜란 발발 3년 전이다. 임
금 선조가 정치적·군사적 쟁점이 있을 때마다 왜 그렇게 윤두수·윤근
수 형제를 두텁게 신임했는지 가늠되는 대목이다. 이 사실은 명나라까
지 알려져 있었다.
　"선조를 보좌하는 배신으로는 윤두수·최흥원·류성룡 등이 다 국정
을 총괄하고 있으나 그 가운데서도 왕에게 신임받아 권세를 부리는 자
用事者는 윤두수·윤근수 두 사람뿐입니다."[1]
　선조는 윤두수 형제에 대한 신임을 넘어 그들이 두둔하는 원균까지
싸고돌았다.
　물론 원균의 원주원씨 집안이 왕실과 혼맥이 있었다는 점, 원균의
5촌 이내 친척 중 12명이 원종공신에 오를 정도로 임진왜란 시 활동이

1　『선조실록』 권45, 26년 윤11월 16일(병신)

많았던 공신 집안이라는 점[2] 등의 요인도 있지만, 직접적 영향은 선조의 열등감을 자존감으로 바꿔준 종계변무, 그 2백 년 숙원을 풀어준 광국공신 윤두수 형제에 대한 특별한 신임이 있었기 때문이다.

윤두수 형제는 서인의 중심인물로 원균은 그들의 친족이었다. 선조가 대신들과 논의하는 모습을 보면 윤두수를 신임하는 마음, 원균을 두둔하는 마음을 읽을 수 있다.

윤두수가 아뢰기를 "원균은 소신의 친족인데 신은 오랫동안 그 사람을 보지 못하였습니다. 대개 이순신이 후진인데 지위가 원균의 위에 있으므로 발끈하여 노여움을 품었을 것이니 조정에서 헤아려 알아서 처치해야 할 것입니다" 하니 선조가 이르기를 "내가 전에 들으니 군사를 청한 것은 실로 원균이 한 것인데 조정에서는 원균이 이순신만 못하다고 생각하므로 원균이 이렇게 노하게 되었다 하고, 또 들으니 원균은 적을 사로잡을 때 선봉이었다 한다" 하였다.[3]

그러나 '원균이 적을 사로잡을 때 선봉이었다'라는 선조의 판단은 인지 왜곡이었고, 자의적 해석이었다. 이순신이 당포 등에서 왜적을 무찌른 일을 보고하면서 원균의 처지를 분명히 보고 했기 때문이다.

"처음에 원균은 패군敗軍한 뒤 군사 없는 장수로서 작전을 지휘할 수 없었으므로 교전하는 곳마다 화살이나 철환에 맞은 왜인을 찾아내어

2   김인호, 『원균 평전』 평택문화원, 2014, 62쪽
3   『선조실록』 권82, 29년 11월 7일(기해)

머리 베는 일을 담당하였습니다."[4]

하지만 선조는 윤두수가 옹호하는 원균에게는 언제나 우호적이었고, 원균과 대척하는 이순신에게는 언제나 부정적이었다. 가히 임금의 최애 신하 윤두수, 최애 장수 원균이었다.

4   이순신, 『임진장초』「唐浦破倭兵狀」, 조성도 역, 연경문화사, 1984, 48쪽

조정의 라이벌 윤두수와 류성룡

윤두수와 류성룡, 그리고 원균과 이순신. 이들은 왜 사안마다 대척점에 서 있었을까. 윤두수는 안동 도산의 이황을 찾아가 문하가 된 이황 학파 사람이었다. 그러나 을해당론(1575)으로 사림이 동인과 서인으로 나뉠 때[5] 동문인 류성룡·김효원·김성일 등을 따르지 않고, 성혼·심의겸 등을 따라 서인에 가담했다.[6]

1578년 윤두수(1533년생, 중종 28년)와 류성룡(1542년생, 중종 37년)의 관계가 악화하는 사건이 발생했다. 이른바 이수진도미옥사건李銖珍島米獄事件이다. 동인 김성일이 경연에서 "진도군수 이수가 쌀 수백 석을 윤두수 형제 일가에게 바쳤다"라고 고변한 사건이다.[7] 도승지 윤두수, 경기감사 윤근수, 그의 장조카 이조좌랑 윤현, 이 세 윤씨를 탄핵했다 하여 '삼윤三尹의 논핵'이라고도 한다.

사건의 경위는 이렇다. 같은 이조에 전랑으로 있던 윤현과 김성일은 붕당으로 서로 의견이 맞지 않아 사이가 좋지 않았다. 이때 윤현의 숙부인

---

5 『선조실록』 권9, 8년 10월 24일(무자)
6 『선조실록』 권10, 9년 3월 3일(병신)
7 『선조수정실록』 권12, 11년 10월 1일(무인)

윤두수 형제가 모두 요직에 있으면서 서인을 부추기고, 동인 세력을 억제하고 있었기 때문에 동인들이 더욱 윤현을 질투하였다. 반격의 기회를 노리던 김성일은 진도군수 이수가 삼윤에게 쌀을 뇌물로 바쳤다는 정보를 입수하고, 이 사실을 경연 석상에서 폭로했다. 이에 대간이 이수를 탄핵하며 삼윤의 죄를 주청했다.

이때 직제학 김계휘와 척신 심충겸 등 서인은 삼윤을 옹호했고, 대사헌 박대립과 대사간 이산해 등 동인은 삼윤의 처벌을 주장했다. 이를 계기로 동·서 붕당이 격화되고, 이 와중에 이수를 원망하던 진도의 하급 관리 한 사람이 이수가 쌀을 바친 사실을 고함으로 삼윤은 결국 파직되고 말았다.[8]

이에 대해 윤두수·윤근수 등 서인은 물론 선조까지 이르기를 "대간의 논의가 윤씨 집안의 일을 너무나 심하게 잡고 늘어진다"하니 류성룡이 아뢰기를 "윤씨 집안의 일은 세간에 떠도는 소문으로 나라 사람들이 모두 분하게 여깁니다. 그런데 김성일이 우연히 발설한 것이지 조금도 윤씨 집안을 해롭게 하려는 뜻은 없었습니다"라고 하였다. 류성룡이 김성일을 두둔하는 말이었지만 그보다 세간의 평판을 들어 윤두수 집안을 싸잡아 비판하는 말이었다. 때리는 시어머니보다 말리는 시누이가 더 밉다고 했다. 서인의 영수 윤두수가 자기 집안을 공격했던 동인의 영수 류성룡을 증오하게 되었음은 물론이다. 이때 훗날 서인의 영수로 기축옥사의 위관이 되는 대사간 정철도 함께 동인의 탄핵을 받고 고향으로 돌아갔으니[9] 분노의 씨앗이 뿌려진 것이다.

8   『선조수정실록』 권13, 12년 4월 1일(병자)
9   『한국민족대백과사전』 '정철' 한국학중앙연구원

윤두수가 류성룡에게 막혀 좌절을 맛본 사건이 또 있었다. 갑오년(1594) 1월이었다. 좌의정 윤두수는 "명나라 장수들이 모두 강화가 이루어질 것을 믿고 죄다 돌아갈 생각뿐이니 우리 군만이라도 왜적을 소탕해야 한다"라며 군대를 징발하여 적과 싸우려 하였다.

이때 사관의 논평이다.

"윤두수는 일이 기울고 형세가 외롭게 된 것을 불구하고 군대를 징발하여 적과 싸우려 하였으니 그 계책은 부득이한 데서 나온 것이다. 그런데 류성룡에게 저지되어 이미 모인 왕사가 다시 흩어지게 하여 싸우기도 전에 스스로 사기를 잃게 하고 국세가 날로 전복되는 지경으로 나아가 군부가 앉아서 망하기를 기다리게 하였으니 애석하다."[10]

좌의정 윤두수가 야심 차게 계획한 일이 영의정 류성룡의 저지로 무산되고 만 것이다.

그러나 반년 뒤에 윤두수에게 기회가 찾아왔다. 윤두수가 삼도 도체찰사를 겸임하게 되며[11] 왜적 공격 작전을 다시 추진한 것이다. 조정은 형세가 어려운 줄 알면서도 선조가 윤허함에 따라 작전을 거행했다.[12] 그러나 이 거제 진공 작전은 일본군의 회피로 제대로 싸워보지도 못하고 물러났다. 이렇다 할 성과를 거두지 못했으니 참전했던 장수들에게 비난이 빗발쳤고, 결국 윤두수는 좌의정에서 파직되었다.

윤두수가 파직당할 때마다 류성룡이 개입되어 있었다. 삼윤의 논핵으로 파직당할 때도 류성룡의 비판이 있었고, 왜적 공격 작전을 추진할 때

10 『선조실록』 권47, 27년 1월 2일(신사)
11 『선조실록』 권54, 27년 8월 6일(신해)
12 『선조실록』 권55, 27년 9월 27일(임인)

도 류성룡의 저지가 있었다. 나이로 보나 급제로 보나 대선배였던 윤두수다. 당파를 떠나 개인적으로도 충분히 모욕과 분노를 느꼈음이다.

참으로 얄궂은 두 사람의 운명이다. 류성룡과 윤두수는 임진왜란 때 나라의 운명을 함께 짊어졌던 재상들이다. 1593년 7월 선조가 의주 행재소에 있을 때 류성룡이 좌의정을 사직하고 남도에 내려가자 후임 좌의정 윤두수가 류성룡을 빨리 불러와야 한다고 아뢰었다. 행재소에 대신이 자신밖에 없으므로 논의가 고루하고 체모에 손상됨이 많다고 하니 선조가 이에 따랐다.[13]

나이로 보면 윤두수가 아홉 살 많았다. 급제로 보아도 윤두수가 8년 선배였다. 윤두수와 류성룡은 대사간·도승지·관찰사·대사헌·판서·우의정·좌의정·도체찰사·영의정까지 주요 보직을 두루 섭렵했다. 대체로 후임인 류성룡이 앞서가고 선임인 윤두수가 뒤따르는 형국이었다. 때로는 파직과 복직을 거듭하며, 때로는 협력하고 갈등하며 전쟁을 겪어나온 운명의 동반자이자 조정의 경쟁자였다.

임진왜란이 끝나고 1599년 윤두수는 영의정에 올랐으나[14] 동인들의 반대로 두 달 만에 사직하고, 영중추부사가 되었다.[15] 1601년 노환으로 세상을 떠날 때 향년 69세였다. 류성룡도 이순신이 노량해전에서 전사하는 날 영의정에서 파직되고, 삭탈관작을 당했다. 1607년 향년 66세로 세상을 떠났다.

13   『선조실록』 권40, 26년 7월 4일(병진)
14   『선조실록』 권115, 32년 7월 24일(신미)
15   『선조실록』 권117, 32년 9월 19일(을축)

윤두수를 파직하고,
이순신을 나국하소서

좌의정 윤두수는 1594년 8월 삼도 도체찰사에 임명되자마자[16] 거제의 왜적 공격 작전을 윤허 받았다.[17] 윤두수가 계획하고 주도한 이 작전에 이순신은 이끌려 나간 형국이었다.

이순신은 3월 초 당항포에서 적선 31척을 불태웠음에도 일본군을 공격하지 말라는 명나라 선유도사 담종인의 지시 금토패문禁討牌文 때문에 작전을 하지 못하고 있는 상태였다.[18]

장문포 해전으로 알려진 거제 공격 작전에는 조선의 내로라하는 장수가 모두 출전했다. 이순신은 물론 도원수 권율, 순변사 이일, 경상우병사 김응서, 충청병사 선거이, 경상우수사 원균, 충청수사 이순신李純信, 수군조방장 김경로와 박종남, 별장 한명련과 주몽룡, 웅천현감 이운룡, 곤양군수 이광악 그리고 전라도 의병장 김덕령, 경상도 의병장 곽재우 등이었다.

---

16 『선조실록』권54, 27년 8월 6일(신해)

17 『선조실록』권55, 27년 9월 27일(임인)

18 이순신, 『난중일기』갑오년 3월 6일, 노승석 옮김, 여해, 2014

하지만 일본군의 전투 회피로 공격은 제대로 이루어지지 못했고, 성과도 대단히 미미했다.

권율은 "적군이 성문을 굳게 닫고 움직이지 않아 조금도 바다로 나올 뜻이 없으므로 접전은 하지도 못하고 군사의 위엄만 손상하였으니 매우 통분합니다" 하였고,[19] 원균은 "정예선을 영등포의 적 소굴에 나누어 보내 서로 들락날락하면서 이쪽저쪽을 공격할 기세를 보여 서로 지원하는 길을 끊도록 하였으나 그들은 성문을 굳게 닫고 나오지 않아 섬멸할 길이 없어 분함을 견딜 수 없었습니다" 하였다.[20]

거제도 왜성을 공격한 이순신의 난중일기도 내용은 비슷했다.

"9월 29일 배를 출발하여 장문포 앞바다로 돌진해 들어가니 적의 무리는 험준한 곳에 자리 잡고서 나오지 않았다. 누각을 높이 세우고 양쪽 봉우리에 보루를 쌓고 조금도 나와서 항전하려 하지 않았다. 선봉에 적선 2척을 무찔렀더니 육지로 내려가 도망쳤다. 빈 배만 쳐부수고 불태웠다."

"10월 1일 해 질 무렵에 장문포 앞바다로 돌아와서 사도 2호선이 육지에 배를 매려 할 때 적의 작은 배가 곧장 들어와 불을 던졌다. 불이 비록 일어나지 않고 꺼졌지만 매우 분통하였다."

이순신이 9월 29일부터 장문포와 영등포 왜성을 드나들며 왜적을 유인했으나 일본군은 시종 전투를 회피하고 진지만 지키는 방어전략을

19 『선조실록』 권56, 27년 10월 13일(정사)
20 『선조실록』 권56, 27년 10월 8일(임자)

구사했다. 이른바 장문포 해전인 거제도 공략은 성과를 거두지 못하고 10월 4일 종료되었다.

이순신은 칠천량에 머무르면서 5일 장계 초안을 작성했고, 6일 군사를 장문포로 보내 확인하니 일본군이 패문을 땅에 꽂아 놓았는데 '일본은 명나라와 더불어 바야흐로 화목하고자 하니 서로 싸울 것이 없다'라는 내용이었다. 7일 선거이·곽재우·김덕령 등 육장들은 모두 돌아갔다.

그러나 원균은 5일부터 7일까지 통제사 이순신에게 보고도 하지 않고 독자적으로 작전을 거행했다. 아들 원사웅이 적선 2척을 불태웠다고 보고했으나 이는 앞서 이순신이 불태워 타다 남은 적선으로 보인다.[21] '원균의 아들을 가리켜 어린아이가 모공하였다'라는 이순신의 계문과[22] '원균이 이미 군율을 범하여 지금 추핵 중에 있다'[23]라는 실록의 기록으로 보아서 그렇다.

윤두수가 추진했던 조선군 단독의 거제 진공 작전은 성공하지 못했다. 조정에서는 윤두수·권율·이순신에게 책임을 물어 날마다 이들을 탄핵하는 상소가 빗발쳤다.

비변사는 "이 작전에서 조정의 뜻은 군사를 몰아 경솔하게 진격함을 어렵게 여긴 것일 뿐 적을 공격하는 것을 그르다고 한 것은 아니었다"라며 윤두수를 옹호했다.[24] 그러자 사헌부·사간원·홍문관 삼사가 모두 그동안 쌓이고 쌓인 윤두수의 각종 비리와 행적을 몰아서 비판하며 체

---

21 『선조실록』 권56, 27년 10월 8일(임자)
22 『선조실록』 권86, 30년 3월 13일(계묘)
23 『선조실록』 권58, 27년 12월 1일(갑진)
24 『선조실록』 권56, 27년 10월 23일(정묘)

직시킬 것을 강력히 주청했다.

이때 삼사가 상소했던 20여 회 실록의 기사 중 일부를 인용한다.

"좌의정 윤두수는 음흉하고 탐욕스럽고 교활한 사람인데다 방자하고 꺼리는 바가 없어 간신이 국사를 마음대로 하던 때에 악을 같이 하고 서로 도와 선사善士를 해쳤고, 최영경이 옥중에서 굶주림과 추위로 죽은 뒤에는 자진했다는 말을 지어내어 무고한 사람으로 구천에서 원통함을 품도록 하였으니 그의 마음 씀이 너무나 음흉하고 참혹합니다. 왜변이 일어난 초기에 파천할 때는 조정에 들어와 법을 쥐고 마음대로 전권하여 국가의 위급함은 생각하지 않고 재물을 탐하여 자신을 살찌우는 것만 일삼았습니다. 모든 관작의 임명이나 군공의 등급을 매길 때는 뇌물의 다소만을 볼뿐 인물의 현부나 실적의 고하는 불문하고 마음대로 조종하여 공의를 돌보지 않았으며 뇌물이 모여들고 짐바리가 끊이질 않았으나 끝없는 욕심은 오히려 부족하게 여겨 역관과도 결탁하여 뇌물이 집안에 가득하였기 때문에 우리나라 사람만 비웃고 욕하는 것이 아니라 중국의 장수까지도 비루하게 여겼습니다."[25]

"윤두수의 탐오하고 흉험한 정상에 대해서는 사람마다 그의 마음속을 환히 보고 있고, 귀가 있는 이면 모두가 들었고, 입이 있는 이면 말하지 않는 이가 없습니다. 3년 동안 국사를 맡겨 보았는데 임금께서 어찌 통촉하지 못하셔서 공의가 격발한 뒤까지도 유음을 내리시기를 아끼십니까. 신들은 바로 그르침이 작지 않아 국사가 날로 잘못됨에 이르러 어

---

25 『선조실록』권56, 27년 10월 22일(병인)

쩔 수 없게 될까 걱정하는 것입니다. 오늘날의 일은 하루가 시급하므로 무너지고 흩어지면 수습할 수가 없습니다. 어진 재상을 가려 등용하여 불 속이나 물속에서 구원하듯 급급히 서로 경영하여도 오히려 미치지 못할까 두려운데 내외의 중요한 직임을 적임자가 아닌 자에게 맡겨놓고 대신이라는 핑계로 어려워하시니 작은 것을 얻은 대신 큰 것을 잃을까 두렵습니다."[26]

　사태가 이러하니 윤두수는 물론 권율과 이순신도 책임을 면할 수 없었다. 사간원이 아뢰기를 "도원수 권율과 통제사 이순신은 나국(체포해 신문함)하고, 윤두수는 파직시키소서" 하였다.[27] 선조는 "도원수와 통제사는 이미 추고(죄를 추문함)하였으니 나국할 수 없고, 체찰사는 대신이므로 파직시킬 수 없다"라고 하였지만,[28] 결국 빗발치는 상소를 더는 견디지 못하고 윤두수를 좌의정에서 파직시킬 수밖에 없었다.[29]

　윤두수는 조선군 단독으로 공격 작전을 주도했다가 오히려 파직까지 당했다. 영의정 류성룡의 저지에도 불구하고 감행했으니 선조와 류성룡을 볼 낯이 없게 되었다.

　경상 우수사 원균은 통제사 이순신의 지휘를 받지 않고 독단적으로 작전을 수행했고, 독자적으로 장계를 올렸다. 지휘체계를 무시한 월권 행위였다.

26 『선조실록』권56, 27년 10월 24일(무진)

27 『선조실록』권57, 27년 11월 23일(정유)

28 위와 같은 책, 11월 25일(기해)

29 『선조실록』권56, 27년 10월 30일(갑술)

이에 분노한 이순신이 원균의 모공을 계문하였고, 원균은 군율을 범한 죄상을 추핵 받고 있으니 도체찰사 윤두수의 분노는 더욱 커졌다. 파직된 다음 날 판중추부사가 된[30] 윤두수는 이전보다 더 심하게 이순신을 폄훼했고, 원균과 이순신의 갈등은 더욱 심해졌다. 원균과 이순신은 같은 바다에 복무하기 어렵게 되었다. 결국 12월 1일 원균은 충청병사로 체직되었다.

---

30 『선조실록』 권57, 27년 11월 1일(을해)

2장

───────

수치심의
분노

원균이 먼저
전라 좌수사에 제수되었다

　임진왜란 발발 일 년 전인 신묘년(1591), 원균이 이순신보다 먼저 전라 좌수사에 제수되었다. 그러나 2월 4일 사간원의 반대로 부임하지 못했다.

　"원균은 전에 수령으로 있을 적에 근무 성적考績이 거하居下(하점)였는데 겨우 반년이 지난 오늘 좌수사에 초수하시니 출척권징黜陟勸懲(허물 있는 이를 내쫓고 징계함)의 뜻이 없으므로 물정이 마땅치 않게 여깁니다. 체차를 명하시고 나이 젊고 무략이 있는 사람을 각별히 선택하여 보내소서."[31]

　원균 다음에 바로 이순신이 제수된 것도 아니었다. 2월 8일 유극량이 제수됐다. 그러나 이번엔 사헌부가 들고 일어났다. 그의 집안이 변변치 못하다는 이유였다.

　"전라좌수영은 바로 적을 맞는 지역이어서 방어가 매우 긴요하니 주장은 불가불 잘 가려서 보내야 합니다. 새 수사 유극량은 인물은 쓸만하

31　『선조실록』 권25, 24년 2월 4일(신미)

나 가문이 한미하므로 지나치게 겸손합니다. 그리하여 군관이나 무뢰배들과도 서로 너니 내니 하는 사이여서 체통이 문란하고 호령이 시행되지 않습니다. 비단 위급한 변을 당했을 때만 대비하기 어려울 뿐 아니라 방어하는 군졸을 각 고을에 보낼 때도 틀림없이 착오가 생길 것이니 곤외(장군)의 일을 맡기는 것이 매우 염려스럽습니다. 체차시키소서."[32]

우여곡절 끝에 이순신이 전라 좌수사에 제수되었다. 2월 13일이다.[33] 그러나 이순신 역시 사간원의 상소로 부임하지 못할뻔했다.

"이순신은 현감으로서 아직 군수에 부임하지도 않았는데 좌수사에 초수하시니 그것이 인재가 모자란 탓이긴 하지만 관작의 남용이 이보다 심할 수 없습니다. 체차시키소서."[34]

원균과 유극량을 단번에 교체시켰던 선조가 이번에는 이순신을 적극 옹호하고 나섰다.

"이순신의 일이 그러한 것은 나도 안다. 다만 지금은 상규에 구애될 수 없다. 인재가 모자라 그렇게 하게 하지 않을 수 없었다. 그 사람이면 충분히 감당할 터이니 관작의 고하를 따질 필요가 없다. 다시 논하여 그의 마음을 동요시키지 말라."[35]

결국 한 달 동안에 세 사람이 오르내린 끝에 이순신으로 최종 낙점되었다. 당시 우의정 류성룡이 이순신을 전라 좌수사에 천거했다지만 이처럼 과정은 순탄치 않았다. 의도한 바는 아니지만 원래 원균이 제수받

---

32   『선조실록』 권25, 24년 2월 8일(을해)

33   위와 같은 책, 2월 13일(경진)

34   위와 같은 책, 2월 16일(계미)

35   위와 같은 책, 2월 16일(계미)

았던 전라 좌수사 자리를 이순신이 차지한 형국이 되어버렸다.

처음부터 엇갈린 두 사람의 운명은 1년 후인 임진년(1592) 1월 원균이 경상 우수사에 제수되면서 더욱 뒤틀리기 시작했다. 4월 13일 임진왜란이 발발하자 경상도와 전라도 해상의 경계를 맞대고 일본군과 싸우게 된 두 사람은 같은 품계의 정3품 수군절도사로서 연합작전을 펼쳐야만 했다. 그러나 원균은 전쟁이 발발하자마자 스스로 대大 군영을 불태우고 많은 군선과 군사를 잃어 무군 장수가 되었다. 전라 좌수사 이순신의 소小 군영이 오히려 군선과 군사가 더 많은 주력부대가 되면서 두 장수는 사사건건 부딪치고 틈새가 벌어졌다. 갈등과 증오, 그리고 분노가 시작됐다.

먼저 된 자 나중 되고,
나중 된 자 먼저 되다

경상 우수사 원균과 전라 좌수사 이순신은 같은 시대를 살며 같은 임금을 모시고 같은 전쟁을 치렀던 두 사람이다. 조선의 바다를 호령했던 두 수장 원균과 이순신, 전쟁 이전까지는 언제나 원균이 먼저였고 이순신은 나중이었다.

첫째, 원균은 이순신보다 다섯 살 연상이다. 원균은 1540년(중종 35년)생이고, 이순신은 1545년(인종 1년)생이다.

둘째, 원균은 이순신보다 무과 9년 선배였다. 원균은 1567년 급제했고, 이순신의 급제는 1576년이다.

셋째, 원균이 이순신보다 등과 성적이 월등했다. 원균은 식년시 을과 2위로 전체 28명 중 5등이었고,[36] 이순신은 식년시 병과 4위로 전체 29명 중 12등으로 합격했다.[37] 같은 합격자라 해도 등과 성적에 따라 초임 벼슬의 품계가 달랐다. 갑과 3명 중 1등은 종6품, 2·3등은 정7품, 을

---

36 〔무과〕 선조 즉위년(1567) 정묘 식년시 을과 2위(5/28)
37 〔무과〕 선조 9년(1576) 병자 식년시 병과 4위(12/29)

과 5명은 정8품, 병과 20명은 정9품으로 출사하기 때문이다.[38] 원균은 정8품으로 출사했고, 이순신은 정9품도 아닌 종9품으로 출사했다.

넷째, 원균 군영의 규모가 이순신 군영의 세 배였다.

당시 삼도의 수군 진을 비교하면 경상우수영은 8관 20포, 전라우수영 14관 13포, 충청수영 13관 6포, 경상좌수영 2관 12포, 전라좌수영 5관 6포였다.[39] 원균과 이순신이 정3품 동급의 수군절도사라 해도 같은 절도사가 아니었다. 원균의 군영이 하삼도에서 규모가 가장 컸고, 이순신의 군영은 규모가 가장 작았기 때문이다.

다섯째, 원균의 집안이 이순신의 집안보다 막강했다.

원균의 부친 원준량元俊良은 1546년(명종 1년) 무과 중시 을과 2위로 전체 35명 중 3등으로 급제했다.[40] 원준량은 원균이 무과에 급제하기도 전에 이미 전라 좌수사·전라 우수사·경상 좌수사·경상좌병사·경상우병사를 두루 역임한 군부의 막강한 권력자였다. 그러니 원균에겐 소위 '아빠 찬스'까지 있었다.

명종실록의 기록이다.

경상우도 병사 원준량이 그의 자제를 무과 초시에 응시하도록 허락한 일은 지금 추고 중에 있다.[41]

---

38 『한국민족문화대백과사전』 '조선시대 과거제도' 한국학중앙연구원

39 제장명, "정유재란 시기 해전과 조선 수군 운용" 부산대, 2014년, 18쪽

40 〔무과〕 명종 1년(1546) 병오 중시 을과 2위(探花郞)(3/35)

41 『명종실록』 권30, 19년 6월 21일(신묘)

반면 이순신의 부친 이정李貞은 급제는 물론 벼슬도 없었다. 이순신의 무과 방목에 창신교위(종5품)로 기록되어 있으나 이는 관직이 없는 산관일 뿐이다. 오히려 이정은 자식보다도 부친이자 이순신의 조부인 이백록의 신원 회복에 여념이 없었다.[42] 이백록은 중종의 국상으로 사대부의 결혼이 금지되는 기간에 3남 귀貴를 혼인시키며 술판을 벌였다는 죄목으로 죄인명부에 기록되었다. 다행히 '술판을 벌인 것은 지방의 사돈집에서 벌어진 일'이라는 이정의 상소가 받아들여져 이백록이 명부에서 벗어날 수 있었다. 이순신은 자칫 죄인의 자손으로 출사도 어려울 뻔했다.

원균은 모든 면에서 이순신보다 앞섰다. 원균이 분노하는 건 그런데도 항상 이순신의 뒷줄에 서 있다는 것이다. 먼저 된 자가 나중 되고, 나중 된 자가 먼저 되었다는 사실에 분노한 것이다. 본질을 잊은 채 달려가다 보면 결국 본질을 놓치게 되고, 허상만 좇게 된다는 사실을 이해한다면 먼저 된 자의 분노는 잦아들 것이다.

42 『명종실록』 권3, 1년 4월 6일(임진)

끊임없이 비교당한
원균의 자존감

    조선군의 주축이자 수군의 양대 기둥이었던 경상 우수사 원균과 전라 좌수사 이순신은 끊임없이 비교당했다. 원균은 임진왜란 중 가장 치열했던 임진년(1592)과 계사년(1593), 그리고 충청병사로 체직되는 갑오년(1594)까지 이순신과 함께 남해안 곳곳을 누비며 싸웠다.

    선조의 원균에 관한 평가는 언제나 호의적이고 긍정적이었다.

    "원균의 하는 일을 보니 가장 가상히 여길 만하다. 내가 저번에 남방에서 올라온 사람에게 원균에 관해 물었더니 습증에 걸린 몸으로 장기간 해상에 있으나 일을 싫어하는 생각이 없고 죽기를 각오하였다 하니 그의 뜻이 가상하다."[43]

    "군율을 범했다고 말한다면 유독 이순신만은 군율을 범하지 않은 사람인가. 나의 생각에는 이순신의 죄가 원균보다 더 심하다고 여겨진다."[44]

---

43 『선조실록』 권57, 27년 11월 12일(병술)
44 『선조실록』 권58, 27년 12월 1일(갑진)

하지만 세간의 원균에 관한 평가는 대부분 비판적이고 부정적이었다. 이순신과 비교하여 패장과 승장으로, 무능과 유능으로, 부패와 청렴으로 나누어 평가하고 비판했다.

원균의 정유년 칠천량 해전 패전과 이순신의 무술년 노량해전 순국 후 두 사람에 대한 평가는 냉혹하게 엇갈렸다.

정유년 비변사가 이르기를, "원균이 주장으로서 절제를 제대로 하지 못하여 적이 불의에 기습을 감행하도록 하여 전군이 함몰되게 하였으니 죄는 모두 주장에게 있다고 하겠습니다" 하니, 선조가 이르기를 "원균 한 사람에게만 핑계 대지 말라 하였다."

그러자 냉철한 사신의 논조가 더해졌다.

"칠천량의 패배에 대하여 원균은 책형礫刑(기둥에 세우고 창으로 찔러 죽이는 형벌)을 받아야 하고, 다른 장졸들은 모두 죄가 없다. 왜냐하면 원균이라는 사람은 원래 거칠고 사나운 위인으로서 이순신과 공로 다툼을 하면서 백방으로 상대를 모함하여 결국 이순신을 몰아내고 자신이 그 자리에 앉았기 때문이다. 겉으로는 일격에 적을 섬멸할 듯 큰소리를 쳤으나 지혜가 고갈되어 군사가 패하자 배를 버리고 뭍으로 올라와 사졸들이 모두 어육이 되게 만들었으니 그때 그 죄를 누가 책임져야 할 것인가. 한산에서 한 번 패하자 뒤이어 호남이 함몰되었고, 호남이 함몰되고서는 나랏일이 다시 어찌할 수 없게 되어버렸다. 가슴이 찢어지고 뼈가

녹으려 한다."[45]

이순신 순국 후 좌의정 이덕형이 올린 수군의 활약상에 덧붙인 사신
史臣의 논조다.

"이순신은 사람됨이 충용하고 재략도 있었으며 기율을 밝히고 군졸
을 사랑하니 사람들이 모두 즐겨 따랐다. 전일 통제사 원균은 비할 데
없이 탐학하여 크게 군사들의 인심을 잃고 사람들이 모두 그를 배반하
여 마침내 정유년 칠천량의 패전을 가져왔다. 원균이 죽은 뒤에 이순신
으로 대체하자 순신이 처음 한산에 이르러 남은 군졸들을 모으고 무기
를 준비하며 둔전을 개척하고 어염을 판매하여 군량을 넉넉하게 하니
불과 몇 개월 만에 군대의 명성이 크게 떨쳐 범이 산에 있는 듯한 형세
를 지녔다."[46]

원균과 이순신은 각기 다른 평가로 비교되고 있다. 당대는 물론 후대
의 시각으로 두 사람을 비교해보는 것도 의미가 있을 것이다.

첫째, 성격이 달랐다.

원균의 성격은 선조실록과 난중일기의 기록대로 매우 직선적이고 호
방했다. 그러나 이순신의 성격은 징비록의 기록처럼 말과 웃음이 적었
고, 용모가 단아하고 조심스러워서 근엄한 선비 같아 매우 과묵하고 치
밀했다.

45 『선조실록』권99, 31년 4월 2일(병진)
46 『선조실록』권106, 31년 11월 27일(무신)

둘째, 필력이 달랐다.

원균은 전형적인 무장이었고, 이순신은 무문武文 겸장이었다. 국보 제76호로 전해지는 난중일기·임진장초·서간문 등에서 이순신의 수려한 문체를 확인할 수 있다.

셋째, 전략이 달랐다.

원균은 근거리까지 접근 돌격하여 등선백병전도 마다하지 않는 저돌형이었다. 하지만 이순신은 근거리 접근전을 허용하지 않는 원거리 함포 전술을 구사하는 신중형이었다.

넷째, 행정이 달랐다.

원균은 목민관으로는 부족한 평가를 받았다. 원균이 1591년 전라 좌수사에 제수되자마자 체직된 이유가 그것이었다. 그러나 이순신은 목민관으로 유능한 평가를 받았다. 이순신이 발포만호 재직 시 수사와 감사가 관리들을 심사하면서 이순신을 맨 아래에 두려 하자 조헌이 "이순신이 군사를 지휘하는 법이 이 도에서는 제일이라는 말을 들어 왔는데 다른 진을 모두 밑에다 둘망정 이순신을 폄할 수 없다"라고 하여 중지한 일이 있다.[47]

이순신이 1589년 12월 정읍 현감과 태인 현감을 겸했을 때는 오랫동안 원님이 없어 공문 서류가 쌓여 있던 태인현에 들러 잠깐 새에 일을 끝내자 백성들이 탄복하여 어사에게 글을 올리기도 했다.

원균 입장에서는 후배에게 비교당하고 추월당하는 수치심이 있었을

---

47 이순신, 『완역 이충무공전서』 권9 행록(1), 이은상 역, 성문각, 1988, 15쪽

것이다. 수치스러웠을 때 나타나는 심리상태를 분노 전문가이자 정신과 의사인 로널드T. 에프론 박사는 이렇게 말한다.

"수치심은 감정인 동시에 확신이다. 수치심을 따라다니는 확신은 자신은 어딘가 결함이 있는 존재라는 것이다. 결함투성이에 망가져 버린 쓸모없는 존재라는 확신, 아무 가치가 없는 존재이며 실패작이라는 생각, 수치심이 깊으면 깊을수록 상처를 치유하기도 분노를 절제하기도 쉽지 않다. 수치심이 깊은 사람은 무척 민감한 태도를 보이며 행동을 걷잡을 수 없으므로 이러한 반응을 보이는 사람과 함께하기란 어려운 일이다."[48]

원균과 이순신이 함께할 수 없었던 이유를 짐작하게 하는 분석이다.

48 Ronald T. Potter-Efron, 『A Step-by-Step Guide to Over coming Explosive Anger』 (욱하는 성질 죽이기), 전승로 옮김, 다연, 2019, 200~201쪽.

3장

선배의
분노

삼도 수군통제사에
원균이 탈락하다

이순신을 삼도 수군통제사에 겸임시키고 본직은 그대로 두었다. 조
정의 의논에서 삼도 수사가 서로 통섭할 수 없다고 하여 특별히 통제
사를 두어 주관케 하였다. 원균은 선배로서 그의 밑에 있게 됨을 부끄
럽게 여겨 틈이 벌어지기 시작했다.[49]

신설된 삼도 수군통제사에 경상 우수사 원균이 오르지 못한 건 자업
자득이었다. 임진왜란 초 스스로 군영을 불태워 전력이 크게 약화했기
때문이다.[50] 아무리 적이 사용할 만한 모든 물자와 식량 등을 없애는 초
토화 전술이라 해도 이는 일생일대의 실수였다. 8관 20포 가장 큰 군영
의 장수가 졸지에 최약체의 장수가 되고 말았다. 임진년 내내 모든 전투
와 전공에서 이순신에게 뒤질 수밖에 없었던 이유였다.

반면 이순신이 지휘한 전라좌수영은 5관 6포로 경상우수영의 절반

---

49 『선조수정실록』 권27, 26년 8월 1일(임오)
50 『선조실록』 권27, 25년 6월 28일(병진)

도 되지 않는, 가장 작은 군영이었으나 이순신의 뛰어난 준비성과 통솔력에 의해 가장 혁혁한 전과를 올린 군영이 될 수 있었다.

경상·전라·충청 3도의 연합작전에서 전체적으로 해전을 주도한 건 이순신이었고, 공로가 컸던 이도 이순신이었다. 신설된 삼도 수군통제사에 이순신이 제수된 건 당연한 결과였다.

그런데도 원균은 후배 이순신에게 밀린 것에 매우 분노했다. 분노를 절제하지 않는 원균 때문에 이순신은 차라리 자신이 사임하겠다고 여러 번 장계를 올릴 정도였다.

실록에 기록된
원균의 분노

균이 이순신의 차장이 된 점을 부끄럽게 여기고서 절제를 받지 않으니 순신은 여러 차례 글을 올려 사면을 청하였다. 이에 조정에서는 누차 도원수에게 공죄를 조사하게 하였는데 균은 더욱 거침없이 욕지거리를 내뱉어서 하는 말이 모두 추악하였다.[51]

선조가 이르기를 "이들은 무슨 일 때문에 다투는가" 하니 우의정 김응남이 아뢰기를 "대개 공 다툼으로 이처럼 되었다고 합니다. 애초 수군이 승전했을 때 원균은 스스로 공이 많다고 생각하였습니다. 이순신은 공격하려고 하지 않았는데 선거이가 힘써 거사하기를 주장하였습니다. 이순신의 공이 매우 크지도 않은데 조정에서 이순신을 원균의 윗자리에 올려놓았기 때문에 원균이 불만을 품고 협조하지 않는다고 합니다" 하였다.[52]

---

51 『선조수정실록』 권28, 27년 12월 1일(갑진)

52 『선조실록』 권57, 27년 11월 12일(병술)

판중추부사 윤두수가 아뢰기를 "대개 이순신이 후진인데 지위가 원균의 위에 있으므로 발끈하여 노여움을 품었을 것이니 조정에서 헤아려 알아서 처치해야 할 것입니다" 하였다.[53]

해평부원군 윤근수가 "어떤 이는 말하기를 원균은 이순신과 서로 사이가 좋지 않다. 이순신이 통제사이므로 원균을 절제할 것인데 원균이 그 아래에 있는 것을 감수하지 못하여 두 장수가 화합되지 않을 것이니 일이 성공될 리가 없을 듯하다고 하나 신은 그렇지 않다고 생각합니다. 통제사란 직임은 한때의 필요에서 생긴 것이어서 그대로 둘 수도 있고 없앨 수도 있으므로 이순신의 통제사라는 직명도 오히려 낮출 수 있고 혹 원균을 경상도 통제사라 칭하여 이순신과 명위가 대등하게 할 수도 있으니 임의로 한다고 해서 안 될 것이 없습니다. 이는 대개 원균의 자급이 본디 이순신과 같았기 때문입니다"라고 했다.[54]

이상 실록의 기사를 보면 원균이 분노한 원인을 모두 삼도 수군통제사에 오른 이순신에게 전가하고 있음을 알 수 있다. 이순신의 공이 매우 크지도 않은데 조정에서 이순신을 원균의 윗자리에 올려놓았기 때문이라는 김응남, 이순신이 후배인데 지위가 원균의 위에 있으므로 발끈하여 노여움을 품었을 것이라는 윤두수, 원균이 이순신 아래에 있는 것을 감수하지 못하여 서로 화합하지 않으니 이순신의 통제사라는 직

53 『선조실록』 권82, 29년 11월 7일(기해)
54 『선조실록』 권82, 29년 11월 9일(신축)

명을 낮출 수도 있다고 하는 윤근수, 이들은 모두 이순신을 폄훼했던 인물들이다. 모두 원균의 뒷배들로 원균의 분노에 기름을 붓는 역할을 한 것이다.

4장

라이벌의
분노

충청병사로
체직되다

우상 김응남이 아뢰기를 "두 장수가 화목하지 못하니 형세 상 서로 용납하기 어렵습니다. 원균을 부득이 체직시켜야 하겠는데 대신할 사람을 아직 얻지 못하였으니 선거이와 서로 바꾸는 것이 어떻겠습니까" 하였다.[55]

원균이 경상수사로 있으면서 통제사 이순신과 사이가 좋지 않았으므로 충청병사인 선거이와 서로 바꾸자는 것이다.

비변사가 원균을 충청병사로 보내기로 하자 이번에는 다른 대신들이 반대하고 나섰다. '원균은 이미 군율을 범하여 지금 추핵 중에 있으므로[56] 병사의 직임으로 바꾸는 것은 온당치 못하다'라는 것이었다. 병사는 수사보다 높은 관직이기 때문이다. 이번에는 선조가 발끈하고 나섰다.

---

55 『선조실록』 권58, 27년 12월 1일(갑진)
56 위와 같은 책, 12월 1일(갑진)

"원균이 군율을 범했다고 말한다면 유독 이순신만은 군율을 범하지 않은 사람인가. 나는 이순신의 죄가 원균보다 더 심하다고 여겨진다. 원균을 병사로 삼아서는 안 된다는 그 주장을 나는 알 수 없다."[57]

결국 선조의 압력으로 원균은 충청 병사로 체직될 수 있었다. 언뜻 수사에서 병사로의 체직은 승진으로 볼 수도 있다. 수군절도사는 정3품 보직이고, 병마절도사는 종2품 보직이기 때문이다. 하지만 내용을 보면 좌천이나 마찬가지였다. 당시는 수군이 주력군이었고, 육군은 뚜렷한 역할이 없었다. 당시의 싸움터는 남해안이었고, 충청도는 멀리 떨어진 한지였다. 원균의 처지에서 보면 경쟁자인 이순신에게 밀려 수군에서 충청도 육장으로 좌천되는 모양새다.

원균의 분노는 인지상정이다. 하지만 이순신 역시 원균과의 관계가 너무나 힘들어 자신을 다른 곳으로 보내달라고 자청할 정도였다. 두 사람을 갈라놓기로 한 조정의 고민도 매우 깊었음을 알 수 있다. 선배이면서도 삼도 수군통제사에 오르지 못했던 원균이 또다시 충청병사로 체직된 건 설상가상의 모욕이었다.

57 『선조실록』 권58, 27년 12월 1일(갑진)

사료에 기록된
원균의 분노

우의정 김응남이 아뢰기를 "그(원균)에게 위로하는 뜻을 보이는 것
이 옳습니다. 순신이 체직을 자청하는 것도 역시 부당합니다" 하였
다.[58]

비변사가 이순신과 원균의 불화에 대한 처리에 관하여 아뢰기를
"이순신과 원균은 본래 사이가 좋지 않아 서로 헐뜯고 있습니다. 만일
율로 다스린다면 마땅히 둘을 다 죄주어 내쳐야 할 것입니다. (중략) 혹
자는 말하기를 두 사람은 틈이 벌어질 대로 벌어졌으니 원균을 체차하
여 그들의 분쟁을 멈추게 해야 한다고 합니다. 어떻게 처리해야 하겠
습니까" 하니 선조가 답하기를 "나의 생각에는 이순신은 대장으로서
하는 짓이 잘못된 것 같으니 그중 한 사람을 체직시키지 않을 수 없다.
혹 이순신을 체차할 경우는 원균으로 통제사를 삼을 수 있거니와 혹
원균을 체차할 경우는 다른 사람을 차출해야 할 것이니 참작해서 시행

---

58 『선조실록』 권57, 27년 11월 12일(병술)

하라" 하였다.[59]

원균은 충청 병사로 체직된 후에도 여전히 이순신에 대한 분노는 사라지지 않았다.

『이충무공전서』에는 "원균이 충청도에 있으면서도 여전히 공(이순신)을 비방하는 것으로만 일을 삼으므로 훼방하는 말이 날마다 조정에 이르렀으나 공은 조금도 변명하는 일이 없을뿐더러 입을 다물고 원(균)의 모자람을 말하지 아니하니 당시의 여론은 많이들 원을 옳게 여기고 공을 넘어뜨리려 하였다"라고 기술하고 있다.[60]

『선조수정실록』에는 "원균은 서울과 가까운 진鎭에 부임하여 총애받는 권신과 결탁하여 날마다 허황된 말로 순신을 헐뜯었는데, 순신은 성품이 곧고 군세어 조정안에서 대부분 순신을 미워하고 균을 칭찬하였으므로 겉에 나타난 이름과 속에 있는 실상이 바뀌었다名實倒置"고 했다.[61]

이때가 임진왜란 발발 3년째인 갑오년(1594) 12월, 거제 진공 작전인 장문포 해전 직후다. 7년 전쟁의 중반쯤에 임금 선조의 마음속에 원균의 분노를 옹호하는 생각, 즉 이순신의 죄가 원균보다 더 크다는 생각, 이순신 대신 원균을 통제사로 삼을 수도 있다는 생각 등 미래의 통제사

59 위와 같은 책, 11월 28일(임인)
60 이순신, 『완역 이충무공전서』 권9 행록(1), 이은상 역, 성문각, 1988, 30쪽
61 『선조수정실록』 권28, 27년 12월 1일(갑진)

원균이 자리 잡고 있었다. 하지만 당사자인 원균의 분노는 더욱 커지고 있었다. 수장으로서 임진년 전란 초에 라이벌 이순신에게 수군의 주도권을 빼앗기고, 계사년에 삼도 수군통제사 발탁에서 밀려 수군의 지휘권을 빼앗기고, 이제 갑오년에 이르러 남해에서 멀리 떨어진 충청도 육장으로 밀려났기 때문이다.

5장

모함의
분노

육장을 맴도는
분노의 장계

병신년(1596) 7월 9일, 충청 병사 원균이 다시 전라 병사로 체차되었다.[62] 남해에서 멀리 떨어져 있던 원균이 다시 바닷가 육장으로 돌아온 것이다.

윤8월 22일, 통제사 이순신은 도체찰사 이원익, 부체찰사 한효순 등과 함께 강진의 전라도 병영에 들려 부임해온 원균과 만나 밤이 깊도록 얘기했다. 과연 두 사람의 관계는 좋아졌을까. 이순신은 24일 난중일기에 "원균의 흉악한 행동은 여기에 적지 않겠다"라고 했다. 원균의 분노가 여전했음을 알 수 있다.

9월 초 일본에서는 명·일간 강화교섭이 결렬됐다. 명의 사신으로 동행했던 황신이 11월 초에 군관 조덕수와 박정호를 급히 귀국시켜 강화교섭의 결렬과 일본의 재침 계획을 보고했다.[63]

12월 초 선조는 승정원에 명하여 이순신에게 해로 차단을 지시했다.

---

62 『선조실록』 권77, 29년 7월 9일(갑술)

63 『선조실록』 권82, 29년 11월 6일(무술)

"가토 기요마사가 1~2월 사이에 나온다고 하니 미리 통제사에게 정탐꾼을 파견하여 살피게 하고, 혹 왜인에게 후한 뇌물을 주어 그가 나오는 기일을 말하게 하여 바다를 건너오는 날 해상에서 요격하는 것이 상책이다. 다만 바다를 건너오는 날을 알아내기가 어려울 따름이다."[64]

이때 상황을 기록한 『이충무공전서』 행록의 기록이다.

"병신년 겨울에 왜장 고니시 유키나가가 거제에 진을 치고, 공의 위엄과 명망을 꺼려 온갖 계책을 내던 끝에 그 부하 요시라 라는 자를 시켜 반간을 놓게 하였다. 요시라가 경상좌병사(경상우병사였음) 김응서를 통하여 도원수 권율에게 고하되 '고니시가 가토와 서로 틈이 져서 그를 죽이려고 하는데 가토가 지금은 일본에 있지만 오래지 않아 다시 올 것이라. 내가 그 오는 때를 확실히 알아서 가토가 탄 배를 물색해서 알려줄 것인즉 조선에서는 통제사 이순신을 시켜 수군을 거느리고 바다로 맞아 나가게 하시오. 그러면 백 번 승첩한 수군의 위엄으로 그의 목을 베지 못할 리가 없을 것이니 조선의 원수도 갚게 될 것이고 고니시의 마음도 통쾌해질 것입니다' 하며 거짓으로 충성과 신의를 보이면서 간절히 권하여 마지않았다. 조정에서는 이 말을 듣고 공에게 칙령을 내려 일체 요시라의 계책대로 쫓으라고 할 뿐 그것이 실상 놈들의 술책에 빠지는 것인 줄 알지 못하였다."[65]

일본군의 재침은 기정사실이 되었고, 조정에서는 황신을 시켜 '가토

64 『선조실록』 권83, 29년 12월 5일(정묘)
65 이순신, 『완역 이충무공전서』 권9 행록(1), 이은상 역, 성문각, 1988, 30~31쪽

기요마사가 건너오는 날짜에 맞추어 해로를 차단하라'라는 어명을 이순신에게 전달토록 했다.

그런데 정유년 1월 21일 도체찰사 이원익의 장계에 이미 가토 기요마사가 1월 13일 2백여 척을 이끌고 다대포에 도달했다는 내용이 있었다.[66] 선조는 격노했고, 이 모든 죄가 해로를 차단하지 않은 이순신에게 있다고 단정했다. 급기야 이순신의 파직과 처벌을 논의하기에 이르렀다.

바로 이때(22일) 전라 병사 원균의 장계가 조정에 이르렀다. 자신이 부산 앞바다로 나가 가토 기요마사를 잡겠다는 내용이었다. 선조와 이순신의 사이를 파고드는 모함의 장계였다. 급기야 이순신은 파직되고, 원균이 통제사가 되었다. 하지만 불과 다섯 달 후 칠천량에서 패함으로 원균은 최후를 맞았다. 분노가 부른 모함, 모함이 부른 죽음의 장계였다.

66 『선조실록』 권84, 30년 1월 21일(임자)

사료에 기록된
원균의 분노

원균의 장계와 이순신의 파직

정유년 1월 22일 전라도 병마절도사 원균의 서장이 도착했다.

"신이 사졸에 앞장서서 일거에 일본군을 섬멸하려 합니다. (중략) 신의 어리석은 생각에는 수백 명의 수군으로 영등포 앞으로 나가 몰래 가덕도 뒤에 주둔하면서 경선을 가려 뽑아 삼삼오오 짝을 지어 절영도 밖에서 무위를 떨치고, 1백여 명이나 2백 명씩 대해에서 위세를 떨치면 가토 기요마사는 평소 수전이 불리한 것에 겁을 먹고 있었으니 군사를 거두어 돌아가리라 생각됩니다. (중략) 이는 신이 쉽게 말하는 것이 아니라 전에 바다를 지키고 있어서 이런 일을 잘 알기 때문에 이제 감히 잠자코 있을 수가 없어 우러러 아룁니다."[67]

원균은 이 서장에서 선조의 해로 차단 작전을 지지하여 자신이 앞장서서 가토 기요마사 군을 일거에 물리치겠다고 했다. 여기서 '잠자코 있을 수가 없어'라는 뜻은 이순신이 해로 차단을 못 하고 있으니 경상 우

---

67 『선조실록』 권84, 30년 1월 22일(계축)

수사를 지낸 자신이 나가겠다는 뜻이다. 때마침 도착한 원균의 장계는 선조가 원하는 맞춤형 대안이 되었다.

선조는 장계를 받은 지 닷새만인 27일 전라도 병마절도사 원균을 경상 우수사로 기용했고,[68] 바로 다음 날 원균을 경상 우수사 겸 경상도 통제사로 삼았다.[69] 그리고 열흘도 지나지 않은 2월 6일 김홍미에게 전교해 이순신을 잡아 오도록 명하고, 원균이 교대하여 삼도 수군통제사의 임무를 맡도록 했다.

"선전관에게 표신과 밀부를 보내 이순신을 잡아 오도록 하고, 원균과 교대한 뒤에 잡아 올 것으로 말해 보내라. 또 이순신이 만약 군사를 거느리고 적과 대치하여 있다면 잡아 오기에 온당하지 못할 것이니 전투가 끝난 틈을 타서 잡아 올 것도 말해 보내라."[70]

이 상황에 대한 『임진왜란 해전사』의 저자 해군사관학교 이민웅 교수의 견해다.

"원균이 이 주장을 편 것은 이순신의 파직과 처벌이 논의되던 시점이었기 때문에 자신이 통제사로 임명된 것과 무관하다고 볼 수 없다."[71]

결과적으로 원균이 통제사가 되는 데 결정적 역할을 한 이 장계는 이순신과의 경쟁과 갈등, 증오와 분노로 인한 모함이었다는 합리적 의심에서 벗어날 수 없다.

---

68 위와 같은 책, 1월 27일(무오)

69 『선조실록』 권84, 30년 1월 28일(기미)

70 『선조실록』 권85, 30년 2월 6일(정묘)

71 이민웅, 『임진왜란 해전사』, 청어람미디어, 2004, 198쪽

원균의 해로 차단 전략은 고니시와 닮은꼴

정유년 1월 19일 고니시 유키나가의 계략이 담긴 김응서의 서장과[72] 22일 전라병사 원균의 전략이 담긴 서장[73]에서 그 유사점을 비교해본다.

김응서가 올린 고니시의 계략	원균이 올린 장계의 전략	유사점
수군이 속히 거제도에 나아가 정박하였다가	수군으로 영등포 앞으로 나가 몰래 가덕도 뒤에 주둔하면서	영등포·가덕도는 거제도와 동일 지역
전함 50척을 급히 기장 부근에 정박시켰다가 좌도 수군과 합세, 결진하고 혹 5~6척이 부산의 서로 바라다보이는 곳에서 왕래하면	경선(輕船)을 가려 뽑아 삼삼오오 짝을 지어 절영도 밖에서 무위를 떨치고, 1백여 명이나 2백 명씩 대해에서 위세를 떨치면	'삼삼오오 짝을 지어'와 '5~6척'이 유사 '대해에서 위세를 떨치면'은 '서로 바라다보이는 곳에서 왕래하면'과 유사
청정(淸正)이 반드시 의심하여	청정(淸正)은 평소 수전(水戰)이 불리한 것에 겁을 먹고	'불리한 것에 겁을 먹고'는 '반드시 의심하여'와 유사
바다를 통과하지 못하고 지체하는 사이에	군사를 거두어 돌아갈 것으로	'거두어 돌아갈 것으로'는 '통과하지 못하고 지체하는 사이'와 유사

이상 두 장계를 비교했을 때 원균이 올렸던 해로 차단 전략은 독창적 전략이라기보다 적장 고니시 유키나가의 계략을 옮긴 것에 불과했다. 원균 자신의 확고부동한 전략이었다면 통제사가 되자마자 손바닥 뒤집듯 수륙 합동작전으로 바꿀 수는 없는 일이었다. 결과적으로 원균은 이순신이 선조의 해로 차단 작전 명령을 지체한 것으로 파직의 위기에 몰렸을 때 해로 차단 작전을 지지하는 장계를 올려 통제사 자리를 차지한 것이다.

---

72 『선조실록』 권84, 30년 1월 19일(경술)

73 위와 같은 책, 1월 22일(계축)

원균의 장계가 이순신을 모함하기 위한 것이 아니라는 주장도 있으나 실록을 쓰는 사관도 당사자인 이순신도 원균에게 모함당했다고 판단했다.

"원균이라는 사람은 원래 거칠고 사나운 하나의 무지한 위인으로서 당초 이순신과 공로 다툼을 하면서 백방으로 상대를 모함하여 결국 이순신을 몰아내고 자신이 그 자리에 앉았기 때문이다."[74]

"원균이 온갖 계략을 꾸려 나를 모함하려 하니 이 또한 운수로다. 뇌물로 실어 보내는 짐이 서울 길을 연잇고 나를 헐뜯는 것이 날로 심하니 스스로 때를 못 만난 것을 한탄할 따름이다."[75]

원균의 모함과 폄훼가 진행형이라는 것이다. 원균이 만세의 원수를 갚겠다고 올렸던 장계는 나라에 대한 충정보다 자신의 사욕을 위해 이순신을 모함했다는 혐의를 피할 수 없다.

통제사에 오른 원균의 변심

선조의 절대적 신임으로 2대 삼도 수군통제사에 오른 원균은 막상 통제사가 되고 나니 '해로 차단 작전'이 어렵다는 것, 전임 통제사 이순신이 주장했던 '수륙 합동작전'이 옳았다는 것을 깨달았다. 원균은 마음을 바꿔 조정에 부산 앞바다로 출동하기 전에 안골포·가덕도 등의 복병을 육군이 먼저 처치해 달라고 요청했다.

3월 29일 전라 좌수사 원균이 올린 장계다.

---

74 『선조실록』 권99, 31년 4월 2일(병진)

75 이순신, 『난중일기』 정유년(Ⅰ) 5월 8일, 노승석 옮김, 여해, 2014

"신이 해진에 부임한 이후 가덕도·안골포·죽도·부산을 드나드는 적들이 서로 거리가 가까워서 서로 기대고 있는 것 같으나 그 수가 수만에 불과하니 병력도 외로운 듯하고 형세도 약합니다. 그중 안골포·가덕도 두 곳의 적은 3천~4천도 차지 않으니 형세가 매우 고단합니다. 만약 육군이 몰아친다면 수군의 섬멸은 대쪽을 쪼개듯이 쉬울 것이요, 그 뒤로 우리 군사가 전진하여 장수포 등에 진을 친다면 조금도 뒤를 돌아볼 염려가 없게 됩니다."[76]

통제사가 되자 말을 바꾸는 원균의 태도에 직속상관인 도원수 권율, 도체찰사 이원익이 분노하며 원래 원균의 주장대로 해로 차단 작전을 이행할 것을 지시했다.

원균은 또다시 도원수와 도체찰사를 건너뛰고 직접 조정에 치계하여 수륙 합동작전을 윤허해주기를 요청했다. 6월 11일 원균이 다시 올린 내용을 요약하면 다음과 같다.

"신의 계책으로는 반드시 수륙으로 병진하여 안골포의 적을 도모한 연후에야 차단할 방도가 생겨 회복하는 형세를 십분 우리에게 유리하게 전개할 수 있으리라 여겨집니다. 조정에서도 방도를 강구하지 않는 것은 아니겠으나, 신이 변방에 있으면서 적을 헤아려 보건대 금일의 계책은 이보다 나은 것이 없으니 조정이 각별히 처치하여 속히 지휘하게 하소서."

이에 대해 비변사는 원균의 뜻이 도원수와 체찰사의 뜻과 다른 것 같

76 『선조실록』 권87, 30년 4월 19일(기묘)

으니 이 내용을 도원수와 체찰사도 공유하면 좋겠다고 건의하자 선조가 윤허했다.

비변사가 "원균의 뜻은 반드시 육군이 먼저 안골포와 가덕도의 적을 공격해야 한다는 것이고, 도원수와 체찰사의 뜻은 그렇지 않아 수군을 나누어 다대포 등지를 왕래시키면서 해양에서 요격하려는 계획입니다. 여러 장수의 계책을 하나로 결정하여 처리해야지 서로 달라서 기회를 잃게 해서는 안 됩니다. 도원수가 진공을 어렵게 여기는 것이 또한 반드시 소견이 있을 듯합니다. 대저 군중의 일을 제어하는 권한이 체찰사와 도원수에게 있으니, 제장으로서는 품하여 지휘를 받아서 진퇴하는 것이 마땅한데도 근일 남쪽의 장수들이 조정에 처치해 달라고 자청하는 일이 다반사여서 체통을 유지시키는 뜻이 도무지 없습니다. 위의 사연을 도체찰사와 도원수에게 모두 하유하는 것이 어떻겠습니까" 하니 임금이 윤허하였다.[77]

사정이 이런데도 원균은 계속하여 수륙 합동작전을 주장하며 나가지 않으니 6월 28일 권율이 장계를 올렸다.

"통제사 원균은 매양 육로에서 먼저 안골포 등의 적을 치라고 미루면서 바다로 나가 적을 막을 생각이 없으니 신은 분한 마음을 이기지 못하겠습니다. 그래서 혹은 전령으로, 혹은 돌려보내면서 호되게 나무랐고, 세 번이나 도체찰사에게 군관을 보내기까지 하였습니다. 그리하여 남

77 『선조실록』 권89, 30년 6월 11일(경오)

이공이 또한 체찰의 명을 받들고 한산도에 들어가 앉아서 독촉하고서야 부득이한 나머지 18일에 비로소 전선을 출발시켜 크고 작은 배 1백여 척이 가덕도 앞바다를 향했으니 이는 남이공의 힘이었지 어찌 원균의 마음이었겠습니까. 비록 그렇긴 하나 이런 식으로 계속 번갈아 교대하며 뒤에 오는 자가 나아가고 앞에 간 자가 돌아오면 그곳의 적들이 의심하고 두려워하여 감히 바다를 건너지 못할 것이고 혹시 돛을 달더라도 파두波頭에 부서질 것이니 이곳에 있는 적들의 형세가 고단해지고 양식이 떨어져 진퇴가 궁색해질 것입니다. 이러할 때를 당하여 명군의 힘을 합쳐 진격해 들어가면 어찌 되지 않을 리가 있겠습니까. 신은 우선 사천에 머물면서 해상의 소식을 기다리겠습니다."[78]

이 장계를 받은 선조도 급기야 원균에게 분노를 폭발했다. 7월 10일 선조의 하명이다.

"만일 원균이 전일과 같이 후퇴하여 적을 놓아준다면 나라에는 법이 있고, 나 역시 사사로이 용서하지 않을 것이다."[79]

여기서 '전일과 같이 적을 놓아준다면'은 6월 18일 출동했던 2차 안골포 해전을 말한다. 원균은 하루 동안 접전 후 바로 한산도에 귀환했으나 조정에서는 안골포의 전력이 강하지 않으므로 계속 공격할 것을 주문했다. 그러나 원균이 이를 무시하고 출전을 회피했다는 것이다. 이 사실을 알게 된 선조가 다음에 출전할 때도 후퇴하여 적을 놓아준다면 용서하지 않겠다고 질책한 것이다.

78 『선조실록』 권89, 30년 6월 28일(정해)

79 『선조실록』 권90, 30년 7월 10일(기해)

2차 안골포 해전은 원균이 통제사가 된 뒤 3월의 기문포 해전에 이어 두 번째로 지휘한 해전이다. 적선 2척을 노획하여 승리한 해전으로 보이지만 이 전투에서 보성군수 안홍국이 철환에 맞아 전사하고, 평산포 만호 김축이 다쳤다.[80]

원균이 고집했던 수륙 합동작전 주장에 대해 『원균 평전』의 저자 김인호의 언급이다.

"원균은 이순신과 전공을 다투는 라이벌이었고, 누구보다 먼저 해로 차단 작전을 주창했다. 조정의 명장 찬사에 눈이 멀어 잠시 해로 차단 작전을 주창한 것이 이제 통제사가 되니 족쇄가 되었다. 원균은 자신이 선택한 일생일대의 실수, 해로 차단 장계에 대한 회한도 컸을 것이다."[81]

결과적으로 원균은 실현 불가능한 수군의 해로 차단을 주청하여 통제사에 올랐기 때문에 임금을 기만하고, 이순신을 모함했다는 혐의를 피할 수 없다.

원균의 본심을 드러내다

원균의 분노는 후배에게 추월당한 모멸감, 자신이 부족한 존재임을 인식하는 수치심이다. 애초 원균은 자신이 이순신보다 월등한 존재라고 인식했을 것이고, 감히 비교조차 할 수 없는 대선배의 자존심이 있었을 것이다. 그런데도 사사건건 이순신과 비교되며 뒤처지자 수치심이 분노로 변해버렸다. 대표적인 예가 신설된 삼도 수군통제사에 이순신

---

80 제장명, "정유재란 시기 해전과 조선 수군 운용" 부산대, 2014년, 75~76쪽

81 김인호 『원균 평전』 평택문화원, 2014. 195쪽

이 제수되고, 자신은 탈락한 것이었다.

절치부심하던 원균이 마침내 2대 삼도 수군통제사가 된 후 자기의 본심을 드러내는 사료가 안방준安邦俊의 『은봉전서』에 실려있다.

"원균은 나의 중부仲父 안중홍安重洪[82]의 처 원씨의 친족이다. 그가 통제사로 부임하던 날 중부를 찾아와 인사하고 말하기를 '나는 이 직책이 영광스러운 것이 아니라 오직 이순신에게 치욕을 갚은 것이 통쾌합니다' 하였다. 중부께서 말하기를 '영공(원균)이 적을 격파하는데 마음을 다하여 공업이 이순신보다 두드러질 수 있다면 치욕을 씻었다고 할 수 있겠지만 한갓 이순신을 갈아치운 것으로 통쾌하다고 여기면 어찌 치욕을 씻었다고 말할 수 있겠는가' 하니 원균이 대답하기를 '나는 적을 만나 싸울 때 거리가 멀면 편전을 쓰고, 가까우면 장전을 쓰며, 육박전이 벌어지면 칼을 사용하고, 칼이 부러지면 정(기름을 칠한 곤봉)으로 싸우니 이기지 못할 리 없습니다' 하였다. 중부는 쓴웃음을 지으며 말하기를 '대장이 되어서 칼과 정까지 사용한다면 옳겠는가' 하였다. 원균이 돌아가자 중부께서 나에게 이르기를 '원균의 사람됨을 보니 큰일을 하기는 글렀다. 조괄과 기겁도[83] 필시 이와 같지는 않을 것이다' 하고 오래도록 탄식하였다. 남쪽의 사람들은 지금도 이 일을 말하면 팔뚝을 걷고 분통해 하지 않음이 없다."[84]

안방준은 어떤 인물이었을까. 원균의 이순신에 대한 본마음을 적나

---

82 동암처사라 불렸다. 후에 효행으로 헌릉참봉(獻陵參奉)에 제수되었다.

83 조괄(趙括)은 중국 전국시대 조(趙)나라 장수, 기겁(騎劫)은 전국시대 연(燕)나라 장수

84 안방준, 『국역 은봉전서』 권8, 「白沙論壬辰諸將士辨」, 안동교 역, 보성문화원 2002, 403~404쪽

라하게 전하고 있지만, 야사의 한 부분이라서 옮겨 적기가 조심스럽다. 혹여 당파에 연루된 의도적 기술이 아닐까 심히 염려스럽기 때문이다. 그러나 안방준이 서인에 속했던 인물인 것으로 보아 사심 없이 기술한 내용이 아닐까 한다. 안방준의 본관은 죽산이며 자는 사언, 호는 은봉이다. 보성 출신으로 아버지는 첨지중추부사를 지낸 안중관이다. 1591년(선조 24) 서인인 성혼의 문인이 되었고, 정철·조헌 등의 문하에 출입하면서 일찍부터 서인 편에 서게 되었다. 일찍이 성리학에 전념하여 호남 지방에서 명성을 떨쳤다. 정몽주와 조헌을 숭배해 정몽주의 포은圃隱에서 은隱, 조헌의 중봉重峯에서 봉峯을 따서 자신의 호를 은봉隱峯이라 하였다.[85]

분노 관리 전문가 로널드 T. 에프론 박사는 "수치심에서 비롯된 분노를 촉발하는 것은 외적인 요인이 아니라 내적인 요인이다. 수치심에서 비롯된 분노는 위험할 수 있으며 때로는 치명적이기까지 하다. 살인보다 사람에게 상처와 감정적 탈진 상태를 남기고 가는 경우가 더 많다."[86]라고 했다.

과연 쌓이고 쌓인 원균의 내적 수치심이 이순신을 향해 집요하게 분노했던 이유였을 것이다. 자신이 무시당했다는 확신이 들면 자기 자신은 물론 다른 동료나 부하들 보기도 창피하고 부끄럽다. 자기 능력을 인정해주지 않는 현실에 분노하지 않을 수 없다.

85 『한국민족대백과사전』 '안방준' 한국학중앙연구원

86 Ronald T. Potter-Efron, 『A Step-by-Step Guide to Over coming Explosive Anger』(욱하는 성질 죽이기), 전승로 옮김, 다연, 2019. 74쪽

6장

원균의 분노
결과-자승자박

분노의 곤장, 울분의 출동
스스로 판 묘혈

정유년 7월 11일 통제사 원균은 도원수 권율로부터 곤양(경남 사천)으로 출두하라는 명을 받았다. 권율은 출두한 원균에게 8~9일 부산 근해 절영도로 출동했을 때 휘하인 충청 수사와 전라 우수사만 내보내고[87] 본인은 나가지 않은 것을 문책하고 곤장을 쳤다. 다시 출동하라는 권율의 독촉에 원균은 "장졸들이 휴식을 취할 필요가 있고, 장마가 시작됐기 때문에 장마가 그치면 출동하겠다"라고 했지만, 권율은 받아들이지 않았다. 직속상관에게 곤장까지 맞은 원균은 분하고 억울한 마음을 품고 한산도로 돌아왔다.[88]

권율은 왜 원균에게 곤장까지 쳤을까? 아무리 도원수라 해도 수군 최고 지휘관의 자존심을 짓밟고 인간적 수치심을 유발한 지나친 면이 있다.

하지만 권율에겐 곤장을 칠 수밖에 없는 이유가 있었다. 원균의 정직하지 못한 행동과 지휘체계를 무시하는 행태에 분노가 머리끝까지 차

---

87 제장명, "정유재란 시기 해전과 조선 수군 운용" 부산대, 2014년, 76쪽

88 위 논문, 81쪽

있었기 때문이다. 왜냐하면 당시 이순신이 통제사에서 파직된 후에도 일본군은 3월 도해설, 5월 도해설, 6~7월 도해설 등을 흘리며 조선 수군의 부산 진공을 유도했고, 이에 말려든 조정에서는 수군의 부산 진공을 지시했다.[89] 그러나 통제사 원균은 수륙 합동작전을 주장하고, 도체찰사 이원익과 도원수 권율은 수군의 해로 차단 작전을 주장하며 갈등을 빚었다.

　선조실록과 이순신의 난중일기에 나타난 당시의 상황이다.

　3월 29일 전라 좌수사 겸 통제사가 된 원균이 장계를 올려 수륙 양군의 동시 출병을 요청했다. 육군이 안골포·가덕도의 왜적을 쳐준 다음에야 다대포·서평포 등 부산 근해로 나갈 수 있으니 조정에서 속히 선처해달라는 내용이었다.[90]

　4월 22일 비변사가 "원균의 생각과 권율·이원익의 생각이 다르니 원균이 올린 장계 내용을 이원익과 권율에게 내려보내 다시 검토하여 처리하는 것이 좋겠다"라고 하자 선조가 허용했다.

　5월 8일 도원수 권율이 비밀 장계 한 통을 올렸다. 그 내용은 "안골포와 가덕도의 적세가 고단한 것은 원균이 말한 바와 같으나 섣불리 싸우는 것은 옳지 않다"라는 것이었다.[91] 원균의 수륙 합동작전은 안된다는 의견이었다.

　6월 10일 도체찰사 우의정 이원익도 장계를 올렸다. 그 내용은 "오는

89　위 논문, 79쪽

90　『선조실록』 권87, 30년 4월 19일(기묘)

91　『선조실록』 권88, 30년 5월 8일(무술)

적을 막아 죽이는 것은 오직 수군만을 믿고 있는데 근일에는 수군이 한 번도 해양에 나아가지 않아 매우 염려된다"라는 것이고, "안골포 등지에 왜적이 있으나 수군의 선박으로 배후를 도모할 계책을 세울 수 있고, 바다를 건너오는 적이 있더라도 해양의 선박으로 즉시 처치케 할 수 있다"[92] 는 것이다. 원균이 해로를 차단할 수 있다는 의견이었다.

6월 11일 원균이 다시 장계를 올렸다. "반드시 수륙으로 병진하여 안골포의 적을 도모한 연후에야 해로를 차단할 수 있으며 이보다 나은 계책이 없으니 조정에서 처치하여 속히 지휘하게 해달라"는 것이었다.

이번에도 비변사의 의견은 전과 같았다. 즉 "도원수가 진공을 어렵게 여기는 것 또한 반드시 소견이 있을 듯하니 원균의 사연을 도체찰사와 도원수에게 모두 알리는 게 좋겠다"라는 것이었다.[93]

이렇게 하여 원균의 장계는 일주일 후 도원수 권율에게 전달되었고, 권율 밑에서 백의종군하던 이순신에게까지 알려졌다.

이순신은 6월 17일 난중일기에 "도원수가 원균의 정직하지 못한 점을 많이 말했고, 원균의 장계와 도원수의 장계를 모두 보여줬다"라고 기록했다.

원균은 삼도 수군통제사에 오르자마자 자신이 주장했던 해로 차단 작전을 버리고, 수륙 합동작전을 주장했다. 권율은 도원수인 자신의 의견을 무시하고 원균이 조정에 또 장계를 올리자 분노가 폭발했다. 권율은 문과 출신인데다 영의정을 세 차례나 지낸 권철權轍의 아들이었다.

---

92 『선조실록』 권89, 30년 6월 10일(기사)
93 위와 같은 책, 6월 11일(경오)

원균의 직속상관이고 나이도 세 살이나 많았으니 곤장을 치는데 거칠 것이 없었다.

하지만 분한 마음을 품고 돌아온 원균은 모든 군선과 군사를 이끌고 부산 앞바다로 출동했다. 원균이 출동을 단행한 날은 7월 13일로 보인 다. 그리고 16일 칠천량에서 운명의 날을 맞게 된다.

이날 백의종군 중인 이순신을 찾아온 노비 세남이 8일부터 9일까지 있었던 소식을 전했다. 난중일기의 내용이다.

"세남이 말하길 '부산의 절영도 바깥 바다로 향했습니다. 때마침 대마 도에서 건너오는 적선이 무려 1천여 척인데 왜선이 어지러이 흩어져 회 피하므로 끝내 잡을 수 없었습니다. 제가 탄 배와 다른 배 6척은 배를 제 어하지 못하고 서생포 앞바다까지 표류하여 뭍에 오르려고 할 즈음에 모 두 살육을 당하고, 저만 혼자 수풀 속으로 기어들어 목숨을 건져 간신히 여기에 왔습니다'라고 하였다. 듣고 보니 참으로 놀라운 일이다. 우리나 라에서 믿는 바는 오직 수군에 있었는데 수군이 이와 같으니 또다시 가 망이 없을 것이다. 거듭 생각할수록 분하여 간담이 찢어지는 것 같다."[94]

원균이 무리하게 나갈 일이 아니었다. 아직도 그 바다에는 부산 근해 절영도 출동에서 맞닥뜨렸던 1천여 척의 적선이 있을 것이고, 도망치듯 돌아온 군사들의 피로와 탈진은 아직 가시지도 못했을 것이다. 이대로 또다시 출동하면 패할 것이 불을 보듯 뻔한 상황이다. 홧김에 출동하는 것은 짚을 지고 불구덩이 속으로 뛰어드는 것과 같은 미친 짓이었다. 아

94　이순신, 『난중일기』 정유(1) 7월 16일, 노승석 옮김, 여해, 2014

무리 도원수가 독촉하고 곤장을 쳤다 해도 통제사 원균에겐 수많은 부하의 생명과 수군의 존폐가 걸려있다. 현장 지휘관의 냉철한 판단이 필요한 순간이었으나 분노의 출동에 정보나 작전 따위는 고려되지 않았다.

7월 16일 칠천량 해전, 이 한 번의 싸움으로 조선 수군은 완전히 궤멸당했다. 통제사 원균, 전라 우수사 이억기, 충청수사 최호 등 수뇌부를 모두 잃었다. 이때 원균이 끌고 나간 전선 160여 척 중 경상 우수사 배설과 함께 도망친 10여 척을 빼고 거북선까지 모두 다 침몰하거나 실종되었다. 원균이 끌고 나간 군사 2만여 명 중 배설과 함께 도망친 1천여 명 외에는 모두 수장되거나 실종했다. 피해를 본 군선과 군사가 조선 수군 전체의 전력이었다.

7월 18일 이순신은 칠천량에서 수군이 궤멸당했다는 비보를 전해 들었다.

"새벽에 이덕필과 변홍달이 와서 말하기를 '16일 새벽에 수군이 기습을 받아 통제사 원균과 전라 우수사 이억기, 충청수사 최호 및 여러 장수가 피해를 보고 수군이 크게 패했다'라는 것이었다. 듣자 하니 통곡함을 참지 못했다. 얼마 뒤 원수가 와서 말하되 '일이 이미 여기까지 이르렀으니 어쩔 수 없다'라고 하면서 사시(오전 9~11시)까지 이야기를 나누었으나 마음을 정하지 못했다. 내가 직접 해안지방으로 가서 듣고 본 뒤에 방책을 정하겠다고 말하니 원수가 기뻐하기를 마지않았다."[95]

이 엄청난 패전에 대하여 임금 선조는 훗날 "이 일은 어찌 사람의 지

---

95 이순신, 『난중일기』 정유(1) 7월 18일, 노승석 옮김, 여해, 2014

혜만 잘못이겠는가? 천명이니 어찌하겠는가?"⁹⁶라고 했다. 원균의 잘못이 아니라 하늘의 뜻이라고 했다. 그리고 원균을 애써 영웅으로 칭하며 오히려 원균에게 출병을 독촉하여 죽음으로 몰아넣은 사람들이 있다며 도원수 권율 등을 비난했다. 이순신을 파직시키고 원균을 대신 기용했던 선조의 처지에서 원균에게 잘못을 돌릴 수가 없었다. 그건 선조 본인의 잘못이 되기 때문이다. 그렇다고 원균의 잘못이 없어지는 게 아니다. 악조건의 출동에 최종 의사결정권자는 원균 자신이었기 때문이다. 스스로 제 무덤을 판 원균이다.

---

96 『선조실록』 권90, 30년 7월 22일(신해)

라이벌 간 갈등과 분노
공멸의 비극

최전선 남해를 지키는 경상 우수사 원균과 전라 좌수사 이순신의 갈등에 선조의 실망이 컸다. 전장에 나선 장수들 간의 군공 경쟁과 갈등 분출은 어쩌면 필연적일지도 모른다. 두 장수를 평가하는 선조의 공정이 매우 중요했던 이유다. 그러나 선조는 이순신을 일방적으로 비난했고, 원균을 지나치게 비호했다.

장수 간 경쟁의식은 전쟁의 성과를 높이는 긍정적 요소가 될 수도 있다. 하지만 장수 간 경쟁에 임금의 편향이 노골화되면 이미 균형이 무너진 게임이 된다. 패자는 기울어진 운동장에서 싸우는 불리한 경쟁에 사기가 무너질 수 있다.

전쟁이 길어질수록 통제사 이순신에 대한 선조의 편증偏憎은 깊어지고, 원균에 대한 편애偏愛는 더해갔다. 라이벌 간 갈등과 증오에 임금의 오판과 분노가 더해지면서 원균이 지휘한 수군은 스스로 궤멸했다.

임진왜란 중 장수 간 갈등은 이순신과 원균 말고도 여러 경우가 있었다. 특히 경상좌병사 고언백과 경상좌방어사 김응서 간 불화가 그랬다.

도원수 권율의 장계다.

"김응서는 젊은 나이로 용맹이 있는 데다 왜인의 인심을 얻었고, 고언백은 군졸을 사랑으로 보살피며 또 훈련하는 일을 열심히 합니다. 다만 언백과 응서가 서로 좋아하지 않아 사사건건 의견을 달리하는 사이인데 한 지방을 같이 지키면서 벼슬의 등급이 종2품으로 동등하므로 조금도 굽히려 하지 않아 서로 겨루고 힐책을 한 적이 한두 번이 아닙니다. 나중에 전쟁에 임했을 때 협력을 하지 않을뿐더러 서로 구원해 주지도 않을 염려가 있을 듯합니다."[97]

권율은 두 달 후에도 같은 내용의 장계를 올렸다.

"모든 장수가 화목하지 못한 것이 참으로 작은 걱정이 아닙니다. 일찍이 이 뜻을 아뢰었으므로 여러 번 간곡하신 전교가 내렸고, 신도 반복해서 타일렀더니 고언백과 김응서 등이 비록 전의 유감을 다 풀지는 못했으나 서로 맹세하며 협동하기로 기약했었습니다. 이제 들으니 원한이 전보다 심해져서 서로 해를 당하지 않을까 의심까지 한다고 합니다. 그렇다면 비록 적병이 쳐들어오더라도 반드시 힘을 합쳐 막아내려 하지 않을 것이니 어떻게 패배가 없을 것을 바라겠습니까. 고언백은 응서의 공이 허위라 하고, 응서는 언백의 싸움이 거짓이라 하여 각기 신에게 보고하니 신같이 용렬한 사람으로서는 결코 화해시키기가 어렵습니다. 조정에서 서둘러 잘 처리하소서."[98]

경상우병사 박진과 충용장 김덕령의 불화도 심각했다.

---

97 『선조실록』 권52, 27년 6월 4일(신해)

98 『선조실록』 권54, 27년 8월 9일(갑인)

류성룡이 아뢰기를 "신이 서성의 서신을 보았는데 대개는 김응서와 고언백이 서로 싫어하고, 박진과 김덕령도 화목하지 못하다는 것입니다" 하니 선조가 이르기를 "변장들이 매우 그르다. 전 일에 저들이 스스로 말하기를 이제부터는 손을 잡고 서로 좋게 지내고, 다시는 전과 같이 서로 미워하지 않을 것이라고 하였는데 이제 또 이러하면 군상을 속인 죄를 면할 수 없을 것이다" 하였다.[99]

이처럼 전장의 장수 간 여러 불화가 있었으나 특별히 이순신과 원균의 갈등을 강조하는 것은 그것이 조선의 운명을 가를 정도로 심각했기 때문이다. 선조실록, 선조수정실록, 징비록, 난중일기 등에 그 모습이 등장한다. 그러나 아무리 장수 간에 모함하고 시기해도 어차피 임금의 신하였고, 이에 대한 시비의 판단은 임금의 역량에 달려있다.

리더의 공정한 인사, 공정한 신상, 공정한 필벌이 이루어져야 하는 이유다. 내편 네편 가리지 않고 오직 그 일을 잘할 수 있는 이를 기용하는 인사 원칙을 지켜야 한다. 또 벌줄 사람에게 상을 주고, 상 줄 사람에게 벌을 주는 것이 아니라 상 줄 사람에게 후히 상을 주고, 벌 줄 사람에게 엄히 벌을 주는 신상필벌의 원칙이 지켜져야 한다.

그러나 선조는 일방적으로 원균을 비호하고, 이순신을 비난했다. 그런데도 원균은 왜 이순신을 증오하고 분노했을까. 세 사람 간 얽히고설킨 운명의 실타래였을까.

선조는 태생적 열등감에다 전란 후에 생성된 자괴감과 자존감 상실

---

99 『선조실록』 권54, 27년 8월 21일(병인)

이, 원균은 새카만 후배에게 비교당하고 밀려나는 수치심과 자존감 상실이, 이순신은 자신의 충심이 외면당하고 버림당하는 배신감과 자존감의 상실이 있었다. 각자의 의식 속에 자리 잡은 잠재된 분노가 부지불식간 터져 나왔다. 특별히 라이벌 간 분노는 자존감이 무너질 때 최고치에 이른다. 원균의 분노는 이순신의 분노가 되고, 선조의 분노가 되었다. 라이벌 간 벌이는 군공의 갈등과 분노는 공멸의 비극이었다.

최악의 논공행상

임진왜란이 끝나고 공신 책봉이 본격 논의되었다. 공신 선정은 1601년(선조 34년) 2월부터[100] 1604년 6월까지 무려 3년여 세월이 걸렸다. 오랜 논란 끝에 마침내 부문별 공신을 선정하여 대대적으로 봉했다.

한성에서 의주까지 시종 거가를 따른 사람은 호성공신扈聖功臣으로 모두 86명을 3등급으로 나누었다. 일본군을 무찌른 장수와 명에 군사와 양곡을 주청한 사신들은 선무공신宣武功臣으로 모두 18명을 3등급으로 나누었다. 전란 중 이몽학의 난을 토벌하여 평정한 사람은 청난공신淸難功臣으로 모두 5명을 3등급으로 나누어 녹훈하였다.[101]

호성공신 1등은 이항복과 정곤수, 2등은 신성군 이후·정원군 이부·이원익·윤두수·심우승·이호민·윤근수·류성룡·김응남·이산보·유근·이충원·홍진·이괵·유영경·이유징·박동량·심대·박숭원·정희번·이광정·최흥원·심충겸·윤자신·한연·해풍군 이기·순의군 이경온·순령군 이경검·신잡·안황·구성 등 31명, 3등은 정탁 등 53명으로 모두 86명이

100 『선조실록』 권134, 34년 2월 22일(신묘)
101 『선조실록』 권175, 37년 6월 25일(갑진)

었다. 이 중 내시가 24명이나 되었다.

선무공신 1등은 이순신·권율·원균 등 3명, 2등은 신점·권응수·김시민·이정암·이억기 등 5명, 3등은 정기원·권협·유사원·고언백·이광악·조경·권준·이순신李純信·기효근·이운룡 등 10명으로 모두 18명이었다. 이 중 신점과 정기원·권협·유사원은 문신으로 명나라에 지원을 요청한 공로로 녹훈되었다. 순수한 무장은 14명뿐이다.

청난공신 1등은 홍가신, 2등은 박명현·최호, 3등은 신경행·임득의 등 모두 5명이다.

임진왜란 7년 동안 많은 이가 목숨을 바쳐 충성을 다했으니 대대적으로 공신을 책봉하는 것이 마땅했다. 그러나 논공행상에 있어서 공이 없는데도 상을 받아 이름이 있게 되면 위에는 상을 분수 넘치게 주었다는 비난이 있게 되고, 아래에는 외람되이 상을 받았다는 죄가 따르기 마련이다.[102] 공정한 포상이 이루어지지 않을 때 큰 비난을 받는 이유다. 이번 공신 책봉이 그랬다. 최악의 논공행상이라 평가받는 몇 가지 이유를 살펴본다.

첫째, 선무공신보다 호성공신이 훨씬 더 많았다.

선무공신은 18명밖에 되지 않았고, 더구나 직접 전투에 참여한 무장은 14명뿐이었다. 그러나 선조를 호종했던 호성공신은 86명에 달했고, 이 중 임금을 수발하는 내시와 말잡이 등이 거의 절반이었다. 목숨 바쳐 싸운 무신보다 도망가는 왕을 보필했던 문신들이 훨씬 더 많은 것이다.

---

102 『선조실록』 권180, 37년 10월 29일(을해)

피난길에 임금을 모시느라 고생이 많았다고 해도 전장에서 목숨 바쳐 싸웠던 무장에 비할 수 있겠는가? 나라와 민족을 위한 충성보다 선조 개인에 대한 충성도가 더 중요했다는 뜻이다.

선조는 호성공신의 수가 압도적으로 많은 이유를 이렇게 강조했다.

"중국 군대가 지원군을 보낸 이유가 무엇인가. 모두 과인을 호종한 신하들 덕분이 아닌가. 이들이 위험을 무릅쓰고 나를 따라 의주까지 가서 중국에 호소했기 때문이다. 그 덕분에 왜적을 토벌하고 강토를 회복하게 된 것이다."[103]

명군을 불러온 선조 자신이 최대 공로자라는 것이다. 그러나 역사를 기록하는 사관의 논조는 냉담했다.

"태조께서 나라를 개국할 때도 태조를 도와 공을 세운 사람 가운데 기록할 만한 사람이 어찌 적었겠는가. 그런데도 개국 공신이 30여 인에 불과했다. 더구나 천역을 맡은 자나 내시가 그 가운데 끼어 있었다는 말은 들어보지 못했다. 지금 이 호성공신·선무공신은 그 숫자가 1백 4인이나 되고 심지어는 말고삐를 잡는 천례와 명을 전달하는 내시까지 모두 거두어들여 외람되이 기록하였으니 후세의 비웃음을 남긴 것이 극에 달하였다. 일을 담당한 신하와 관원은 그 책임을 면할 수 없을 것이다."[104]

둘째, 패장 원균이 승장 이순신·권율과 같은 선무공신 1등이었다.

선무공신 1등은 이순신·권율·원균이었다. 문제는 과연 원균이 이순신

103 『선조실록』 권135, 34년 3월 14일(임자)
104 『선조실록』 권180, 37년 10월 29일(을해)

과 같은 1등의 녹훈을 받을 자격이 있는가다. 공신 책봉 당시의 기록도, 현재의 평가도 그렇지 않다. 애당초 원균은 2등 공신에 이름이 올라 있었다. 그러나 선조는 원균이 2등이라는 것에 불만을 표하며 1등으로 높일 것을 요구했다.

선조가 비망기로 이르기를 "원균을 2등에 녹공해 놓았다마는 적변이 발생했던 초기에 원균이 이순신에게 구원해 주기를 청했던 것이지 이순신이 자진해서 간 것이 아니었다. 왜적을 토벌할 적에 원균이 죽기로 결심하고서 매양 선봉이 되어 먼저 올라가 용맹을 떨쳤다. 승전하고 노획한 공이 이순신과 같았는데 그 노획한 적괴와 누선을 도리어 이순신에게 빼앗긴 것이다. 이순신을 대신하여 통제사가 되어서는 원균이 재삼 장계를 올려 부산 앞바다에 들어가 토벌할 수 없는 상황을 극력 진달했으나 비변사가 독촉하고 원수가 윽박지르자 원균은 반드시 패전할 것을 환히 알면서도 왜적을 공격하다가 드디어 전군이 패배하게 되자 그는 순국하고 말았다. 나는 원균이 지혜와 용기를 구비한 사람이라고 여겨 왔는데 애석하게도 그의 운명이 시기와 어긋나서 공도 이루지 못하고 일도 실패하여 그의 역량이 밝혀지지 못하고 말았다. 오늘날 공로를 논하는 마당에 도리어 2등에 두었으니 어찌 원통하지 않겠는가. 원균은 지하에서도 눈을 감지 못할 것이다" 하니 비변사가 회계하기를 "원균은 당초에 군사가 없는 장수로서 해상의 대전에 참여하였고, 뒤에는 주사를 패전시킨 과실이 있었으니 이순신·권율과는 같은 등급으로 할 수 없어서 낮추어 2등에 녹공했던 것인데 방금 성상의 분부를 받들었으니 올려서 1등에 넣겠습니다" 하였다.

원균이 1등 공신에 녹훈된 건 순전히 선조 덕분이다. 그렇다면 선조의 언급이 맞는 말인가. 사실은 그렇지 않다.

원균은 임진년 4월 일본군이 쳐들어왔을 때 스스로 군영을 불태우고 바다로 도망쳤다.[105] 원균이 지휘하는 경상우수영은 약 73척의 대선단을 보유한 조선 수군 최대의 군영이었다. 그러나 일본군이 쳐들어오자 겁을 먹고 군선·군량·군영을 다 버리고 겨우 판옥선 4~6척만 이끌고 이순신에게 합세했다. 이 때문에 이순신은 원균을 '부하가 없는 장수無軍將'라 했다.[106]

원균이 매번 선봉에서 싸웠다는 사실도 옳지 않다. 원균은 옥포해전을 제외하면 군사 없는 장수로서 작전을 지휘할 수 없었을뿐더러[107] 분기탱천하여 돌진만을 주장하다 병법에 맞지 않는 작전으로 앞서 나가지 못했다.[108]

또 순천향대 이순신연구소장 제장명 박사의 연구에 따르면 조선 수군이 싸운 전체 해전은 약 56회로 분류할 수 있다.[109] 이 중 29회는 이순신과 원균이 함께 싸운 연합작전이다. 이를 분류하여 이순신이 참전한 총횟수를 구분하면 연합작전 29회와 통제사로 지휘한 23회를 포함하여 52회다. 원균이 참전한 총횟수를 분리하면 연합작전 29회와 통제사로 지휘한 4회를 포함하여 총 33회이다. 물론 해전 횟수는 향후 연구에 따라 증가할 수도 있겠지만, 조선 수군은 일본 군선 약 7백 30척을 분멸시켰고, 조선 군

105 『선조실록』 권27, 25년 6월 28일(병진)

106 이순신, 『충민공계초』 「唐浦破倭兵狀」, 국립해양박물관 엮음, 민속원, 2017, 67쪽

107 이순신, 『임진장초』 「唐浦破倭兵狀」, 조성도 역, 연경문화사, 1984, 48쪽

108 류성룡, 『징비록』, 남윤수 역해, 하서출판사, 2003, 107쪽

109 제장명, 『이순신 파워인맥』 행복한 미래, 2018, 298-302쪽

선은 웅포 해전 시 자체 전복으로 1척,[110] 장문포 해전 시 야밤 기습으로 1척,[111] 노량해전 작전 시 4척, 모두 6척을 잃었다.

원균은 기록상 4전 2승 1무 1패였지만 괄목할 만한 승리가 없었을 뿐 아니라 네 차례 해전 모두 논란이 많았다. 3월 9일 기문포 해전은 왜군을 돌아가게 해주고는 뒤에서 공격해 3척을 격침했다. 아무리 적군이라도 파렴치한 행위였다는 비난이 일었고, 고성현령 조응도 등 장졸 10여 명이 사망했다.[112] 6월 18~19일 2차 안골포 해전 역시 일본군이 배를 버리고 해안으로 도망치는 바람에 2척을 노획했으나 보성군수 안흥국이 전사하고, 평산포 만호 김축이 중상을 당했다. 7월 8~9일 부산 근해(절영도 외양) 해전에서도 왜적 10여 척을 포획했으나[113] 우리 전선 5척이 두모포로 표류했고,[114] 7척은 서생포로 표류하여 일본군에게 모두 살육당했다.[115] 7월 16일 칠천량 해전은 설명이 필요 없는 대패였다.

원균은 네 차례 해전에서 약 30척의 일본 군선을 불태웠으나 무려 150여 척의 군선과 1만 8천여 군사를 잃었다.

칠천량에서 패배한 장수들의 징계를 청할 때 사신의 논평이 매우 신랄했다.

"한산의 패배에 대하여 원균은 책형磔刑을 받아야 하고, 다른 장졸들은 모두 죄가 없다."

110 이순신, 『임진장초』 「統船一艘傾覆後待罪狀」 조성도 역, 연경문화사, 1984.
111 『선조실록』 권57, 27년 11월 19일(계사) 6번째기사
112 제장명, "정유재란 시기 해전과 조선 수군 운용" 부산대, 2014년, 66쪽
113 『선조실록』 권90, 30년 7월 14일(계묘)
114 이순신, 『난중일기』 정유(1) 7월 14일, 노승석 옮김, 여해, 2014.
115 위와 같은 책, 정유년 7월 16일

선조가 신하들의 강력한 반대에도 불구하고 원균을 1등으로 고집했던 이유는 무엇일까. 원균이 훌륭한 장수가 되어야 자신의 판단이 옳았음을 증명하기 때문이다. 삼도 수군통제사 이순신을 파직시킨 이도 선조였고, 후임에 원균을 앉힌 이도 선조였다. 따라서 원균의 패배는 선조의 패배가 된다. 원균의 패배는 원균의 잘못이 아니어야 한다. 원균의 죽음도 다른 사람의 잘못이어야 했다. 실로 하늘이 그렇게 만든 것이어야 했다.

셋째, 의병장을 홀대하고 명군에게 공을 넘겼다.

임진년 4월 13일 일본군이 부산 절영도로 침략한 이후 육지의 관군은 연전연패 무너졌다. 대략 큰 전투만 보아도 4월 14일 부산진성을 필두로 4월 15일 동래성과 다대포진성, 4월 25일 상주, 4월 28일 충주, 5월 2일 한강 방어선, 6월 6일 용인, 6월 14일 평양성이 차례로 무너졌다. 임금 선조는 평양으로, 다시 의주로 도망쳤고, 군현의 수령들은 식솔들과 함께 도망가거나 산속으로 숨어들었다. 조선은 망해가는 나라 백척간두에 선 운명이었다.

천행으로 팔도에서 의병이 봉기하여 왜적들을 물리쳤다. 나라가 위기에 처하자 스스로 일어나 싸운 의로운 병사들이었다. 양반·천민 등 신분을 가리지 않고 참여했다. 대략 전투를 보면 5월 26일 의령 정암진에서 의병장 곽재우가 안코쿠지 에케이의 호남진출을 차단했다. 6월 6일 고령 의병장 정인홍이 무계에서, 7월 1일 금산성에서 의병장 고경명이, 7월 10일 거창 우척현에서 의병장 김면이 호남을 방어했다. 24일 의병장 권응수가 영천성을 수복했고, 8월 1일 의병장 조헌이 청주성을 탈환했다. 9월 2일 의병장 이정암이 연안성 전투에서 황해도 곡창지대 연백평야를 지켜냈고, 9월 16일 함경도 의병장 정문부가 경성에서 승리한 뒤 10월 30일 길주·장평(장덕산), 12월 10일 길주·쌍포, 다음 해 1월 28일 북관대첩에서 완벽한 승리로 가토 기요마사 군을 몰아내며 함경도를 탈환했다. 12월 11일 의병장 김천일 등이 오산 독산성 전투를 승리로 이끌었다.

명나라 지원군이 당도하기 이전부터 조선의 의병장들이 스스로 일본군을 물리치고 있었다. 선조는 임란 초 의병장들에게 관직을 제수하는 등 의병의 봉기를 크게 독려하며 그들을 의지했다. 임진년 6월 각지 의병장들에게 관직을 내리며 호소한 교서다.

> 김천일을 장악원정으로, 박성을 공조정랑으로, 윤경린을 가선대부 청주목사로, 정인홍을 진주목사로, 김억추를 통정대부 안주 목사로, 윤안성을 숙천부사로, 김경로를 김해부사로, 김면을 합천군수로, 정눌을 초계군수로, 곽재우를 유곡찰방으로 삼았다.[116]

그러나 기나긴 7년 전쟁이 끝난 뒤 선조는 목숨 걸고 나라를 지켰던 의병장들을 공신 책봉에서 홀대했다. 선무공신 18명에 주요 의병장들이 포함되지 않았다. 서산대사 휴정, 사명대사 유정 같은 승병장들은 물론 곽재우나 고경명·조헌·정문부 등도 모두 포함되지 않았다.

1601년(선조 34년) 3월 비변사에서 역전 장사의 녹훈에 대해 아뢸 때 선조는 의병장에 대해 한마디도 언급하지 않았다.

"이번 왜란의 적을 평정한 것은 오로지 명나라 군대의 힘이었고, 우리

---

116 『선조실록』 권27, 25년 6월 29일(정사)

나라 장수는 명나라 군대의 뒤를 따르거나 혹은 요행히 잔적의 머리를 얻었을 뿐으로 일찍이 제힘으로는 한 명의 적병을 베거나 하나의 적진을 함락하지 못하였다. 그중에서도 이순신과 원균 두 장수는 바다에서 적군을 섬멸하였고, 권율은 행주에서 승첩을 거두어 약간 나은 편이다."[117]

선조의 마음속에 의병장들의 활약은 잊힌 지 오래였다. 특별히 공신도 감이 의병들의 공로를 언급하며 곽재우의 논상을 건의할 때도 임금의 반응은 차라리 냉소적이었다.

공신도감이 이르기를 "의병들은 비록 크게 공을 세우지는 못하였으나 그 가운데에서 먼저 의병을 일으켜 한쪽 방면을 보전한 자는 불가불 논상하여야 합니다. 경상우도가 보전된 것은 실로 곽재우의 힘에 말미암은 것인데 이 사람은 어떻게 해야 합니까? 대개 녹훈을 마련할 때 호종에 대해서는 많게 하고 이들에게는 너무 소략하게 하였으므로 사람들이 실망할 뿐만 아니라 공로에 보답하고 뒷사람들을 권장함에서도 미안한 듯하기에 감히 여쭙니다" 하니 선조가 말하기를 "우리나라의 장수들이 왜적을 막는 것은 양을 몰아다가 호랑이와 싸우는 것과 같았다. 이순신과 원균의 해상전이 으뜸 공로고, 그 이외에는 권율의 행주 싸움과 권응수의 영천 수복이 조금 사람들의 뜻에 차며 그 나머지는 듣지 못하였다. 간혹 그 가운데에 잘하였다고 하는 자도 겨우 한 성을 지킨 것에 불과할 뿐이다" 라고 했다.[118]

117 『선조실록』 권135, 34년 3월 14일(임자)
118 『선조실록』 권159, 36년 2월 12일(기해)

선조는 자신이 언급한 자 이외는 듣지도 못했고, 알지도 못한다고 했다. 설령 있다고 해도 그래봤자 큰 공이 아니었다는 것이니 의병장들의 논상은 고려될 수 없었다. 의병장을 포함한 조선의 무장들의 공로는 철저히 과소평가했다. 오직 명나라의 지원을 불러온 선조 자신과 그런 임금을 호종한 신하들만 과대평가했다. 그렇지 않고서야 나라를 위기에 빠트리고 백성을 도탄에 밀어 넣은 임금이 '지성대의격천희운至誠大義格天熙運'[119](지성으로 대의를 실천하여 하늘을 감동시키고 국운을 밝혔다)이라는 최고의 존호를 받을 수 있는가. 의병장에 대한 공로는 버렸어도 자신의 존호는 챙겼으니 이 또한 '최악의 논공행상'의 한 부분이었다.

넷째, 12,530명에게 원종공신을 녹훈했다.

원종공신原從功臣은 정공신正功臣 외에 공을 세운 사람에게 주어진 칭호이다.

임진왜란이 끝나고 정공신에 들지 못한 인물들에게 1605년 4월 호성·선무·청난 원종공신 12,530명을 다음과 같이 녹훈하였다.

호성 원종공신 2,475명의 전지傳旨다.

"신하가 충성을 바치고 힘을 다하는 것은 본디 크고 작은 차이가 없으니 임금이 공훈을 포상하고 노고에 보답함이 어찌 귀천의 구별이 있겠는가."[120]

선무 원종공신 9,060명의 전지다.

119 『선조실록』 권179, 37년 윤9월 13일(경인)
120 『선조실록』 권186, 38년 4월 16일(경신)

"국가가 어려움이 많아 안정되지 못하자 그대들이 이미 중흥시키는 일에 힘을 썼으니, 공훈을 작은 것일지라도 갚지 아니할 수 없다."[121]

청난 원종공신 995명의 전지다.

"의리로 일어나 역적을 토벌하여 모두 순국한 정성을 바쳤는데, 큰 상으로 공훈에 보답함에 있어 어찌 기록에 남기는 은전에 인색하겠는가."[122]

임진왜란 7년 전쟁이 큰 역사의 변란이기는 했지만, 원종공신의 숫자가 무려 12,530명이다. 경제사학자 서울대 이영훈 명예교수에 의하면 조선 초의 인구가 약 6백만, 조선 말의 인구는 약 1천 6백만명이었다고 한다.[123] 또 역사학자들은 임란 당시 인구를 6백만~8백만명으로 추정한다. 전쟁으로 잃은 인구수를 고려하면, 1605년 당시의 인구가 대략 5백만~6백만 명이라 할 때 0.2%가 넘는 인원이 공신 책봉을 받은 것이다.

임금 선조도 원종공신의 숫자가 지나치게 많은 것에 대해 다음과 같이 전교하였다.

"원종공신이 어찌하여 이렇게도 많은가. 청난은 내가 모르겠으나 호성은 지나친 듯하다. 다시 마련하여 온당하게 시행하라. 그리고 각 사람의 이름 밑에 그 사유를 기록하라."

사신은 논한다.

"공이 의심스러울 때는 후하게 하는 것이 성대한 은전이라고 하지만,

121 위와 같은 책, 4월 16일(경신)
122 위와 같은 책, 4월 16일(경신)
123 이영훈, 자유주의 역사강좌(양반과 노비), 자유경제원

관작이 악인에게 돌아가지 못하게 하는 것도 지나간 역사의 명백한 규범이고 보면, 신중히 선발하는 도리를 어찌 소홀히 할 수 있겠는가. 생각건대 우리나라가 지난번 막대한 변란을 당했을 때 도성을 버리고 떠날 계획을 세웠던 것은 형세 상 어쩔 수 없는 일이었다. 그런데 상하의 신료들은 뿔뿔이 도망쳐 숨기에만 바빴을 뿐, 군신 간의 의리를 지켜 행차를 따른 자는 몇 사람이나 있었던가. (중략) 상께서 특별히 호종한 노고를 생각하시고 크게 은혜로운 분부를 내리시기를 의주까지 나를 따른 자에게는 반드시 그 공을 갚으리라 하였다. 이에 도감을 설치하고 등급을 마감하였는데, 원종공신의 경우 연줄을 대고 청탁을 하여 너무도 외람하게 되었다. 원종공신을 설치한 목적이 어찌 이렇게 하라고 한 것이겠는가. 원종공신이 비록 정훈만 못하다 하더라도 이름을 철권에 올리고 음직이 후손에까지 미치게 된다. 한번 웃고 한번 찌푸리는 것조차도 인주人主는 오히려 아껴야 하는데 원종공신으로 포상하는 것이 어찌 웃음과 찌푸림 정도일 뿐이겠는가."[124]

원종공신의 대부분이 정공신의 자제나 사위 또는 그 수종자들에게 녹훈되었다고 하니[125] 혹여 뿔뿔이 도망쳐 숨기에만 바빴던 악인들에게 관작이 돌아가지 않았기를 바랄 뿐이다.

124 『선조실록』 권182, 37년 12월 20일(을축)
125 『한국민족문화대백과사전』 '원종공신' 한국학중앙연구원,

3부

이순신의
분노

1장

첫 번째
백의종군의
분노

이순신은 관직에 있었던 22년 동안 두 번의 백의종군과 세 번의 파직을 당했다. 첫 번째 백의종군은 함경도 1587년 조산 만호로 있을 때였다. 이순신은 이때도 영의정 류성룡의 천거로 그 자리에 나갔다.

"이순신과 나는 같은 동네에 살았기 때문에 사람됨을 깊이 알고 있어, 직사를 감당할 만하다고 여겨 조산 만호로 천거했습니다."[1]

조산보는 함경도 두만강 하류 지역으로 행정구역상 경흥도호부 소속이었다. 세종 때 김종서의 주도로 개척한 6진, 즉 종성·온성·회령·경원·경흥·부령의 한 진鎭이다. 조산보는 경흥부 동쪽에 위치하며 수군 만호 한 명이 배치되었는데 이순신이 이곳에 1586년 1월에 부임했다. 그리고 다음 해 1587년 8월에 녹둔도 둔전관을 겸했다. 녹둔도 둔전은 1583년에 여진족 니탕개의 반란이 일어나자 함경도 감사 정언신이 군량미를 확보하기 위해 두만강 하구 비옥한 땅에 설치한 농보農堡다. 경흥부 남쪽 두만강이 바다로 연결되는 지점으로 병선이 배치되어 있었다. 1587년 9월 녹둔도에 오랑캐가 침입하여 큰 피해를 보았다.

정해년 가을 여진족 오랑캐가 녹둔도를 함락시켰다. 녹둔도의 둔전을 처음 설치할 적에 남도의 궐액군을 예속시켜 농사꾼으로 삼았는데 마침 흉년이 들어 수확이 없었다. 이 해에 조산 만호 이순신에게 그 일을 오로지 관장하게 하였는데 가을에 풍년이 들었다. 부사 이경록이 군사를 거느리고 이순신과 추수를 감독하였다. 추도의 오랑캐 추장 마니응개가 경원 지역에 있는 여진족 촌락에 화살을 전달하고서 군사

---

1 『선조실록』 권84, 30년 1월 27일(무오)

를 숨겨놓고 몰래 엿보다가 농민이 들판에 나가고 책루가 빈 것을 보
고 갑자기 들어와 에워싸고 군사를 놓아 크게 노략질하였다. 수호장
오형·임경번 등이 포위를 뚫고 책루로 들어가다가 모두 화살을 맞아
죽었다. 마니응개는 참루를 뛰어넘어 들어오다가 수장 이몽서에게 사
살되었다. 오랑캐가 10여 인을 살해하고, 160인을 사로잡아 갔다. 이
경록·이순신이 군사를 거느리고 추격하여 적 3인의 머리를 베고, 포
로 50여 명을 구해왔다. 병사 이일李鎰이 책임을 면하기 위해 이순신
에게 죄를 돌리고, 형구를 설치하여 그를 베려 하자 순신이 스스로 변
명하기를 "전에 군사가 적은 것을 보고 더 보태주기를 청하였으나 병
사가 따르지 않았는데 그에 대한 공첩이 여기 있소" 하였다. 이일이
이순신을 수금하여 놓고 조정에 아뢰니 임금이 "백의종군하여 공을
세워 스스로 속죄하도록 하라"고 명하였다.[2]

이순신의 조카 이분李芬은 『행록行錄』에서 이 내용을 좀 더 자세히 기
록하고 있다.

"정해년 가을에 이순신이 조산보 만호와 녹둔도 둔전관을 겸하고 있을
때 녹둔도가 진에서 너무 멀리 있고, 수비하는 군사가 적어 매우 걱정스
러웠다. 이순신은 병사 이일에게 여러 번 보고하여 군사를 증원해 달라
고 요청했다. 그러나 이일은 들어주지 않았는데 막상 피해를 보자 이순
신을 죽여서 자기 죄를 면하려고 패군 심문 조서를 받으려 하였다. 그러
나 이순신이 거절하며 '내가 병력이 약하기 때문에 여러 번 군사를 증원

2 『선조수정실록』 권21, 20년 9월 1일(정해)

해 달라고 청했으나 병사가 들어주지 않았는데 그 공문들이 여기 있소. 만일 조정에서 이 사실을 알면 죄가 내게 있다고 하지 않을 것이요. 또 내가 힘껏 싸워서 적을 물리치고 추격하여 우리 사람들을 빼앗아 왔는데 패군으로 따지려 하는 것이 옳단 말이오'하며 조금도 말소리나 동작을 떨지 않으니 이일이 대답하지 못하고 한참 만에 가두기만 하였다."[3]

이 사건이 조정에 올라오자 선조는 "이순신은 패군한 사람이 아니다. 장형과 백의종군에 처해 다시 공을 세우도록 하라" 하였다. 장형은 100대 미만의 곤장으로 비교적 아래 단계의 형벌이었고, 백의종군이란 다시 공을 세울 기회를 주는 것이다. 이순신을 죽이고자 했던 북병사 이일에 비하면 선조가 내린 형벌은 매우 관대했다고 볼 수 있다. 도성에 있는 임금이 최전선에서 싸우는 무장의 작전권을 인정한 것이다.

첫 번째 백의종군은 꽤 길었다. 1587년 10월부터 녹둔도 전투의 책임으로 백의종군이 시작되었다. 1588년 1월 백의종군 신분으로 시전부락 전투에 참가하여 공을 세운 후 윤6월 특사되어 향리로 돌아왔다. 그리고 1589년 2월 전라병사 이광의 군관이 될 때까지 무려 1년 4개월 동안 보직이 없었다. 순수한 백의종군 기간은 약 8개월로 정유년 2차 백의종군 4개월보다 2배나 길었으니 분노의 시간도 그만큼 길었을 것이다.

이순신의 분노가 어떠했는지는 알 수 없다. 다만 조카 이분의 행록을 통해서 추정할 수 있는 이순신의 분노는 크게 두 가지다.

3 이순신, 『완역 이충무공전서』 권9 행록(1), 이은상 역, 성문각, 1988, 18~19쪽

하나는 이일이 이순신에게 죄를 씌워 수금시키고 심문서를 받으려 할 때였다. 이순신이 병사 이일에게 "내가 힘껏 싸워서 적을 물리치고 추격하여 우리 사람들을 빼앗아 왔는데 패군으로 따지려는 것이 옳단 말이오"하고 거칠게 항의하는 모습, 그만큼 억울했던 이순신이다. 최선을 다해서 싸웠을 뿐 명령 불복이나 불법한 범죄를 저지른 것도 아니기에 더욱 분노했다.

또 하나는 이일의 군관이자 이순신과도 절친이었던 선거이宣居怡의 권유를 뿌리칠 때였다. 감옥에 들어가는 이순신에게 선거이가 술이라도 마시고 들어가라고 권했다. 이순신은 내뱉듯이 "죽고 사는 것은 천명인데 술은 마셔서 무엇하겠는가"하며 거절했다. "그럼 술은 마시지 않더라도 물이라도 마시라"라고 하자 "목이 마르지도 않은데 물은 무엇 때문에 마시느냐"며 거부했다.[4]

선거이의 친절을 모를 리 없는 이순신의 매몰찬 거절은 내면에서 끓고 있는 억울한 심정의 표출이었다. 술 대신 삼키는 울분이었고, 물 대신 내뱉는 분노였을 것이다.

백의종군하면 이순신만 당한 것처럼 떠올리지만, 조선 역사에 백의종군한 사람은 매우 많다. 역사에 처음 등장하는 시기는 1451년 문종실록이다.

이현로가 방위를 점치는 기술을 잘 알고 무재도 조금은 있으나 그

4 이순신, 『완역 이충무공전서』 권9 행록(1), 이은상 역, 성문각, 1988, 18쪽

죄명이 작지 아니하므로 감히 입 밖에 내지 못하였다. 그러나 백의로써 종군하는 자도 몇 사람 있는데…[5]

이후 조선왕조실록에 백의종군이 약 65회 등장하는 데 선조 시기에만 27회다. 임진왜란 중에 가장 많은 백의종군이 있었고, 이순신 외에도 여러 사람이 백의종군했다는 뜻이다.

백의종군이 기존의 계급을 모두 박탈당하고, 말단 졸병으로 근무하는 것으로 알고 있으나 사실은 그렇지 않다. 1차 백의종군 중에 참전했던 시전부락 전투의 '장양공정토시전부호도壯襄公征討時錢部胡圖'의 전투 편제에는 이순신이 '우화열장右火烈將 급제及第 이순신'으로 기재되어 있다. 졸병의 신분이 아니라 적어도 무과 급제자 신분이었다.[6] 조산만호의 관직은 해직되었으나 과거급제자의 신분으로 다시 공을 세울 기회를 부여받은 것이다. 오늘날의 보직해임 또는 직위해제 정도다.

백의종군이란 자신의 모든 계급과 권한을 내려놓고 전쟁터에 나간다는 뜻이다. 이순신의 백의종군에는 타인을 원망함이 없었고, 책임을 전가함도 없었다. 오로지 현실에 순응하며 조직에 충성하고 자성의 노력으로 직무에 정진하니 원래의 자리로 돌아갈 수 있었다.

요즈음 많은 정치인이나 고위직 인사가 떳떳하지 못한 일로 자리를

---

5 『문종실록』 권5, 1년 1월 13일(계축)
6 제장명, 『이순신 백의종군』, 행복한 나무, 2011, 48~52쪽

물러날 때, 마치 억울한 희생양처럼 "이순신 장군의 심정으로 백의종군 하겠다"라며 자기를 포장한다. 그럴 때마다 드는 의문이다. 이순신처럼 억울한 모함을 당한 것일까?

이순신처럼 하늘을 우러러 한 점 부끄러움이 없는 것일까? 이순신의 백의종군을 끌어들여 자신을 합리화하는 건 자칫 위대한 성웅을 욕되게 하는 일이다. 목숨 바쳐 나라를 구한 대의가 아닐진대 함부로 이순신의 백의종군을 들먹여서는 안 될 일이다.

위대한 만남, 류성룡과 이순신

선조가 이르기를 "이순신이 혹시 일을 게으르게 하는 것이 아닌가"
하니 류성룡이 아뢰기를 "만약 이순신이 아니었다면 이만큼 되기도
어려웠을 것입니다. 수륙의 모든 장수 중에 순신이 가장 우수합니다"
하였다.[7]

서애西厓 류성룡과 여해汝諧 이순신의 만남은 역사적으로 위대한 만남
이다. 『서애 류성룡, 위대한 만남』에서 연세대 송복 명예교수는 류성룡
과 이순신이 없었다면 한민족의 우리가 아닌 중국화 된 우리, 혹은 일본
화 된 우리로 존재했을지도 모른다고 했다. 류성룡의 천거가 있었기에 이
순신은 전라 좌수사에 오를 수 있었고, 이순신이 바다에서 일본군을 막았
기에 선조가 명군을 불러올 수 있었다. 이들의 만남이 류성룡의 표현처럼
천찬天贊(하늘의 도움)이었든, 이순신의 표현처럼 천행天幸(하늘의 행운)이었
든 그것은 위대한 만남이었다.

---

7   『선조실록』 권54, 27년 8월 21일(병인)

류성룡과 이순신은 10대 초반 한성의 같은 동네 건천동에서 살았다. 1542년생인 류성룡은 1545년생인 이순신보다 세 살 위로, 둘째 형 이요신과 같은 나이였다. 이들의 만남은 30대에 다시 이루어졌다. 이순신은 무과 급제 후 동구비보 권관을 거쳐 훈련원 장무관이었고, 류성룡은 문과 급제 후 조정의 청요직을 두루 섭렵하는 엘리트 관료였다.

류성룡은 나라가 위기에 닥칠 때마다 이순신을 요지의 지휘관으로 천거했다. 북방 여진족의 침략에 대비해서 함경도 조산 만호로,[8] 남방 일본군 침략에 대비해서 전라 좌수사로 천거했다.[9]

류성룡과 이순신의 만남이 위대하다는 사실은 두 사람이 남긴 불후의 기록만으로도 충분하다. 국보 132호 『징비록懲毖錄』과 국보 76호로 유네스코 세계기록유산에 등재된 『난중일기亂中日記』다. 징비록은 류성룡이 전쟁 중에 겪었던 지난날을 반성하는 기록이었고, 난중일기는 전쟁 중에 이순신이 겪은 그날그날을 돌아보는 기록이었다. 서로 다른 이름의 전쟁 사지만 임진왜란의 실상을 보여주는 역작 중 역작이다. 류성룡이 징비록을 쓸 수 있었던 건 영의정 겸 도체찰사로서 민정과 군정을 총괄하는 요직에 있었기 때문이고, 이순신과 지속적인 소통을 통해서 수군의 활약상을 익히 알고 있었기 때문이다.

우리는 류성룡의 징비록을 통해서 전쟁의 시작과 끝, 그 참담한 역사의 시간을 돌아볼 수 있다. 그리고 이순신의 난중일기를 통해서 전라 좌수

---

8 『선조실록』 권84, 30년 1월 27일(무오)
9 위와 같은 책, 같은 기사

사 겸 수군통제사로서 전장의 정보와 작전 등 주요 소식을 류성룡과 교통했음을 알 수 있다. 류성룡이 조정의 핵심인 좌의정과 영의정으로서 보내주는 답장과 격려는 이순신에게 크나큰 의지가 되었다. 두 분이 나누었던 편지의 내용과 소회를 모두 알 수는 없다. 전쟁 중의 일기인지라 그 내용이 간략하게 응축되어 있기 때문이다. 다만 기록한 날의 정황을 보면 두 분이 얼마나 어려운 상황에서 서로를 의지하고 신뢰했는지 역력히 느낄 수 있다.

"저녁에 서울에 갔던 진무가 돌아왔다. 좌의정 류성룡이 편지와 『증손전수방략增損戰守方略』이라는 책을 보내왔다. 이 책을 보니 수전과 육전, 화공법 등에 관한 전술을 일일이 설명했는데 참으로 만고에 뛰어난 이론이다."[10]

전쟁이 발발하기 한 달 전, 조짐이 심상치 않던 시점에 류성룡이 병법서를 보내왔다. 가뜩이나 긴장이 고조되던 때에 이순신은 책을 받자마자 내용을 탐독하고 탄복하며 좌의정이 보내온 깊은 뜻을 헤아렸다.

"새벽꿈에 큰 대궐에 이르렀는데 그 모습이 서울과 같고 기이한 일이 많았다. 영상(류성룡)이 와서 인사를 하기에 나도 답례를 하였다. 임금의 파천하신 일을 이야기하다가 눈물을 뿌리며 탄식하는데, 적의 형세는 이미 종식되었다고 말했다. 서로 일을 논의할 즈음 좌우의 사람들이 무수히

10   이순신, 『난중일기』 임진년 3월 5일, 노승석 옮김, 여해, 2014.

구름같이 모여들었다."[11]

이순신은 꿈을 통해 영감을 얻고 점괘를 푸는 경우가 많았다. 비록 꿈이었지만 이순신이 얼마나 류성룡을 기대고 의지했으면 도성에 올라가 텅 빈 궁궐을 바라보며 둘이서 눈물을 흘리고 탄식했겠는가.

"류상(류성룡)의 부음이 순변사가 있는 곳에 도착했다고 한다. 이는 류정승을 질투하는 자들이 말을 만들어 훼방하는 것인지라 통분함을 이길 수 없다. 이날 저녁에 마음이 몹시도 어지러웠다. 홀로 빈집에 앉았으니 심회를 가눌 길이 없었다. 번민하는 마음으로 밤이 깊도록 잠들지 못했다. 류상이 만약 내 생각과 맞지 않는다면 나랏일을 어찌할 것인가."[12]

류성룡이 죽었다는 청천벽력 같은 소문을 들었다. 누군가 가짜 뉴스를 전한 것이다. 하지만 또한 사실이라면 어찌할 것인가. 불안하고 초조하여 밤새 잠 못 이루는 이순신이다. 나라의 안위가 류성룡의 어깨에 달려있다고 믿었기 때문이다.

"서울에 편지를 써 보냈다. 유자 30개를 영의정(류성룡)에게 보냈다."[13]

이순신은 달랑 편지만 보내지 않고 작은 선물을 함께 보냈다. 유자 30개라야 한 상자도, 한 수레도 아닌 한 봉지였다. 이순신이 보내는 유자는 단순한 과일이 아니라 정성의 보약이었다. 유자는 『본초강목』에 뇌혈관 장애 중풍 예방에 좋다고 하고, 『동의보감』에는 술독을 풀어주고 술 마

---

11 위와 같은 책, 계사년 8월 1일
12 위와 같은 책, 갑오년 7월 12일
13 위와 같은 책, 을미년 9월 17일

신 사람의 입 냄새까지 없애준다고 했다.

"옥문을 나왔다. 영의정 류성룡이 종을 보내왔다."[14]

이순신이 감옥에서 나오던 날 어떤 이는 직접 술병을 들고 찾아와 위로했고, 어떤 이는 사람을 보내 위로했다. 류성룡은 종을 보내 위로했다. 아무리 이순신과 가깝더라도 임금이 논죄한 죄인을 영의정이 직접 찾기는 부담되었을 것이다.

"어두운 무렵 성으로 들어가 영의정과 이야기하다가 닭이 울어서야 헤어져 나왔다."[15]

죽음의 문턱에서 살아나온 이순신은 이제 백의종군을 떠나야 한다. 류성룡을 만나지 않고 그대로 한성을 떠날 수는 없었다. 땅거미가 짙어지자 성안으로 다시 들어간 이순신은 류성룡과 밤새도록 대화를 나눴다. 자신의 억울함을 토로했을까, 자기를 모함한 사람들을 비난했을까, 자기를 죽이라 한 임금을 원망했을까. 류성룡이 징비록에 이순신과 원균의 일을 소상히 기록한 것으로 보아 원균에 대한 분노도 있지 않았을까. 하소연을 들어줄 영의정이 있다는 사실만으로도 이순신에겐 상당한 위로가 되었을 것이고, 떠나는 발걸음도 조금은 가벼웠을 것이다.

"아침에 개인별 전공기록을 살펴보니 거제현령 안위가 통정대부(정3품

---

14 위와 같은 책, 정유년 4월 1일
15 위와 같은 책, 정유년 4월 2일

당상관)가 되고, 그 나머지도 차례대로 벼슬을 받았으며 내게는 은자 20냥을 상금으로 보냈다. 명나라 장수 양호가 붉은 비단 한 필을 보내면서 배에 이 붉은 비단을 걸어주고 싶으나 멀어서 할 수 없다고 하였다. 영의정의 답장도 왔다."[16]

백의종군을 끝내고 다시 삼도 수군통제사가 된 이순신은 명량에서 불과 13척으로 일본 군선 133척을 무찔렀다. 이 기적 같은 불가사의한 승리에 명나라 최고사령관 경리 양호楊鎬도 최고 승장에 대한 찬사와 함께 명예의 상징으로 배에 걸 붉은 비단을 보내왔다.

그러나 임금은 양호를 접견한 자리에서 이순신의 공을 폄훼했다.

"통제사 이순신이 사소한 왜적을 잡은 것은 바로 그의 직분에 마땅한 일이며 큰 공이 있는 것도 아닌데 대인이 은단으로 상주고 표창하여 가상히 여기시니 과인은 마음이 불안합니다."[17]

어찌 이다지도 옹졸한 임금이란 말인가.

아마도 이순신에겐 은자 20냥보다 영의정 류성룡이 보내온 답장이 더 큰 위로가 되었을 것이다.

다음은 『서애집』에 실린, 류성룡이 이순신에게 보낸 편지다.

"이여해 순신에게與李汝諧舜臣,

무더운 장마 더위의 해상에서 모친상을 당한 상제께서는 평안하신지 우러러 생각합니다. 진 도독이 또 그곳에 함께 진을 치려고 하니 모든 계

16 위와 같은 책, 정유년 11월 16일
17 『선조실록』 권93, 30년 10월 20일(정축)

략과 협조하는 일은 오로지 영감만을 믿습니다. 바라건대 모름지기 협심하여 큰 공훈을 이루십시오. 도감의 포수 1백 명이 내려가는 편에 안부를 묻습니다. 오직 나라를 위하여 몸을 보중하십시오."[18]

영의정이 수하 통제사에게 보내는 편지의 문체가 너무나 정중하고 공손하다. 류성룡이 이순신을 존중하는 마음의 깊이를 알 수 있다.

류성룡은 문인으로서 나라를 지켜낸 공로로 문충文忠의 시호를 받았고, 이순신은 무인으로서 나라를 구해낸 공로로 충무忠武의 시호를 받았다.

조정의 류성룡과 전장의 이순신, 두 위인의 만남은 일본군을 물리칠 수 있었던 강력한 힘이었고, 조선이 존속할 수 있었던 위대한 만남이었다.

그러나 안타깝게도 두 분은 한날한시에 종막을 고했다. 이순신이 노량해전에서 일본군의 총에 맞아 순국한 무술년(1598) 11월 19일 "지금 싸움이 한창 급하다. 조심하여 내가 죽었다는 말을 내지 말라" 하는 바로 그 순간, 사헌부가 류성룡을 삭탈 관작시키는 일에 대해 잇따라 아뢰니, "류성룡을 파직시키라!" 답하였다.[19]

오호, 통재라! 두 사람의 위대한 만남은 여기까지였다.

18 류성룡 『국역 서애집』 고전국역총서 122 (재)민족문화추진회, 1966. 393쪽
19 『선조실록』 권106, 31년 11월 19일(경자) 2, 3번째 기사

2장

두 번째
백의종군의
분노

임금의
토사구팽에 대한 분노

버림받음에서 비롯된 분노는 신뢰를 잃었다는 것, 기대를 잃었다는 것, 배신을 당했다는 것에서 촉발되는 엄청난 분노다.[20]

이순신이 당한 세 번의 파직과 두 번의 백의종군은 모두 원칙에 벗어난 지시를 거절한 탓이고, 법규에 어긋난 명령에 불복한 탓이다. 자기 잘못보다 상관의 부당한 지시에서 초래된 불행이었다.

첫 번째 발포만호에서 당한 파직은 훈련원 장무관 재임 시절 병조정랑 서익의 부당한 인사압력을 거부한 데 따른 보복이었다.

두 번째 조산 만호에서 당한 파직과 백의종군은 녹둔도 둔전을 침공한 여진 오랑캐를 제대로 막지 못했다는 북병사 이일의 누명이었다.

세 번째 삼도 수군통제사에서 파직과 백의종군은 정유년 가토 기요마사의 부산 도해를 차단하라는 명령을 따르지 않았다는 임금 선조의 오판에서 비롯되었다.

---

20 Ronald T. Potter-Efron, 『A Step-by-Step Guide to Over coming Explosive Anger』 (욱하는 성질 죽이기), 전승로 옮김, 다연, 2019. 233쪽.

특히 삼도 수군통제사에서 파직되고, 두 번째 백의종군을 당한 일은 한때 함께 싸웠던 동료 원균에게 당한 배신이었고, 충성을 다했던 임금에게 당한 토사구팽이었다.

전쟁 내내 죽음을 무릅쓰고 적군과 싸웠고, 목숨을 바쳐 임금에게 충성했건만 돌아온 건 조정을 속이고, 임금을 무시했다는 억울한 누명이었다. 또 왜적을 놓아주어 치지 않았다는 불충의 오판이었다. 어제의 동료가 오늘의 원수가 되고, 어제의 충신이 오늘의 역신이 되는 기막힌 현실에 좌절한 이순신의 분노는 치유할 수 없는 상처가 되었다.

임진왜란 이전의 선조는 이순신에게 비교적 호의적이었다. 1587년 10월 함경도 북병사 이일이 이순신을 옥에 가두고[21] 죽이려 했을 때[22] 선조는 전쟁에서 패한 사람과는 다르니 백의종군하여 공을 세우게 하였다.[23] 1589년 7월 선조가 하삼도의 병·수사를 선택하려 할 때도 이순신의 이름은 빠져있자 이순신의 이름도 올리라 하였다.[24] 1591년 2월 임진왜란 직전 종4품 진도군수[25], 종3품 가리포첨사에 먼저 제수하고[26] 부임 전에 곧바로 전라 좌수사로 발탁했다. 이때 사간원의 거듭된 반대

21 『선조실록』 권21, 20년 10월 10일(을축)
22 이순신, 『완역 이충무공전서』 권9 행록(1), 이은상 역, 성문각, 1988, 18쪽
23 『선조실록』 권21, 20년 10월 16일(신미)
24 『선조실록』 권23, 22년 7월 28일(계유)
25 『선조실록』 권25, 24년 2월 13일(경진)
26 『선조수정실록』 권25, 24년 2월 1일(무진)

에도 그의 마음을 동요시키지 말라며[27] 강력히 논란을 차단했다.[28]

우여곡절 끝에 이순신이 전라 좌수사에 부임했다. 이후 여러 해괴한 징조들이 나타났고, 일본의 움직임이 심상치 않게 돌아갔다.

신묘년(1591) 5월에 경상 감사가 서장을 올리기를 "선산부의 어떤 인가에 버들잎만 한 작은 참새 한 마리가 오색이 찬란하게 구비된 큰 까마귀만 한 새끼를 길렀는데 다 자라자 날아가 버렸다고 합니다. 또 고성현 산중에서 흰 꿩이 나왔다고 합니다"라고 하였다.[29]

해마다 오던 조공 왜선이 다시 오지 않았고, 부산포 왜관에 머물던 수십 명의 왜인이 하나씩 일본으로 되돌아가 임진년 봄에는 온 왜관이 텅 비었다.[30] 이와 함께 쓰시마에서 부산포 왜관으로 나오는 세곡선(무역선)이 단 한 척도 보이지 않았다. 왜인들은 풍랑이 심해 갈 수 없다는 전갈을 동래성에 보내왔으나 그해 들어 거센 풍랑은 없었다. 경상과 전라 수영에는 쓰시마의 거짓말이 심상치 않다는 공문이 나돌았지만 각 진영의 수사들은 대수롭지 않게 넘겼다. 오직 전라 좌수사 이순신만이 왜적의 음흉함과 간사함을 생각하여 연일 성벽과 해자를 보수하고, 거북선 창제에 몰두했다.

상황이 이런데도 부제학 김성일은 차자(간단한 상소문)를 올려 "성지를 수축하고, 병정을 선발하는 것 때문에 영남 사민들의 원망이 더욱 심하

27   『선조실록』 권25, 24년 2월 16일(계미)
28   위와 같은 책, 2월 18일(을유)
29   위와 같은 책, 5월 1일(을축)
30   『선조수정실록』 권25, 24년 5월 1일(을축)

다"라고 불평했다. 김성일은 본래 일본군이 쳐들어오지 않을 것이라고 했던 인물이므로 이 모든 것이 더욱 잘못된 계책이라고 하였다. 그뿐만 아니라 비변사에서 장수를 선발하면서 이순신을 전라 좌수사로 발탁한 것도 잘못된 정사라고 비판했다.[31]

일본의 정세를 제대로 모르는 조정, 일본에는 쫓기고 명나라에는 의심받는 조정, 태평성세에 안주하여 전쟁의 조짐을 부정하는 조정, 전쟁에 대비하는 성곽 보수를 비난하는 조정, 일본군을 물리칠 유일한 장수 이순신을 기용한 것을 비난하는 조정, 이렇게 탁상공론만 하는 한심한 조정이 당시 조선의 모습이었다.

이순신에 대해 호의적이었던 선조는 임진왜란이 발발하자 적대적인 태도로 변했다. 이순신은 선조의 기대에 부응해 일본군의 침략을 대비했고, 전쟁이 발발하자 해로를 차단하여 일본군의 북상을 저지했다. 의주로 피난 갔던 선조가 명군을 불러올 수 있었던 것도, 일 년 반 만에 다시 도성에 돌아올 수 있었던 것도 이순신의 공로에 힘입은 바 크다. 신망받던 육장들이 모두 도망치거나 전사한 상황에서 수군의 이순신만이 왜적이 가장 두려워하는 장수였다. 그러나 선조는 공공연히 원균을 가장 유능한 장수라고 편애했고, 이순신을 원균보다 못한 장수라고 폄훼했다.

정유재란이 발발하자 선조는 이순신을 죽이라고 했다. 죄목은 세 가지였다. "이순신이 조정을 기망한 것은 임금을 무시한 죄고, 적을 놓아

---

31 『선조수정실록』권25, 24년 11월 1일(계해)

주어 치지 않은 것은 나라를 저버린 죄며, 심지어 남의 공을 가로채 남을 모함하기까지 하며(장성한 원균의 아들을 가리켜 어린아이가 모공하였다고 계문하였다) 방자하지 않음이 없는 것은 기탄함이 없는 죄이다. 신하로서 임금을 속인 자는 반드시 죽이고 용서하지 않는 것이므로 어떻게 처리할 것인지 대신들에게 하문하라"고 하였다.[32]

그러나 실상을 살펴보면 세 가지 죄목 모두 인지 왜곡의 잘못된 논죄였고, 판단 오류의 억울한 누명이었다. 이순신을 적으로 대하지 않고서야 전쟁 중에 최고 지휘관을 죽이라고 할 수는 없는 노릇이다.

이순신은 분노할 수밖에 없었다. 임금에게 목숨 바쳐 충성했건만 임금을 속였다며 죽이라고 했기 때문이다. 왜적을 물리쳐 나라를 구했건만 나라를 저버렸다며 죽이라고 했기 때문이다. 오직 승리를 위해 싸웠건만 원균의 공을 빼앗고 원균을 모함했다며 죽이라고 했기 때문이다. 선조의 논죄는 '토끼 사냥이 끝나면 사냥개를 삶아 먹는' 토사구팽兎死狗烹과 다를 바 없었다.

32 『선조실록』 권86, 30년 3월 13일(계묘)

조정의
정실인사에 대한 분노

　칠천량 해전에서 전사한 전라 우수사 이억기의 후임으로 김억추金億
秋가 왔다. 이순신은 김억추의 능력 없음을 들어 잘못된 인사라고 조정
을 비난하는 일기를 쓴다.

　"우수사 김억추는 겨우 만호에나 적합하고, 곤임(병사나 수사)을 맡길
수 없는 인물인데 좌의정 김응남이 서로 친밀한 사이라고 해서 함부로
임명하여 보냈다. 이러고서야 조정에 사람이 있다고 할 수 있겠는가. 다
만 때를 못 만난 것을 한탄할 뿐이다."[33]

　김억추의 인물됨을 알 수 있는 또 다른 일기다.

　"전라 우수사 김억추가 왔다. 배의 격군과 기구는 규모를 갖추지 못했
으니 놀랄 일이다."[34]

　"우수사 김억추가 탄 배는 멀리 떨어져 있어 묘연渺然했다."[35]

　명량해전에 참전한 전선이 12척이냐, 13척이냐 논란이 있다. "신에게

33　이순신, 『난중일기』 정유년(Ⅱ) 9월 8일 노승석 옮김, 여해, 2014
34　위와 같은 책, 8월 26일
35　위와 같은 책, 9월 16일

는 아직 12척이 남아 있습니다今臣戰船尙有十二"라는 유명한 어록 때문
이다. 바로 이때 김억추가 끌고 온 1척을 추가하여 명량해전에 참전한
전선을 13척이라고 보는 것이다. 그러나 이순신은 못마땅하다. 신임 수
사가 끌고 왔다는 전선이 형편없이 부실했기 때문이다.

　이순신의 난중일기에서 주목하는 것은 좌의정 김응남의 정실인사와
조정의 인물 없음을 비난하는 모습이다. 김응남이 조정에서 사사건건
이순신을 폄훼했기 때문은 아닐 것이다. 이때는 칠천량 해전의 참패로
수군이 궤멸당한 직후였다. 이순신이 백의종군에서 풀려난 직후였고,
수군을 폐지하라는 유지까지 내렸던 상황이다. 그 어느 때보다도 수군
재건이 중차대한 시점에 기대에 미치지 못하는 김억추를 내려보낸 잘
못된 인사에 분노한 것이다. 이순신이 조정에 사람이 없음을 비난하는
것은 곧 선조가 사람을 제대로 쓰지 못하는 것을 비판하는 분노일 것이
다. 이순신의 분노는 대의적이었다.

관료의
부정부패에 대한 분노

이순신이 백의종군 중 구례에 당도했던 날의 일기다.

"과천의 좌수座首 안홍제 등이 이상공에게 말과 스무 살 난 계집종을 바치고 풀려났다고 한다. 안(홍제)은 본디 죽을죄도 아닌데 여러 번 형장을 맞아 거의 죽게 되었다가 물건을 바치고서야 석방되었다는 것이다. 안팎이 모두 바치는 물건의 많고 적음에 따라 죄의 경중을 결정한다니 이러다가는 결말이 어찌 날지 모르겠다."³⁶

이순신은 이날의 일기에서 '무전유죄 유전무죄'로 고통받는 현실을 개탄하고 있다. '백 전의 돈으로 죽은 혼을 살게 한다一陌金錢便返魂'는 중국 고사, 부유하고 탐욕스러운 자가 돈으로 환생한다는 신화를 들어 탐관오리의 비리에 분노한 것이다.

'안팎이 모두 바치는 물건의 많고 적음에 따라 죄의 경중을 결정한다'는 의미는 조정이 부정부패에 만연되어있다는 뜻이다. 국왕의 무능한 정치가 이를 방치한다는 비판의 분노다. 이순신의 분노는 도의적이었다.

---

36 이순신, 『난중일기』 정유년(Ⅰ) 5월 21일, 노승석 옮김, 여해, 2014

3장

궁궐에 대한
간접적 분노

망궐례望闕禮는 매월 초하루와 보름에 지방 수령들이 행한 의식이다. 중앙 관사에 있는 관료는 직접 임금을 뵙고 경의를 표할 기회가 있으나 지방 관아에서는 그렇지 못하므로 망궐례를 했다. 임금을 공경하고 충성심을 표시하기 위해 임금과 궁궐의 상징인 나무에 '궐闕' 자를 새긴 패를 만들어 관아의 객사에 봉안하고 예를 올렸다. 또 지방관으로 임명된 자로서 조정에 하직하지 못하고 부임한 자도 부임지에서 망궐례를 올렸다.

이순신도 백의종군 이전, 즉 임진년(1592)에서 병신년(1596)까지는 거의 매월 초하룻날과 보름날 망궐례를 올렸다. 봉행하지 못한 날엔 '비가 많이 내렸다' '나라의 제삿날이다' 등 분명한 이유를 달았다. 그러나 백의종군 이후, 즉 정유년(1597)과 무술년(1598)에는 단 한 차례도 망궐례를 올렸다는 기록이 없다. 또 백의종군 이전처럼 망궐례를 올리지 못하는 이유를 언급하지도 않았다.

정유년은 2차 백의종군 직후이고, 명량해전 이후 통제영이 제대로 설치되지 않은 시점이었다. 망궐례를 올리기 어려운 조건이기도 했다. 무술년도 전해지는 일기가 많지는 않아 한 번도 망궐례를 행하지 않았다고 단정할 수는 없다. 다만 이런 사정을 모두 고려해도 정유·무술년의 일기에는 총 열세 번의 초하루와 보름날이 있었다. 이 중 한 번도 망궐례에 대해 언급조차 없다는 것은 백의종군 이전과는 분명 다른 점이다.

목숨 바쳐 충성했던 임금에게 죽음까지 내몰리고 백의종군까지 당했던 이순신이다. 다시 삼도 수군통제사에 복직했다 해도 수군을 폐하라고 명했던 임금이고, 기적 같은 명량의 승리에도 '작은 승리'라고 폄훼했던 임금이다.**37** 아무리 충신이라 해도 선뜻 이전처럼 망궐례를 올리고 싶지 않았을 것이다.

망궐례와 유사한 숙배肅拜의 예식이 있었다. 숙배 역시 지방에 있는 관리들이 임금의 교서나 유서를 받을 때 궁궐을 향해 절을 올리며 충성과 복종을 서약하는 예식이다. 이를 제대로 지키지 않는 것은 임금에 대한 불경이 될 수도 있다. 이순신이 숙배하지 않으려는 장수를 매섭게 비난하는 일기가 있다.

"을미년 2월 7일 원균이 포구에 있는 수사 배설과 교대하려고 여기에 이르렀다. 교서에 숙배하라고 했더니 불평하는 기색이 많아 두세 번 타이른 후에 힘써 따르고 마지못해 행했다고 한다. 그 무지함이 심한 것이 우습다."**38**

원균은 충청병사로 체직된 것에 불만을 품고 있었다.

"정유년 8월 19일 여러 장수에게 교서와 유서에 숙배하게 하였는데 배설은 교서와 유서를 공경하여 맞지 않았다. 그 태도가 놀랍기에 이방과 영리에게 곤장을 쳤다."**39**

배설은 무엇이 불만이었을까? 아무래도 칠천량 참패의 현장에서 도망쳤다는 것, 후임 통제사에 이순신이 복직된 것 등이 모두 불편한 심기였을 것이다.

---

37 『선조실록』 권94, 30년 11월 10일(정유)
38 이순신, 『난중일기』 을미년 2월 27일, 노승석 옮김, 여해, 2014
39 이순신, 『난중일기』 정유년(Ⅱ) 8월 19일, 위와 같은 책

숙배와 망궐례는 똑같이 임금을 향한 충성의 예식이다. 원균과 배설 등 장수가 임금을 향해 숙배하지 않는 것을 질타했던 이순신이다. 그렇다면 자신이 임금에게 망궐례를 행하지 않은 것은 어떤 의미일까. 백의종군 이후에 망궐례가 보이지 않는 것은 충심을 불신당한 이순신의 침묵하는 분노, 지극히 절제된 인지상정의 분노라고 추정한다.

4장

원균의 행패에
대한 체념성
분노

임진년(1592)의
난중일기

임진년 난중일기에 원균은 세 차례 등장한다. 그 모습은 일상적이다. 이순신이 분노의 감정을 갖게 된 것은 다음과 같은 사건 때문이다. 1차 출동(옥포·합포·적진포) 승첩 보고인 '옥포 승첩을 아뢰는 장계'다.

"원균은 단 3척의 전선을 거느리고, 신의 여러 장수가 사로잡은 왜선을 활을 쏘면서 빼앗으려고 하였기 때문에 사부와 격군 두 명이 상처를 입게 되었습니다. 이러한 것은 주장으로서 부하들의 단속을 잘못한 일이 이보다 더한 것은 없을 것입니다. 이는 해악한 일이오니 조정에서 조처하시옵소서."[40]

기가 막힌 일이다. 잡으라는 왜적은 잡지 않고, 잡아놓은 왜선을 빼앗겠다고 아군을 공격하는 이적행위에 분통이 터진 이순신이다.

다음은 3차 출동(한산도·안골포) 승첩 보고 이후에 올린 '포위되었던 왜병이 도망친 일을 아뢰는 장계'다.

"지난 7월 8일 한산도 앞바다에서 접전할 때 화살을 맞은 왜적 4백여

---

[40]   이순신, 『완역 이충무공전서』 권2 장계(1) 이은상 역, 성문각, 1988, 142쪽

명이 한산도로 올라갔는바 이 외딴섬에 상륙한 것은 마치 새장 속에 간힌 새와 같았으므로 한 10일만 지나면 굶어 죽을 것이 분명하여 그 도의 우수사 원균에게 소속 수군을 거느리고 사면을 포위하여 남김없이 잡아 죽인 뒤 그 결과를 통고하기로 약속하고, 신과 우수사 이억기 등은 진을 파하고 본영으로 돌아왔습니다. 그런데 원균은 그 이후에 적선이 많이 온다는 헛소문을 듣고서 포위를 풀고 가버린 바람에 상륙한 왜적들이 나무를 베어 뗏목을 만들어 타고 모두 거제로 건너가 버렸다 하는바 솥 안에 든 고기가 마침내 빠져나간 것 같아 매우 통분하였습니다."[41]

한산도와 거제도는 경상 우수사 원균의 수역이다. 전라 좌수사 이순신과 전라 우수사 이억기는 담당 수사인 원균에게 솥 안에 든 물고기를 맡긴 것이다. 4백 명 왜적의 수급을 벨 수 있는 절호의 기회를 맡겼으나 원균은 헛소문에 소스라쳐 놀라 도망쳤다. 사지에 들어섰던 왜적이 뗏목을 만들어 유유히 거제도 왜성으로 돌아갔을 것을 생각하면 분통이 터지지 않을 수 없는 이순신이다.

임진년 8월 29일부터 계사년 1월 31일까지의 일기는 빠져있다.

난중일기	원균 관련 내용
4월 16일	영남 우수사(원균)의 공문이 왔는데 부산의 거진이 함락되었다고 한다. 분하고 원통함을 이길 수가 없다.
8월 25일	경상 우수사(원균)와 서로 배를 매 놓고 이야기했다.
8월 27일	경상 우수사(원균)와 서로 배를 매 놓고 이야기했다.

41 위와 같은 책, 171쪽

계사년(1593)의
난중일기

    계사년 2월 10일부터 3월 6일까지 7차례 웅포 해전이 벌어졌다. 이때 이순신은 원균의 어이없는 행위에 또 한 번 크게 분노했다.

    "진도의 지휘선이 적에게 포위되어 거의 구할 수 없는 지경이 되자 우후가 바로 들어가 구해냈다. 경상도 좌위장과 우부장은 보고도 못 본 체하고, 끝내 구하지 않았으니 그 어이없는 짓을 말로 다 할 수 없다. 매우 통분하다. 이 때문에 수사(원균)를 꾸짖었는데 한탄스럽다. 오늘의 분함을 어찌 다 말할 수 있으랴."[42]

    이때부터 9월 6일까지 원균을 비난하고 분노하는 내용이 일기에 가득하다. 이후 9월 16일부터 12월 31일까지 일기가 빠져있다.

---

42 이순신, 『난중일기』 계사년 2월 22일, 노승석 옮김, 여해, 2014

난중일기	원균에게 분노하는 내용
2월 23일	원 수사의 흉악하고 음흉함을 무어라 말로 표현할 수 없다.
5월 08일	원 수사의 망령된 짓이 많았다.
5월 14일	원 수사의 심한 술주정과 거짓된 짓을 차마 말로 할 수 없었다.
5월 21일	원 수사의 거짓과 속임이 흉포하고 패악함을 이루 말할 수 없다.
6월 10일	원 수사의 공문이 왔는데 흉악 음험하고 시기하는 마음은 이루 말로 하지 못하겠다.
7월 21일	원 수사의 하는 말은 극히 흉측하고 거짓되어 무어라 형언할 수 없으니 함께하는 일에 후환이 없을 수 있겠는가.
7월 28일	원 수사가 음흉하게 속임수를 쓰는 것이 아주 형편없다.
8월 02일	원 수사가 망언을 하며 나에게 도리에 어긋난 짓을 많이 하더라고 말했다. 모두가 망령된 짓이니 무슨 상관이 있겠는가.
8월 06일	원 수사가 의논하는 데 하는 말이 매번 모순되니 참 가소롭다.
8월 07일	원 수사와 그의 군관은 평소 헛소문을 잘 내니 믿을 수 없다.
8월 19일	원 수사가 도리에 어긋난 일이 많으니 그의 거짓됨은 말할 수 없다.
8월 26일	원 수사가 취하여 흉악하고 도리에 어긋나는 말을 함부로 지껄였다. 매우 해괴하였다.
8월 28일	원 수사가 왔다. 음흉하고 속이는 말을 많이 하였다. 몹시 해괴하다.
8월 30일	원 수사가 참으로 음흉하다고 할 만하다.
9월 06일	우영공(이억기)을 통해 원공(원균)의 흉포하고 패악한 일을 들었다.

갑오년(1594)의
난중일기

갑오년 내내 이순신과 원균의 관계는 최악이었다. 가장 큰 원인은 계사년에 새로 설치된 삼도 수군통제사에 이순신이 올랐기 때문이다.[43] 대선배 원균이 새카만 후배 이순신에게 밀렸으니 그 분노는 때와 장소를 가리지 않고 폭발했다.

두 사람의 불화가 더욱 심해지자 조정도 깊은 고민에 빠졌다. 군영을 감찰하고 두 사람을 화해시키려 했던 임금의 특명사신 순무어사 서성이 4월과[44] 10월[45] 두 차례나 한산도에 내려왔으나 이때마다 원균의 술주정이 도를 넘었다. 10월 17일의 일기가 결정적이다.

"서성이 술을 차려 잔치를 베풀고서 두 사람이 화해하도록 했다"라는 사실로 보아도 그 심각함을 알 수 있다.[46] 원균이 순무어사 앞에서 행패를 부렸으니 과연 임금에게 어떤 보고가 올라갔을까. 12월 1일 충청 병

43 이순신, 『완역 이충무공전서』 권3 장계(2) 이은상 역, 성문각, 1988, 204쪽

44 이순신, 『난중일기』 갑오년 4월 12일, 노승석 옮김, 여해, 2014

45 위와 같은 책, 10월 17일

46 『선조실록』 권84, 30년 1월 27일(무오) 1번째 기사

사로의 체직에 결정적 영향을 미쳤음이다.

난중일기	원균에게 분노하는 내용
2월 11일	경상우수사(원균)가 와서 만났다. 술 10잔에 취해 미친 소리가 많으니 우스운 일이다.
4월 12일	순무어사 서성이 내 배에 와서 이야기했다. 우수사(이억기), 경상수사(원균), 충청수사(구사직)가 함께 왔다. 술이 세 순배 돌자 원 수사가 거짓으로 술 취한 척하고 광기를 마구 부려 억지소리를 해대니 순무어사도 매우 괴이함을 이루 다 말하지 못했다. 원 수사가 의도하는 것이 매우 흉악하였다.
6월 04일	유지가 내려왔다. 통탄하는 마음을 어찌 다하랴. 원균이 술에 취해 망령된 짓을 했기 때문이다.
8월 17일	도원수(권율)가 원 수사를 몹시 책망하니 머리를 들지 못했다. 가소롭다.
8월 18일	원 수사는 취해 일어나지도 못하고 그대로 드러누워 오지 않았다.
8월 30일	원 수사의 하는 일이 매우 해괴하다.
10월 17일	어사가 와서 조용히 이야기를 나누었는데 원 수사의 기만한 일을 많이 말했다. 참으로 해괴하다. 원 수사도 왔는데 그 흉포하고 패악한 꼴은 이루 다 말할 수 없었다.

을미년(1595)의
난중일기

    을미년의 난중일기엔 원균의 등장이 현저히 줄어든다. 원균이 충청 병사로 체직되었기 때문이다. 다만 원균의 인수인계는 을미년 2월 27일에야 이루어졌다. 이때까지도 원균의 불만과 행패가 계속되고 있었다.

난중일기	원균에게 분노하는 내용
1월 10일	경상 수사(원균)가 좌석에 앉아 술을 권할 때 말이 매우 잔혹하고 참담했다.
2월 20일	원균의 흉포하고 패악한 짓을 많이 전했다. 참으로 놀라운 일이다.
2월 27일	원균과 수사 배설의 교대로 교서에 숙배하라 했더니 불평하는 기색이 많아 두세 번 타이른 후 마지못해 행했다고 한다. 그 무지함이 극심한 것이 가소롭다.

병신년(1596)의
난중일기

병신년 7월 9일 원균이 전라 병사로 제수되었다. 원균이 병마절도사였기 때문에 수군통제사 이순신과 부딪힐 일은 별로 없었다. 그러나 역시 단 한 번의 만남에도 심한 파열음을 내는 두 사람이었다. 이순신이 도체찰사 이원익과 함께 원균의 군영(전라도 강진)을 방문했을 때의 일기다. 병신년 10월 12일부터 정유년(1597) 3월 30일까지 빠져있다

난중일기	원균에게 분노하는 내용
윤8월 22일	늦게 병영에 도착했는데 원균을 만나 밤이 깊도록 얘기했다.
윤8월 24일	병영에 도착하였다. 원 공의 흉악한 행동은 여기에 적지 않겠다

정유년(1597)의
난중일기

    정유년은 이순신의 일생 중 가장 힘들고 억울했던 시기다. 통제사 파직과 투옥, 고문과 백의종군, 하늘 같은 어머니의 죽음과 금쪽같은 막내아들의 죽음 등 절망의 나락이었다. 그 감정이 5월 6일의 일기 "왜 어서 죽지 않는 것인가!", 7월 10일의 일기 "내가 무슨 죄를 지었기에 이 지경에 이르렀는가!"에 나타나 있다.

    게다가 백의종군 중 들려오는 후임 통제사 원균의 행패와 칠천량 참패 소식은 절망적 분노였다. 개인감정만은 아니었다. 진중의 장수들과 도원수 권율의 분노가 함께 섞여 있기 때문이다. 원균은 7월 16일 칠천량 해전 이후 실종됐다. 두 사람의 인연은 여기까지였다. 계속되는 이순신의 일기에 더는 원균의 이름을 찾아볼 수 없다. 그야말로 절망-통한-증오-분노-회한의 정유년이었다.

난중일기	이순신이 원균에게 분노하는 내용
4월 27일	정사준도 와서 원공의 패악하고 망령되어 전도된 행태를 많이 말했다.
4월 30일	병마사 이복남이 아침 식사 전에 와서 원균에 대한 일을 많이 말했다.
5월 02일	진흥국이 좌수영으로부터 와서 눈물을 흘리며 원균의 일을 말했다.
5월 05일	충청 우후 원유남이 한산도로부터 와서 원균의 흉포하고 패악함을 많이 전했다.
5월 08일	음흉한 원균이 편지를 보내 조문하니 이는 곧 원수의 명령이었다. 이경신이 한산도에서 와서 흉악한 원균의 일에 대해 많이 이야기하였다. 원균이 온갖 계략을 꾸려 나를 모함하니 이 또한 운수로다.
6월 17일	아침 식사 후에 원수(권율)에게로 가니 원균의 정직하지 못한 점을 많이 말했다.
6월 19일	원수가 원균에 관해 '통제사의 일은 흉악함을 이루 말할 수가 없소'라고 했다.
7월 18일	16일 새벽에 수군이 기습을 받아 통제사 원균과 전라 우수사 이억기, 충청 수사 최호 및 여러 장수 등 다수 피해를 보고 수군이 대패했다고 했다. 듣자 하니 통곡함을 참지 못했다. 얼마 뒤 원수가 와서 말하되 '일이 이미 여기까지 이르렀으니 어쩔 수 없다'라며 한탄할 때 '내가 직접 해안지방으로 가서 듣고 본 뒤에 방책을 정하겠다'라고 했더니 원수가 기뻐했다.
7월 22일	아침에 경상 수사 배설이 와서 보고, 원균의 패망하던 일을 많이 말했다.

징비록과 이순신

『징비록』은 임진왜란을 총괄 지휘한 영의정 겸 도체찰사 류성룡의 반성문이다. '징비懲毖'라는 제목은 중국 고전 시경에서 인용한 것으로 '지난 일을 징계하여 뒷날의 근심거리를 삼가게 한다'라는 뜻이다.

징비록은 일본과 중국은 물론 미국에서도 번역됐을 정도로 널리 알려져 있다. 류성룡이 1598년 파직당한 후 고향에 내려가 재임 시 경험을 엮어 펴낸 책이 징비록이다. 1647년에 처음 목판본이 인쇄됐고, 1695년에는 이미 일본에서 간행되어 판매할 정도로 인기를 끌었다. 2002년에 미국 버클리대학 동아시아연구소에서 『The Book of Corrections』(잘못을 고치는 책)으로 영어본을 출간하기도 했다.

징비록이 군사적으로 높은 평가를 받는 이유는 저자 류성룡이 임진왜란을 시종일관 총괄하고 지휘한 위치에 있었기 때문이다. 류성룡은 정부의 최고 수반인 영의정으로서 민정을 관리하고, 또 전쟁의 군무를 총괄하는 도체찰사로서 군정을 관장했다. 징비록에는 대명 외교의 수행, 군수물자의 조달, 강화교섭의 지원, 전시 군정의 총괄, 수·륙 전투의 상황까지 망라되어있다. 특히 이순신 장군의 정신적 후원자로서 조선 수군의 전투 상황을 매우 사실적으로 상세하게 기록했기 때문에 이순신의 실기實記라는 평가를 받기도 한다.

징비록이 역사적으로도 높은 평가를 받는 이유는 임진왜란을 실체적으로 접근하는 진솔한 반성문이기 때문이다. 내용 속에는 임금에 대한 백성의 불신과 불만, 군현 수령들의 피신과 도망, 장수와 군사들의 패전과 졸전, 조정 신료들의 붕당과 갈등, 명나라군의 임전 태도와 만행, 일본군의 동향과 전세 등을 비교적 적나라하게 담고 있다. 이처럼 징비록은 임진왜란의 참혹한 비극이 다시는 되풀이되지 않도록 반성하고 경계하자는 의미에서 집필한 책이다.

류성룡은 징비록에서 이순신과 원균의 상호 비교와 서술을 통해 전란 극복에 대한 조정의 논의를 비판했다. 또 명군의 역할보다는 조선 장수들의 역할과 충절을 높이 평가하여 기술했다. 류성룡이 징비록에 기술한 이순신 관련 부분을 요약한다.

정읍 현감 이순신을 발탁하여 전라좌도 수군절도사로 삼았다.

이순신은 담략과 지략이 있고 말을 잘 타고 활을 잘 쏘았다. 그는 일찍이 조산 만호가 되었는데 이때 북쪽 변방에는 사변이 많았다. 이순신이 좋은 계략으로 오랑캐 우을기내于乙其乃를 유인하여 병영으로 묶어 보내어 베어 죽이니 드디어 오랑캐의 근심이 없어졌다.

이후 왜적이 쳐들어온다는 소리가 날로 심하게 전해지자 임금께서 비변사에 명하여 각각 장수 감이 될만한 사람을 추천하라고 하므로 내가 이순신을 추천하여 드디어 정읍 현감에서 수사로 임명되니, 사람들은 그가

갑작스레 승진한 것을 의아하게 여기기도 하였다.[47]

이순신이 적병을 거제 바다 가운데서 크게 격파하였다. (한산대첩)

처음에 적이 상륙했을 때 원균은 왜적의 형세가 대단한 것을 보고 감히 나가서 치지 못하고, 전선 1백여 척과 화포와 군기를 바닷속에 침몰시켜 버린 다음 수하의 비장 이영남, 이운룡 등과 함께 4척의 배를 타고 달아나 곤양의 바다 어귀에 이르러 육지로 올라가서 왜적을 피하려고 하였다. 그리하여 수군 1만여 명이 다 무너져 버렸다. (중략) 이순신은 판옥선 40척을 거느리고 아울러 약속한 이억기와 함께 거제에 이르렀다. 그리고 원균과 함께 군사를 합세하여 왜적의 배와 견내량에서 만났다. 이순신이 말하기를 "이곳은 바다가 좁고 물이 얕아서 마음대로 돌아다니기 어려우니 거짓으로 물러나는 척하며 적을 유인하여 넓은 바다로 나가서 싸우는 게 좋겠습니다" 하니 원균이 분함을 못 이겨 바로 앞으로 나가서 싸우려고 덤볐다. 그러자 이순신은 "공은 병법을 모릅니다그려. 그렇게 하다가는 반드시 패하고 맙니다"라고 말하고는 배들을 지휘하여 물러나니 왜적들은 크게 기뻐하여 서로 앞을 다투어 따라 나왔다. 배가 좁은 어귀를 다 벗어났을 때 이순신이 북소리를 한번 울리니 모든 배가 일제히 노를 돌려 저어 바다 한가운데 열 지어 벌려 서서 바로 적선과 맞부딪치니 서로의 거리는 수십 보가량 떨어졌다. 이순신은 대포를 쏘아 이들을 쳐부수고, 여러 배가 합세하여 한꺼번에 공격하니 연기와 불꽃이 하늘에 가득했고, 적선을 불태운 것이 수를 헤아릴 수 없이 많았다. (중략) 승전소식을 들은 조정에

47 류성룡, 『징비록』, 남윤수 역해, 하서출판사, 2003, 25쪽

서는 크게 기뻐하여 이순신을 정헌대부(정2품 상계)로, 이억기와 원균을 가선대부(종2품 하계)로 높였다.

앞서 평양성에 있던 고니시 유키나가가 선조에게 "일본의 수군 10만 명이 서해로부터 올 것입니다. 알지 못하겠습니다만 대왕의 행차는 이제 어디로 가시겠습니까"라는 글을 보내왔다. 적은 본래 수군과 육군이 합세하여 서쪽으로 내려오려고 하였는데 이 한 번의 싸움으로 한쪽 팔이 끊어져 버렸다. 그래서 고니시는 비록 평양성을 빼앗았다고 해도 그 형세가 외로워서 감히 다시는 전진하지 못했다.

이는 다 이순신이 싸움에 승리한 공이었다. 아아, 어찌 하늘의 도움이 아니겠는가? 이순신은 이로 인해 삼도의 수군을 거느리고 한산도에 주둔하여 왜적이 서쪽으로 침범하려는 길을 막았다.[48]

수군통제사 이순신이 하옥됐다.

원래 원균은 이순신이 와서 구해준 것을 은덕으로 여겨 서로 사이가 매우 좋았는데 얼마 안 가서 공을 다투어 점차 서로 잘 어울리지 않았다. 원균은 성품이 험악하고 간사하며 또 중앙과 지방의 인사들과 수시로 연락하며 이순신을 모함하느라 여념이 없었다. 늘 말하기를 "이순신이 처음에는 우리를 구하러 오지 않는 것을 내가 굳이 청하여 왔으니 적을 이긴 것은 내가 수공(으뜸 공)이 될 것이다" 하였다.

이때 조정의 의논은 두 갈래로 나뉘어 저마다 주장하는 것이 달랐다. 이순신을 추천한 사람은 처음에 나였기 때문에 나를 좋아하지 않는 사람

48 류성룡, 『징비록』, 남윤수 역해, 하서출판사, 2003, 107쪽

은 원균과 어울려 이순신을 공격하는 것이 매우 강력하였다. 오직 우상 이원익은 그렇지 않다는 것을 밝히고 말하기를 "이순신과 원균은 제각기 나누어 지키는 지역이 있었으니 처음에 곧 나아가 구원하지 않았다고 해도 크게 잘못되었다고 할 수는 없다"라고 하였다.

이보다 앞서 일본 장수 고니시 유키나가가 자기의 졸개 요시라를 경상 우병사 김응서에게 보내어 "아무 날에 가토 기요마사가 바다를 꼭 건너 올 것입니다. 조선은 수전을 잘하니 만일 바다 가운데서 맞닥뜨린다면 틀림없이 쳐부술 수 있을 것이니 실패하지 않도록 하시오" 하였다. 김응서 가 이 일을 조정에 고하니 조정은 이것을 믿었다. 해평군 윤근수는 더욱 좋아 날뛰면서 이런 기회를 놓쳐서는 안 된다고 여겨 누차 이를 임금에게 아뢰고, 연달아 이순신에게 진군할 것을 재촉했다.

그러나 이순신은 왜적들의 간사한 속임수가 있는 것을 의심하여 나아 가지 않고 여러 날 동안 머뭇거렸다. 그러자 요시라가 또 와서 "가토 기요 마사가 지금 이미 육지에 내렸는데 조선에서는 어찌하여 막지 않았습니 까" 하면서 거짓으로 한탄하고 애석해하는 뜻을 보였다.

이 사실이 알려지자 조정에서는 다 이순신을 잘못했다고 나무라고, 대 간들은 그를 잡아 올려 국문하자고 청했으며, 현풍 사람 박성(안음현감)이 란 자는 이순신의 목을 베야 한다는 상소문을 올렸다. 조정에서는 드디어 의금부 도사를 파견하여 이순신을 잡아 올리고 원균을 대신 통제사로 삼 았다.

이때 선조는 들리는 말이 다 진실이 아닌 것으로 의심하여 성균사성 남 이신을 파견하여 사실을 조사하게 하였다. 남이신이 전라도에 들어서자 군민들은 길을 막고 이순신이 원통하게 잡혀갔다는 것을 호소했는데 그런 사람의 수효를 헤아릴 수가 없었다. 그러나 남이신은 사실대로 보고하지 않았다.

"가토 기요마사가 섬에 머무르는 7일 동안에 우리 군사가 만일 갔더라면 가히 적장을 잡아 올 수 있었을 것인데 이순신이 머뭇거리고 나가지 않아서 그 기회를 놓쳐버렸습니다."

그리하여 이순신이 하옥되자 임금이 대신에게 명하여 그 죄를 논의하게 되었다. 판중추부사(이때 지중추부사였음) 정탁이 아뢰기를 "이순신은 명장이오니 죽여서는 안 됩니다. 군사상 기밀의 이해관계는 멀리서 헤아리기 어려운 것입니다. 그가 싸우려 나아가지 않은 것에는 필시 생각하는 점이 없지는 않을 것이니 청하옵건대 너그럽게 용서하시어 뒷날에 공효를 이르도록 하시옵소서" 하였다.[49] 조정에서는 한차례 고문한 후에 사형을 감하여 관직을 삭탈한 다음 군대에서 충군充軍하도록 하였다.[50]

정유년 7월 16일, 한산도 수군이 무너졌다. (칠천량 패전)

이보다 먼저 원균은 한산도에 이르렀는데 그는 이순신이 정하여 놓은 제도를 다 변경했다. 모든 장수와 군사들도 이순신이 신임하던 사람들은 내쫓아 버렸으며, 이영남이 자기가 전날에 패하여 도망쳤던 사실을 자세히 알고 있다고 해서 더욱 그를 미워하니 군사들의 마음은 그를 원망하고 분해하였다.

이순신이 한산도에 있을 때 한 집을 지어 운주당運籌堂이라 이름하고,

49 방성석, '이순신을 구원한 정탁의 신구차에 관한 연구' 이순신연구논총, 2015
50 류성룡, 『징비록』, 남윤수 역해, 하서출판사, 2003, 178~181쪽

밤낮을 그 안에서 지내면서 여러 장수와 함께 전쟁을 대비하였다. 비록 졸병이라 하더라도 군사에 관한 일을 말하고자 하는 사람이면 와서 말하게 하여 군사적인 사정에 통하게 하였다. 싸움을 하려 할 때는 늘 장수들을 모두 불러서 계교를 묻고, 전략이 결정된 다음에야 싸운 까닭으로 싸움에 패한 일이 없었다.

그런데 원균은 좋아하는 첩을 데려다가 운주당에 살면서 이중으로 울타리를 하여 안팎을 막아놓아서 여러 장수도 그의 얼굴을 보는 일이 드물었다. 그는 또 술 마시기를 좋아하여 날마다 술주정과 성내는 것을 일삼았고, 형벌에 법도가 없었으므로 군중에서는 수군거리기를 "만일 왜적을 만난다면 오직 도망가는 수가 있을 뿐이다"라고 했다. 여러 장수는 몰래 그를 비웃었으며 다시 품의하거나 두려워하지도 않았으므로 호령이 행해지지 않았다.

이때 왜적이 다시 쳐들어왔는데(정유재란) 적장 고니시 유키나가가 요시라를 파견하여 김응서를 속여서 말하기를 "왜선이 아무 날에는 꼭 더 들어올 것이니 조선의 수군은 아마도 중간에서 맞아서 쳐부수는 것이 좋을 것입니다" 하였다.

도원수 권율은 그 말을 믿었고, 이순신이 머뭇거리다가 벌을 받았으므로 날마다 원균에게 군사를 거느리고 나가서 치라고 재촉하였다. 원균도 이순신을 모함하여 자기가 그 소임을 대신할 수 있었으니 비록 그 형세가 어려운 줄 알면서도 부끄러워 거절할 도리가 없어서 다만 전함을 거느리고 앞으로 진격할 수밖에 없었다. (중략) 이때 권율은 고성에 있었는데 원균이 아무런 소득이 없다고 하자 불러다 곤장을 치고 다시 진격하라고 독촉했다. 원균은 군중으로 돌아와서는 더욱 분하고 화가 치밀어 술을 마시고 취하여 누워 버렸다. 여러 장수가 원균을 만나 군사에 관한 일을 말하려 했으나 만나 볼 수 없었다. 이날 밤중에 왜적의 배가 습격해 와서 우리 군사는 크게 패하였다. 원균은 도망하여 바닷가에 이르러 배를 버리고 언덕으로 기어올라 달아나려고 하였으나 몸집이 비둔하여 소나무 밑에 주저앉았는데 좌우 사람들은 다 흩어져 버렸다. 어떤 사람은 그가 죽임을 당했다고 말하고, 어떤 사람은 그가 도망하여 죽음을 면했다고도 말하는데 그 사실을 확인할 수가 없다. (중략) 한산도가 패하고 나자 왜적들은 기세를 몰아 서쪽으로 향하여 쳐들어가니 남해·순천이 차례로 함몰되었다. 왜적의 배들은 두치진(섬진강)에 이르러 육지에 내려서 남원을 포위하니 호남·호서 지방이 크게 진동하였다.

　왜적이 임진년에 우리 땅에 들어온 뒤 오직 수군에게만 패하였으므로 도요토미 히데요시는 이를 분하게 여겨 고니시 유키나가에게 반드시 조선의 수군을 쳐부술 것을 명령하였다. 그리하여 고니시는 전략적으로 김응서에게 거짓 정성을 보여 호감을 사는 한편 이순신이 죄를 지도록 만들고, 또 원균을 꾀어 바다 가운데로 나오게 하여 그 허실을 다 알고 나서 덮쳐 습격하였다. 그의 계략은 지극히 교묘하여 그 꾀에 모두 떨어지고 말았으니 실로 슬프도다.[51]

이순신을 다시 기용하여 삼도 수군통제사에 임명하다.
　한산도의 패전 보고가 도착하자 조정과 민간이 모두 두려워하고 놀랐다. 임금은 비변사의 여러 신하를 만나 의견을 물어보니 모두 두렵고 혼

51　류성룡, 『징비록』, 남윤수 역해, 하서출판사, 2003, 182~186쪽

란스러워 어떻게 답할지를 몰랐다. 경림군 김명원과 병조판서 이항복이 조용히 "이는 원균의 죄입니다. 마땅히 이순신을 기용하여 통제사에 임명하는 수밖에 없습니다" 하고 아뢰자 이 의견에 따랐다.[52]

이때 권율은 원균의 패배 소식을 듣고 이순신에게 가서 남은 병사를 수습하라고 하였다. 바야흐로 적군이 조선 측의 상황을 엿보고 있던 때인지라 이순신은 경상에서 전라도로 들어가서 밤낮으로 몰래 이리저리 돌아 진도에 이르러 병사를 모아 적을 막고자 하였다.

이순신이 왜적을 진도의 벽파정(녹진 앞바다로 추정)**에서 쳐부수고, 그 장수 마다시를 잡아 처형하였다.** (명량대첩)

이순신은 진도에 이르러 병선을 모아 10여 척을 얻었다. 이때 연해 지방의 백성들은 배를 타고 피난을 가느라 야단법석이었는데 이순신이 돌아왔다는 말을 듣고 기뻐하지 않는 사람이 없었다. 이순신이 여러 길로 나누어 이들을 불러 모으니 먼 곳 가까운 곳 할 것 없이 구름같이 모여들었다. 그들을 군의 뒤에 있게 하여 싸움을 돕는 형세를 취하도록 만들었다.

해전의 명수라는 왜적의 장수 마다시가 전선 2백여 척(명량을 넘어온 배는 133척)을 거느리고 서해를 침범하려 했으나 이순신이 거느린 군사와 진도의 벽파정 아래서 서로 만났다. 이때 이순신은 12척(최종 13척)의 배에 대포를 싣고서 조수의 흐름을 이용하여 이를 공격하니 왜적들은 패하여 달아났다.

이때 이순신의 군사 8천여 명은 고금도(고하도에서 106일간 주둔 이후)에 나

52 위와 같은 책, 189쪽

아가 주둔하였는데 식량이 궁핍한 것을 근심하여 해로통행첩을 만들고 "삼도(경상·전라·충청)의 연해를 통행하는 선박으로 통행첩이 없는 것은 간첩선으로 인정하고 통행할 수 없게 한다"라고 하였다. 그래서 난을 피하여 배를 탄 사람들은 다 와서 통행첩을 받았다. 이순신은 배의 크고 작음에 따라 쌀을 바치고 통행첩을 받게 하였는데 큰 배는 3섬, 중간 배는 2섬, 작은 배는 1섬으로 정했다. 그래서 10여 일 동안에 군량 1만 섬을 얻었다.

이순신은 또 백성들이 가지고 있는 구리와 쇠를 모아다가 대포를 주조하고, 나무를 베어다가 배를 만들어서 모든 일이 다 잘 추진되었다. 이때 병화를 피하려는 사람들이 모두 이순신에게로 와서 의지하여 집을 짓고 막사를 만들고 장사를 하며 살아가니 이들을 성안에 다 수용할 수가 없었다.[53]

이순신이 왜적의 구원병을 바다 가운데서 크게 쳐부쉈는데 여기에서 전사하였다. (노량해전)

이순신은 명나라 장수 진린과 함께 바다 어귀를 눌러 잡고 가까이 쳐들어가니 왜적의 장수 고니시 유키나가는 사천에 있는 시마즈 요시히로에게 구원을 요청하였다. 시마즈가 군사를 거느리고 와서 구원하였는데 이순신이 나아가 공격하여 왜선 2백여 척을 불태웠고, 왜적을 죽인 수는 헤아릴 수 없이 많았다.

이때 아군은 도망가는 왜적을 남해의 지경까지 추격하였다. 이순신은

---

53 류성룡, 『징비록』, 남윤수 역해, 하서출판사, 2003, 194쪽

몸소 힘을 다하여 싸웠는데 적진에서 날아온 총알이 그의 가슴에 맞아 등 뒤로 빠져나갔다. 좌우에 있던 사람들이 부축하여 장막 안으로 들어가니 이순신은 말하기를 "싸움이 급하니 조심하여 내가 죽었다는 말을 하지 말라"하고는 숨을 거두었다. (중략)

나라에서는 이순신에게 의정부 우의정을 추증하였다. 이때 군문 형개는 "마땅히 그 사당을 바닷가에 세워서 충혼을 표창하여야 한다"라고 하였으나 그 일은 실행되지 않았다. 그래서 바닷가 사람들이 모여 사당을 지어 민충사(여수 충민사)라 부르며 때마다 제사를 지내고, 장사하는 사람들과 어선들이 왕래할 때 그 아래를 지나가는 사람들도 제사를 지냈다고 한다.[54]

통제사 이순신은 군중에 있을 때 밤낮으로 경계를 엄중히 하여 갑옷을 벗는 일이 없었다.

견내량에서 왜적과 대치하고 있을 때였다. 여러 배가 이미 닻을 내리고 있었는데 밤에 달빛이 매우 밝았다. 통제사는 갑옷을 입은 채로 북을 베고 누웠다가 갑자기 일어나 앉아 좌우를 불러 소주를 가져오게 하여 한 잔 마시고는 여러 장수를 모두 불러 말하기를 "오늘 밤에는 달이 아주 밝구나. 왜적들은 간사한 꾀가 많은지라 달이 없을 때 꼭 우리를 습격했지만, 달이 밝을 때도 습격할 것 같으니 경계를 엄중히 하지 않을 수 없다"하고는 나팔을 불게 하여 여러 배가 닻을 올리게 하였다. 또 척후선에 전령을 보내니 척후하는 군졸이 마침 잠을 자고 있으므로 불러일으켜 변고에 대

54 류성룡, 『징비록』, 남윤수 역해, 하서출판사, 2003, 201~203쪽

비하게 하였다.

얼마 뒤에 척후가 달려와서 왜적이 쳐들어온다고 보고했다. 이때는 달이 서산에 걸려있고, 산 그림자가 바닷속에 거꾸로 기울어져 바다에 반쪽은 어슴푸레 그늘져 있었는데 왜적의 배들이 헤아릴 수도 없이 그 그늘의 어두움 속으로부터 몰려와서 우리 배에 접근하려 하였다. 이때 우리 중군이 대포를 쏘면서 고함을 지르니 여러 배에서도 다 호응하였다. 그러자 왜적들은 우리가 경비하고 있다는 것을 알고 일시에 조총을 쏘았다. 그 소리가 바다를 진동하고 날아오는 총알이 물속에 떨어지는 것이 비 쏟아지듯 하였다. 결국 왜적들은 감히 침범하지 못하고 물러서 달아나 버렸다. 이때 여러 장수가 통제사를 귀신과 같은 장군이라고 생각했다.[55]

이순신의 자는 여해汝諧, **본관은 덕수**德水**다.**

이순신의 현조인 이변李邊은 벼슬이 판중추부사(영중추부사, 정1품)에 이르렀는데 강직한 것으로 이름이 높았으며, 증조인 이거李琚(병조참의, 정3품)는 성종을 섬겼는데 연산이 동궁으로 있을 때 너무 엄격해서 꺼림을 당하였다. 그가 일찍이 장령이 되었을 때는 탄핵하는 것을 회피하지 않았으니 만조백관들이 그를 두려워하여 '호랑이 장령'이란 별명이 붙었다. 할아버지 이백록(생원시 입격)은 가문의 덕으로 벼슬을 하였고, 아버지 이정(정5품 창신교위)은 벼슬을 하지 않았다.

이순신은 어렸을 때 영특하고 활발하였다. (중략) 이순신은 자라서는 활을 잘 쏘았으므로 무과를 거쳐서 출세하였다. 이씨의 조상은 대대로 유교

55　류성룡, 『징비록』, 남윤수 역해, 하서출판사, 2003, 206~207쪽

를 숭상하여 문관을 지냈는데 이순신에 이르러서 비로소 무과에 올라서 권지훈련원 봉사(종8품. 처음엔 동구비보 권관 종9품으로 출사)에 보직되었다. 이때 병조판서 김귀영이 자신의 서녀를 이순신의 첩으로 만들려고 하였으나 이순신이 좋아하지 않았다. 어떤 사람이 그 까닭을 물으니 "내가 처음으로 벼슬길에 나왔는데 어찌 감히 권세가 있는 집안에 의탁하여 승진할 것을 도모하겠는가" 하였다.

또 병조정랑 서익이 훈련원에 있는 지인을 부당하게 추천하려 할 때 훈련원 장무관이던 이순신이 불가함을 고집하니 서익이 이순신을 불러서 뜰 아래 세워놓고 힐책하였다. 그러나 이순신은 말씨와 얼굴빛을 조금도 변하지 않고, 바르게 설명하여 굽히지 않았다. 서익이 크게 분노하여 기승을 부렸으나 이순신은 조용히 응수하여 끝내 굽히지 않았다. 서익은 본래 오기가 많아 남을 업신여기므로 동료들도 그를 꺼렸는데 섬돌 아래에서 이를 지켜보던 하급 관리들이 혀를 내두르면서 말하기를 "이 봉사(종8품)가 감히 병조정랑(정5품)과 항쟁하니 그는 유달리 앞길을 생각하지 않는 것인가?" 하였다. 날이 저물어서야 서익이 이순신을 돌아가게 하였다. 이 일로 해서 식자들이 차츰 이순신을 알게 되었다. 이때 이순신의 나이 35세였다.

이순신이 막 옥에 갇혔을 때는(정유년) 일이 어떻게 될지 헤아릴 수가 없었다. 한 옥리가 이순신의 조카 이분에게 비밀히 말하기를 "뇌물을 쓰면 죄를 면할 수 있겠습니다" 하였다. 이순신이 이 말을 듣고 이분에게 노하여 말하기를 "죽으면 죽을 따름이지 어찌 바른 도리를 어기고 살기를 구하겠느냐" 하였다. 그가 지닌 지조가 이와 같았다.

이순신은 사람됨이 말과 웃음이 적었고, 용모는 단아하여 마음을 닦고

몸가짐을 삼가는 선비 같았으나 속에 담력과 용기가 있어서 자신의 몸을 돌보지 아니하고 나라를 위하여 목숨을 바쳤으니 이는 곧 그가 평소에 이러한 바탕을 쌓아 온 때문이었다.

그의 형님 이희신과 요신은 둘 다 먼저 죽었으므로 이순신은 그들이 남겨 놓은 자녀들을 자기의 아들딸처럼 어루만져 길렀으며 무릇 시집보내고 장가들이는 일은 반드시 조카들을 먼저 한 뒤에야 자기 아들딸을 보냈다.

이순신은 재주는 있었으나 운수가 없어서 백 가지의 경륜 가운데서 한 가지도 뜻대로 베풀지 못하고 죽었다. 아아, 애석한 일이로다.[56]

류성룡은 『징비록』의 저술을 통해 임진왜란 극복의 중심인물이 이순신임을 내세웠다. 이순신과 원균을 상호 비교하고 서술하며 전란 극복에 대한 조정의 논의를 비판했다. 류성룡은 명군의 역할보다는 조선 장수들의 역할과 충절을 높이 평가하여 기술했다. 류성룡이 이순신의 전공을 강조한 것은 결국 류성룡 자신의 역할에 정당성을 부여하는 목적도 있었다.

류성룡이 생각하는 임진왜란 극복의 원훈은 이순신과 조선의 군민이다. 그러나 선조는 명의 재조지은再造之恩으로 왜적을 물리쳤다며 명군을 불러온 자신과 호종한 신하들을 최고의 공로자로 삼았다. 선조의 논리대로라면 이순신이 최고 공로자일 때, 이순신을 천거한 류성룡 자신이 최대의 공로자일 수 있다. 이순신이 전사하는 날, 왜 류성룡마저 파직당하게 되었는가 이해하는 배경이 될 수 있다. 그런 의미에서 『징비록』은 반성문이자 반박문일 수 있다.

56 류성룡, 『징비록』, 남윤수 역해, 하서출판사, 2003, 204~205쪽

4부

분노의 시대
이순신이 답하다

1장

분노의 노예가
되지 말라

무패 장수의
분노 절제 노력

독일의 시인이자 철학자였던 요한 볼프강 폰 괴테Johann Wolfgang
von Goethe(1749~1832)는 인생을 사는 다섯 가지 지혜를 얘기했다.

첫째, 지나간 일을 쓸데없이 후회하지 말라. 잊어버려야 할 것은 깨끗
이 잊어버려라. 과거는 잊고 미래를 바라보라.

둘째, 될수록 성을 내지 말라. 분노해서 한 말이나 행동은 언제나 후
회만 남는다. 절대로 분노의 노예가 되지 말라.

셋째, 언제나 현재를 즐겨라. 인생은 현재의 연속이다. 지금 내가 하
는 일을 즐기고, 그 일에 정성과 정열을 다하는 것이 가장 현명하다.

넷째, 남을 미워하지 말라. 증오는 인간을 비열하게 만들고, 우리의
인격을 타락시킨다. 될수록 넓은 아량을 갖고 남을 포용하라.

다섯째, 미래를 신에게 맡겨라. 미래는 우리가 알 수 없는 미지의 영
역이다. 앞으로 어떤 일이 나에게 닥쳐올지 알 수가 없다. 미래는 하늘
에게 맡기고, 내가 할 수 있는 일에 전력을 다하는 것이 현명하다.

조선의 군인이자 시인이었던 이순신(1545~1598)은 괴테보다 이미 2백

년 전에 괴테가 말하는 모습의 인생을 살았다. 가히 조선의 철학자라 할 수 있는 이순신의 모습을 견주어 비춰본다.

첫째, 현재보다 미래를 지향하는 당당한 가치관으로 살았다.

"대장부 세상에 태어나 쓰임을 받으면 죽을힘을 다해 충성할 것이고, 쓰임을 받지 못하면 농사짓고 살면 그 또한 족하리라. 권세 있는 자에게 아첨하여 뜬 영화를 구하는 것은 내가 부끄러워하는 바이라."[1] 이순신에겐 벼슬길에 나가기 전부터 관리의 삶을 청백자수淸白自守, 맑고 곧게 자기를 지키며, 정의正義, 바르고 옳게 살겠다는 철학이 있었다.

둘째, 거듭된 파직과 백의종군에도 분노를 노출하지 않았다.

"만약 성내기를 먼저 한다면 단지 자신을 해칠 뿐 어찌 남을 해 하겠는가."[2] 이순신은 절대로 먼저 성내는 일이 없었다. 소학의 배움대로 불같은 분노는 자신을 해칠 뿐이라는 사실을 알았기 때문이다.

셋째, 현재를 즐기는 노력이 있었다. 증오와 분노를 이겨내는 돌파구는 일기를 쓰고 시를 짓고, 악기를 다루고 연주를 듣고, 취미를 나누고 승부를 겨루는 것이었다. 이순신만의 방식으로 분노를 절제하는 현명함이다.

넷째, 드러내어 남을 증오하지 않았다.

"원균이 온갖 계략을 꾸려 나를 모함하니 이 또한 운수로다. 스스로 때를 못 만난 것을 한탄할 따름이다."[3] "원균이 충청도에 있으면서 이순

1   이순신, 『완역 이충무공전서』, 최유해 행장, 이은상 역, 성문각, 1988, 81쪽
2   『소학』 이기석 역해, 홍익출판사, 1982, 218~219쪽
3   이순신, 『난중일기』 정유년 5월 8일, 노승석 옮김, 여해, 2014

신을 비방하는 것으로만 일을 삼으므로 훼방하는 말이 날마다 조정에 이르렀으나 공은 조금도 변명하는 일이 없을뿐더러 입을 다물고 원균의 모자람을 말하지 아니하였다."[4] 이순신은 오직 일기에다 솔직한 분노의 감정을 적었다. 그러나 그조차도 자기의 운명으로 감수하려는 노력이 있었다.

다섯째, 자신의 운명을 미래에 맡겼다.

"죽고 사는 것은 천명이다. 죽게 되면 죽는 것이다."[5] 이순신은 감옥에 갇혔을 때 뇌물을 쓰면 나갈 수 있다고 하자 단칼에 거절했다. 비굴하게 사느니 당당히 죽겠다며 자신의 미래를 하늘에 맡겼다.

미워하는 마음은 또 다른 미움을 만든다. '미운 놈 이쁜 데 없고, 이쁜 놈 미운 데 없다'고 하기 때문이다. 남을 미워하는데 에너지를 쏟지 말고, 나의 기쁨을 만드는 데 노력하자. 용서하는 마음이 미워하는 마음보다 훨씬 편안하다. 분노의 노예가 되지 말자. 분노의 돌파구를 찾아내자. 그것이 이순신이 분노를 절제하고 관리하는 힘이었고, 자기를 성찰하고 수용하는 노력이었다. 난중일기가 보여주는 사례들이다.

일기를 쓰고 시를 짓는다

이순신에게는 절친이 있었다. 달과 바람, 하늘과 바다, 시와 일기가 그들이다. 훈련과 전투, 근심과 걱정, 불화와 갈등, 이 모든 것들은 고독

---

4 이순신, 『완역 이충무공전서』 권9 행록(1), 이은상 역, 성문각, 1988, 30쪽

5 위와 같은 책, 32쪽.

한 지휘관에겐 적과 같았다. 그래서 이순신은 쓰지 않고는 못 배겼다. 일상과 자연에 대한 하소연이 곧 글쓰기 소재였다.

치열하게 싸우거나 옥에 갇혔을 때를 빼고는 거의 매일 일기를 썼다. 일기는 한 편의 시가 되었고, 시는 일기의 한 부분이 되었다. 사색이 많은 사람은 별을 좋아하고, 정감이 많은 사람은 달을 좋아한다고 했다. 이순신에게 일기와 시는 보약 같은 친구, 문학을 통한 분노의 돌파구였다.

로널드 T. 에프론 박사는 일기 쓰기에 대해 "과거 애착의 상처에 관한 이야기를 쓸 때 더 효과적이다. 당시를 떠올리면서 분노와 아픔이 차오르는 것을 느낀다. 그다음 그 사건이 당시에 어떻게 발생하였으며 어떻게 해야 자신이 마음을 비울 수 있는지를 글로 써본다. 어떻게 하면 이 분노를 잘 이겨낼 수 있는지를 안전한 환경에서 생각해보는 것"이라고 했다.[6]

"이날 저녁 달빛은 배에 가득 차고 홀로 앉아 이리저리 뒤척이니 온갖 근심이 가슴에 치밀었다. 자려해도 잠을 이루지 못하다 닭이 울고서야 어렴풋이 잠이 들었다."[7]

"가을 기운 바다에 드니 나그네 회포 심란해지고 홀로 배 뜸에 앉았으니 마음이 몹시 울적하다. 달빛이 뱃전에 들자 정신이 맑아지니 잠을 이루지 못했거늘 닭이 벌써 울었구나."[8]

---

6 Ronald T. Potter-Efron, 『A Step-by-Step Guide to Overcoming Explosive Anger』 (욱하는 성질 죽이기). 전승로 옮김, 다연, 2014. 262쪽

7 이순신, 『난중일기』 계사년 5월 13일, 노승석 옮김, 여해, 2014

8 위와 같은 책, 계사년 7월 15일.

"이날 밤 희미한 달빛이 수루에 비쳐 잠을 이루지 못하고 밤새도록 시를 읊었다."[9]

"이날 밤바람은 몹시도 싸늘하고, 차가운 달빛은 대낮 같아 잠을 이루지 못하고 밤새도록 뒤척거렸는데 온갖 근심이 가슴에 치밀었다."[10]

"이날 밤 달빛은 비단결 같고 바람 한 점 일지 않는데 홀로 뱃전에 앉아 있으니 마음이 편치 않았다. 뒤척거리며 앉았다 누웠다 하면서 밤새도록 잠을 이루지 못하고 하늘을 우러러 탄식할 따름이었다."[11]

악기를 다루고 연주를 듣는다

이순신이 분노를 절제하고, 희생을 감수하고, 사람을 사랑한 휴머니즘의 원천은 무엇일까. 나라가 망해가는 위기의 와중에서, 백성들이 굶어 죽고 군사들이 싸워 죽는 전장의 한복판에서, 도탄과 슬픔에 빠진 마음을 스스로 추스르는 힘의 원천은 무엇이었을까. 정감이 풍부했던 이순신은 때때로 피리, 퉁소, 가야금, 거문고 등 음악에 기대어 울분을 달랬다. 단순히 음악에 취한 것이 아니라 자신의 마음을 달래고, 부하들과 함께 정신을 다잡으려는 의도였다. 그래서 때가 아닌 상황에 음악을 즐기는 것에 대해 오히려 경계했다.

"달빛이 비단결같이 고와 바람도 파도를 일으키지 못했다. 해海를 시

---

9   위와 같은 책, 을미년 8월 15일.
10   위와 같은 책, 을미년 10월 20일.
11   위와 같은 책, 정유년 10월 13일.

켜 피리를 불게 했는데 밤이 깊어서야 그쳤다."[12]

"오늘이 권언경(권준) 영공의 생일이라고 해서 국수를 만들어 먹고 술도 몹시 취했다. 거문고 소리도 듣고 피리도 불다가 저물어서야 헤어졌다."[13]

"이날 저녁 달빛은 대낮같이 밝고 바람 한 점 없었다. 홀로 앉아 있으니 마음이 번잡하여 잠을 이루지 못했다. 신홍수를 불러서 퉁소 부는 소리를 듣다가 밤 이경에 잠들었다."[14]

"맑았으나 동풍이 세게 불고 날씨가 매우 찼다. 아침에 새로 만든 가야금에 줄을 맸다."[15]

"오늘은 인종의 제삿날인데 송득운이 도원수의 진에 다녀온 일에 의하면 권율의 종사관 황여일이 큰 냇가에서 피리 소리를 듣고 있더라는 것이다. 매우 놀라운 일이다."[16]

취미를 나누고 승부를 겨루다

이순신의 일기에는 바둑, 장기, 종정도從政圖 또는 陞卿圖 놀이 등이 나온다. 전쟁통에 참 한가하다는 생각이 들 때가 있다. 그러나 장군이 두는 장기나 바둑은 자신은 물론 부하들의 사기를 진작시키는 일이었다. 종정도는 큰 종이에 관직과 품계를 적어놓고, 윷을 놀듯이 말을 써서 계

---

12 위와 같은 책, 갑오년 8월 13일.
13 위와 같은 책, 을미년 6월 26일.
14 위와 같은 책, 병신년 1월 13일.
15 위와 같은 책, 병신년 3월 19일.
16 위와 같은 책, 정유년 7월 1일.

급을 올리는 놀이다. 놀이를 통해서라도 부하들의 계급이 올라가는 기쁨을 누리게 해주는 오락이었다.

이런 오락을 나누는 날들은 대부분 비 오고 바람 불어 훈련을 할 수 없는 날들이다. 우울하고 음산한 날씨에는 불편하고 불쾌한 기분이 들게 마련이다. 오락을 통해서 어느덧 화나는 마음, 분노의 마음은 사라지고 현실의 고통을 잊을 수 있다.

"비가 많이 오다 아침에 갰다. 이 영공(이억기)과 첨사 이홍명이 바둑을 두었다."[17]

"밤 이경에 비가 왔다. 우수사와 장기를 두었는데 이겼다."[18]

"종일 가랑비가 걷히지 않았다. 우수사(이억기), 충청 수사(李純信, 동명이인), 장흥 부사, 마량 첨사(강응표)가 와서 바둑을 두고 군사 일을 의논했다."[19]

"비가 계속 내렸다. 이 우후(이정충)와 충청 수사가 와서 둘이서 장기를 두었다."[20]

"비가 계속 내렸다. 웅천 현감(안위), 소비포 권관(이영남)이 종정도 놀이를 했다."[21]

"비가 내렸다. 충청 수사와 순천 부사를 불러서 장기를 두게 하고 하

---

17 위와 같은 책, 계사년 3월 13일.
18 위와 같은 책, 계사년 3월 18일.
19 위와 같은 책, 갑오년 4월 20일.
20 위와 같은 책, 갑오년 5월 10일.
21 위와 같은 책, 갑오년 5월 21일.

루를 보냈다."²²

"큰비가 종일 내렸다. 초저녁에 곽란이 일어나서 한참 구토를 했는데 삼경에 조금 가라앉았다. 이날은 무료함이 너무 심해 군관 송희립, 김대복, 오철 등을 불러서 종정도를 두었다."²³

회식과 소통으로 단합을 다지다

이순신은 술을 참 많이 마셨다. 난중일기의 기록을 살펴보면 전체적으로 활쏘기했다는 내용 270여 회, 몸이 아프다는 내용 180여 회, 술을 마셨다는 내용 140여 회, 죄를 다스리는 내용 123여 회, 어머님을 그리는 내용 100여 회 등으로 음주가 매우 많았음을 알 수 있다.²⁴

이순신은 왜 이렇게 술을 마셨을까? 인정상 거절하지 못해서 마셨다는 내용도 있지만 가장 억울하고 분했던 시간이었다. 통제사 파직과 백의종군을 당했던 정유년(1597) 일기를 살펴보자.

"지사가 돌아갔다가 저녁을 먹은 뒤 술을 가지고 다시 왔다. 윤기헌도 왔다. 정으로 권하며 위로하기에 사양할 수 없어 억지로 마시고 몹시 취했다. 이순신李純信이 술병 채 가지고 와서 함께 취하며 위로해주었다. 취하여 땀이 몸을 적셨다."²⁵

"신복룡이 우연히 왔다가 내 행색을 보고 술을 가지고 와서 위로해주

22 위와 같은 책, 갑오년 7월 14일.
23 위와 같은 책, 병신년 3월 21일.
24 박혜일 외, 『이순신의 일기』, 서울대 출판부, 1998, 249~281쪽
25 이순신, 『난중일기』 정유년 4월 1일, 노승석 옮김, 여해, 2014

었다."[26]

"동네 사람들이 각기 술병을 갖고 와서 멀리 가는 이의 심정을 위로해 주기에 인정상 거절하지 못하고 몹시 취하도록 마시고 헤어졌다. 금부 도사는 술을 잘 마셨으나 흐트러짐이 없었다."[27]

"늦게 윤감, 문보 등이 술을 가지고 와서 열과 변 주부(변존서)등이 돌아가는 것을 술로 전별하였다. 이 밤은 달빛이 대낮같이 밝으니 어머니를 그리며 슬피 우느라 밤늦도록 잠을 이루지 못했다."[28]

"이날 저녁에 배 조방장(배경남)이 보러 왔기에 술을 내어 위로했다."[29]

26 위와 같은 책, 정유년 4월 3일.

27 위와 같은 책, 정유년 4월 9일.

28 위와 같은 책, 정유년 7월 9일.

29 위와 같은 책, 정유년 7월 24일.

필승 장수의
분노 관리 지혜

　과도한 음주는 분노 폭발의 기폭제다. 감정 조절이 어렵고 감정 증폭이 심하기 때문이다. 이순신의 분노 관리 지혜 중 특별히 향음주례鄕飮酒禮가 있다. 조선시대 유교 의례로 매년 음력 10월이면 향촌의 선비·유생들이 향교·서원 등에 모여 학덕과 연륜이 높은 이를 주빈으로 모시고 술을 마시며 잔치하는 일종의 향촌 의례였다. 고을 관아가 주인이 되어 유덕한 연장자와 효행자를 모셔 학당에 술상을 마련하고 서민까지도 참석시켰다. 주인과 손님 사이에 절도 있게 술잔을 바쳐 연장자를 존중하고 유덕자를 높이며 예법과 사양의 풍속을 일으키도록 하였다.[30]

　충무공 이순신의 난중일기에 가장 많이 등장하는 내용 중 하나는 술이다. 다만 이순신의 음주는 대부분 특별한 날이었다. 여제를 지낸 날이나 명절날, 조정 권신이나 위아래 장수 또는 명나라 장수를 만나는 날들이었다. 모두 소통을 위한 술이고, 단합을 위한 술이고, 궁극적으로 승

30　『한국민족문화대백과사전』'향음주례' 한국학중앙연구원

리를 위한 술이었다. 이순신의 음주는 지휘관이 수행해야 할 업무의 한 부분이었다. 그래서 이순신의 음주엔 지혜로운 절제와 통제가 있었다. 주도酒道를 어기고 주사酒邪가 심한 사람을 맹비난했던 이유이다.

"우후가 술주정으로 망령된 말을 하니 그 입에 담지 못할 짓을 어찌 다 말할 수 있겠는가. 어란포 만호 정담수, 남도포 만호 강응표도 마찬가지다. 이렇게 큰 적을 맞아 토벌을 약속하는 때에 술을 함부로 마셔 이 지경에 이르니 그 사람됨을 더욱 말로 나타낼 수가 없다. 통분함을 이길 길이 없다."[31]

"충청수영의 영리 이엽이 한산도에서 왔기에 집에 보낼 편지를 보냈다. 그러나 아침술에 취해 광기를 부리니 가증스러웠다."[32]

"아침에 본영의 격군 742명에게 술을 먹였다."[33]

"삼도의 군사들에게 술 1,080 동이를 먹였다."[34]

"충청 수사가 과하주를 가지고 왔다. 나는 몸이 불편하여 조금 마셨는데 역시 좋지 않았다."[35]

"이날 3도의 사수와 본도의 잡색군에게 음식을 먹이고 종일 여러 장수와 함께 술에 취했다."[36]

"여러 장수가 와서 위로주를 네 순배 돌리고 밤이 깊도록 뛰놀게 한

31 이순신, 『난중일기』 계사년 2월 14일, 노승석 옮김, 여해, 2014
32 위와 같은 책, 정유년 5월 18일.
33 위와 같은 책, 갑오년 1월 21일.
34 위와 같은 책, 갑오년 4월 3일.
35 위와 같은 책, 갑오년 7월 27일
36 위와 같은 책, 을미년 8월 15일

것은 오랫동안 고생하는 장병들의 노고를 풀어주고자 한 것이었다."[37]

"명나라 사람 두 명이 와서 이야기하자고 청하므로 술을 취하도록 먹였다."[38]

이순신은 몸이 불편한 날에도 마시고, 날씨가 무더운 여름날에도 술을 마셨다. 업무의 연장으로 마신 것이다. 피할 수 없으니 마신 것이다. 많이 취하지 않도록 조심했던 이유다. 그래서 그의 일기에는 '몇 잔 마시고 돌아섰다', '두어 잔 마시고 헤어졌다', '세 순배 돌리고 상을 물렸다' 등 절제하는 모습이 역력하다.

이순신의 음주는 직속 상사와 전황을 논의하는 술이었고, 동료장수와 단합을 도모하는 술이었고, 휘하 장졸의 사기를 북돋우는 술이었고, 명나라 장수와 외교를 담판하는 술이었다. 언제나 흐트러짐을 보이지 않는 리더 이순신이었다. 술자리에서는 화락하지만 지나침이 없고, 자신을 바르게 하여 타인을 편안하게 해주는 향음주례가 승리하는 장수 이순신의 분노 관리 지혜였다.

『한서』〈식화지食貨志〉 편에서 왕망은 "무릇 술은 모든 약 가운데 으뜸으로 좋은 모임을 즐겁게 해준다"라고 했다.

또 천문을 관장하던 희화 노광은 "술이란 하늘이 내린 아름다운 녹봉으로 제왕이 이것으로 천하의 백성을 기르고 제사를 올려 복을 기원하

37 위와 같은 책, 병신년 5월 5일.
38 위와 같은 책, 병신년 9월 20일.

며 쇠약한 자를 돕고 병든 자를 돌본다. 모든 예를 행하는 모임에 술이 없으면 안 된다"라고 했다.

대인관계에서 나누는 술잔 속엔 인생의 지혜가 있고, 세상의 정보가 있고, 사람의 향기가 있다. 좋은 만남을 즐겁게 해주는 지혜로운 술로써 소소한 기쁨과 인생의 행복을 나눌 수 있다.

내가 대학에서 겸임교수를 하면서 졸업반 학생들에게 반드시 '신입 사원의 음주 원칙'을 강의했던 이유가 있다. 교수 이전에 경영자로서 사회 초년생에게 음주 문화의 중요성을 알려주고 싶었기 때문이다. 특별히 의학적 사유가 아니라면 적당한 음주의 지혜를 강조했다. 적절한 음주는 리더십의 한 부분이지만 자칫 인간관계를 망치는 독약일 수도 있다. 대부분 사건 사고가 술에서 비롯되고, 술에 만취했을 때 분노 절제가 안 되고 자기 관리가 어렵기 때문이다. 절주節酒했던 이순신과 폭주暴酒했던 원균에서 보듯 술은 양약일 수 있고 독약일 수 있다. 자신의 운명을 결정짓는 지혜의 묘약이다.

2장

이순신의
분노 경영
리더십

사랑으로 분노를 다스리는
이순신

    삼도 수군통제사로 재임용된 이순신이 경상 우수사 배설에게 곤장을
쳐야 하는 상황이 발생했다.

    난중일기 정유년 8월 17일에서 19일까지 기록이다.

    "수사 배설이 내가 탈 배를 보내지 않았다. 장흥 사람들이 많은 군량
을 임의대로 훔쳐 다른 곳으로 가져갔기에 잡아다가 곤장을 쳤다. 배설
이 약속을 어긴 것이 대단히 서운했다."

    "회령포에 갔더니 배설이 뱃멀미를 핑계로 나오지 않아 다른 장수들
만 만났다."

    "여러 장수에게 교서와 유서에 숙배하게 하였는데 배설은 절을 하지
않았다. 그 능멸하고 오만한 태도가 이루 말할 수 없기에 이방과 영리에
게 곤장을 쳤다."

    드디어 이순신의 분노가 폭발했다. 배설이 임금의 교서에 숙배하지
않는 것은 절대 왕권 시대에 있을 수 없는 일이다. 배설은 삼도 수군통
제사에 재임용된 자신을 철저히 무시했을 뿐만 아니라 감히 임금의 교
서에 숙배하지 않는 불경죄를 저질렀다. 하지만 이순신은 배설 대신 그

의 부하들을 데려와 곤장을 쳤다. 곤장을 쳐야 할 대상, 곤장을 쳐야 할 상황을 철저히 배려하고 고려했다. 경상우도 수군절도사라는 배설의 지위와 자존심, 또 그 휘하 장졸들의 사기를 생각해서 직접 곤장을 치는 행위만큼은 삼갔던 것이다.[39]

선조와 이순신, 그리고 원균은 분노의 사슬로 얽히고설킨 관계였다. 세 분의 관계를 살펴보는 것은 결코 누구를 폄훼하거나 과장하려는 것이 아니다. 선조는 전쟁을 총괄한 통수권자였고, 이순신과 원균은 왜적과 맞서 싸운 전·후임 수군통제사였기 때문이다. 모두 나라의 운명을 책임진 지도자로서 그들의 증오와 분노가 전쟁 내내 함께 얽혀있었기 때문이다.

임금 선조는 몽진과 분조로 백성을 버렸고 정세의 오판과 외교적 수모를 불러오는 오점汚點이 있었다. 그러나 악조건 속에서도 전쟁을 총괄했고 명나라 지원군을 불러왔다는 등의 공로가 있었다. 원균 또한 스스로 군영을 불태운 점, 칠천량 해전에서 수군의 참패를 불러온 점 등의 허점虛點이 있었다. 하지만 임진왜란 초 경상 우수사로서 이순신과 함께 일본군을 물리쳤고 삼도통제사로서 수군을 지휘했다는 점 등의 공로가 있었다. 이순신 역시 파직과 백의종군을 거듭했던 점, 선임 장수 원균과 협력을 이루지 못했던 점 등의 결점缺點이 있었다. 그러나 7년 전쟁에서 왜적을 물리치고 나라를 구해낸 위대한 공로가 있었다.

이 세 분의 공통점에 분노라는 상수가 있었다. 분노를 폭발했던 선조

---

39 방성석, 『위기의 시대, 이순신이 답하다』 중앙북스, 2013년, 199~201쪽

는 통제사를 교체하여 수군 궤멸을 초래했으니 무능한 국왕이 되었고, 분노를 절제하지 못한 원균은 수많은 부하를 죽게 했으니 무능한 패장이 되었다. 백의종군을 당했어도 분노를 잘 절제했던 이순신은 역사의 승장이 되었다.

리더가 분노와 엄격만으로 조직을 경영한다면 단기간에 효과를 볼 수는 있다. 하지만 부하들의 신임을 얻기는커녕 일 자체를 망치는 원인이 되기도 한다. 리더가 자신을 이해해주고 배려해주고 믿어준다는 생각이 들 때 충성심과 성실함이 배가된다는 것은 동서고금의 역사가 증명하고 있다.

어느 조직에서나 중요한 것은 아랫사람에 대한 사랑과 배려, 그리고 분노를 다스리는 일이다. 윗사람으로서 분노의 감정을 절제하지 못하면 너와 나 그리고 조직 전체가 피해자가 된다. 배려는 사랑을 낳지만, 분노는 재앙을 불러오기 때문이다.

미국의 전 대통령 토머스 제퍼슨은 "화가 나면 열까지 세고 상대가 죽이고 싶을 정도로 밉다면 백까지 세라"라는 글귀를 서재에 걸었다. 분노는 위험이기 때문이다.

분노를 절제하라. 분노를 잠재워라, 분노에 최면제를 먹여라.[40]

위기를 극복해야 하는 리더들이 배워야 할 '분노 경영 리더십'이다.

---

40 방성석, 『역사 속의 이순신, 역사 밖의 이순신』 행복한 미래, 2015, 131쪽

사납게 성내기를 경계하는
이순신

　갑오년(1594) 11월 삼도 수군통제사 이순신이 위기를 맞았다. 원균과의 갈등으로 조정에서 두 사람 중 한 사람을 체직시켜야 한다는 여론이 일었기 때문이다. 논란 끝에 12월 원균이 충청 병사로 체차되었다. 이순신에게 밀려난 원균은 충청 병사가 된 뒤에도 이순신에 대한 분노를 표출하고 있었다.

　"원균이 충청도에 있으면서도 여전히 이순신을 비방하는 것으로만 일을 삼으므로 훼방하는 말이 날마다 조정에 이르렀으나 이순신은 조금도 변명하는 일이 없을뿐더러 입을 다물고 원균의 모자람을 말하지 아니하니 당시의 여론은 많이들 원균을 옳게 여기고 이순신을 넘어뜨리려 하였다."⁴¹

　"원균은 서울과 가까운 진鎭에 부임하여 총애받는 권신과 결탁하여 날마다 허황된 말로 이순신을 헐뜯었는데, 이순신은 성품이 곧고 군세어 조정안에서 대부분 이순신을 미워하고 원균을 칭찬하였으므로 명실

41　이순신, 『완역 이충무공전서』 권9 행록(1), 이은상 역, 성문각, 1988, 30쪽

名實이 도치되었다."[42]

　원균이 아무리 비방하고 헐뜯어도 이순신이 변명하거나 대응하지 않으니 오히려 여론은 이순신에게 불리하게 돌아가고 있었다. 그런데도 이순신은 자신을 탓할지언정 원균을 헐뜯지 않았다. 이순신에게는 자기성찰이 먼저였기 때문이다.

　목소리 큰 사람이 이기는 세상은 잘못된 세상이다. 먼저 성내는 사람이 이기는 세상도 잘못된 세상이다. 빈 수레가 요란하다고 했고, 개가 짖는 것은 무서워서 짖는 것이라고 한다. 성내는 원균과 성내지 않는 이순신이었다.

　정유년(1597) 3월 선조가 이순신을 죽여야 한다고 비망기를 내렸을 때도 이순신은 오히려 초연했다. 오직 충성을 다했을 뿐 하늘을 우러러 잘못한 점이 없다는 자기 확신이 있었기 때문이다.

　이순신이 정유년 옥중에 갇혔을 때 친지가 와서 걱정했다. "위에서 극도로 진노하시고, 또 조정의 여론도 엄중하여 사태가 어찌 될지 알 수 없으니 이 일을 어쩌면 좋겠소" 하니 이순신은 단호하게 "죽고 사는 것은 운명이요, 죽게 되면 죽는 것이다 死生有命 死當死矣"라고 말했다.[43]

　백의종군 중의 일기다. "원균이 온갖 계략을 꾸며 나를 모함하니 이

또한 운수로다. 나를 헐뜯는 것이 날로 심하니 스스로 때를 못 만난 것을 한탄할 따름이다."[44] 이순신은 이 모든 걸 '자신의 운명'이라 여겼다. 모든 게 때를 못 만난 '자신의 탓'이라 여겼다. 그래서 삼도 수군통제사가 되었을 때 원균이 행패를 일삼자 스스로 자리를 내놓겠다고 여러 차례 사직을 요청했다.[45]

갑오년(1594) 조정에서 두 사람의 불화가 도를 넘어 한 사람을 갈라놓고자 했을 때도 이순신은 자신을 먼저 다른 곳으로 보내 달라고 체직을 자청했다.[46]

사람들은 누가 '내 탓이오'라고 하면 자칫 '스스로 포기하는 사람', '스스로 지는 사람'으로 여기기 쉽다. 그러나 이순신은 자신에서 문제점을 찾는 자기 성찰 self examination이 있었고, 자신에서 해결책을 찾는 자기 수용 self acception이 있었다.

국가 존망의 갈림길에서 책임 있는 리더의 분노가 어떤 결과를 가져왔는지 되새길 필요가 있다. 공은 역사에 높이 기리고, 과는 가슴에 깊이 새겨야 한다.

"관직에 있는 자는 먼저 사납게 성내는 것을 경계해야 한다. 일에 옳지 않음이 있으면 마땅히 자세히 살펴서 처리해야 한다. 그리하면 반드시 도리에 맞지 않는 것이 없을 것이다. 만약 버럭 화부터 낸다면 고작자신을 해칠 뿐이다. 어찌 능히 남을 해치겠는가."[47]

---

44 이순신, 『난중일기』 정유년(Ⅰ) 5월 8일, 노승석 옮김, 여해, 2014

45 『선조수정실록』 권28, 27년 12월 1일(갑진)

46 『선조실록』 권57, 27년 11월 12일(병술)

47 『소학(小學)』 이기석 역해, 홍익출판사, 1982, 218~219쪽

전문가의 분노 치유와
이순신의 분노 관리

정신의학자 펜실베니아 의대 석좌교수 아론 벡(Aaron T. Beck)은 저서 『우리는 왜 분노에서 벗어나지 못하는가?』에서 이렇게 조언한다.

"증오의 뿌리는 자기중심적 선입견에서 오는 것이고, 인지적 생각의 오류는 자기 혼자만의 사고에서 오는 것이다. 닫힌 마음을 열고 함께 소통하고 바꾸어 생각하면 분노는 조절할 수 있다."[48]

얼마 전 100세를 일기로 세상을 떠난 아론 벡은 인지치료의 창시자이자 정신과 의사로서 분노 치유에 관한 최고의 전문가다. 아론 벡은 사람이 분노하게 되는 과정을 곱씹어보면서 그 과정에 존재하는 인지적 오류를 발견한다.

"분노에서 시작해 적개심과 증오, 폭력으로 가는 과정은 개인과 집단이 동일하다. 그러므로 집단에서 일어나는 폭력도 충분히 예방할 수 있다."

---

48 Aaron Temkin Beck, 『PRISONERS OF HATE(우리는 왜 분노에서 벗어나지 못하는가)』, 김현수 외 4인 옮김, 학지사, 2018, 55~60쪽

분노가 발생하여 증폭되고 폭력으로 전환되는 과정은 개인에게서나 집단에게서 큰 차이 없이 전개된다. 세계대전, 인종 학살, 그리고 민족 간의 분쟁 모두 정치 지도자들의 인지 왜곡에서 발생했다. 인지 왜곡은 원시적 사고, 이분법 사고, 과잉 일반화, 파국적 예측 등으로 가정과 교실에서, 그리고 개인의 내면세계에서도 일어난다. 인간의 협동과 이타성, 진보를 향한 심리적 힘은 여전히 이기주의를 압도하므로 우리는 분노와 폭력이 미치는 영향을 줄이기 위해 인지적 접근을 통해 극복해나갈 수 있다.

비록 사적 감정의 증오와 분노라 할지라도 책임 있는 지도자의 언행이라면 역사적 책무를 크게 그르칠 수 있다. 리더의 분노 절제는 선택이 아니라 필수 조건이다. 분노 절제는 자기희생이 따라야 하고, 자기희생은 타인 사랑이 전제되어야 한다. 분노의 사슬에 절제·희생·사랑이 한데 묶어져 있기 때문이다.

아론 벡이 권하는 전문가 특유의 낙관적 해법, 그 분노 치유에서 이순신의 분노 관리를 발견한다.

공감을 구하라

"불평하기보다 이해와 공감을 구하라. 상대가 어떤 생각을 하고 어떤 처지에 있는지를 생각해보는 거다. 상대방의 행동은 나쁜 것이지만 생각해보니 이해할 수는 있다. 네 잘못은 네가 책임지는 거야. 네가 벌 받을 거야. 그러나 나에게도 문제는 있다. 상대만의 문제만이 아니라 자신에게도 문제가 있음을 깨달을 때 분노는 조금씩 누그러지게 된다. 생각의 전환, 감정의 무관심, 용서의 시작, 화해의 관계로 이동하게 될 것이다."[49]

이순신이 끝까지 임금에게 충성을 다한 것, 임금을 대놓고 비판하지 않는 것은 임금의 책임과 신하의 임무를 동시에 생각하는 역지사지였다. 군신유의君臣有義, 임금과 신하 사이에 도리가 있고, 절충어모折衝禦侮, 적의 창끝을 꺾어 외침을 막는 것만이 자기의 의무였다. '순천자존 역천자망順天者存 逆天者亡', 하늘에 순종하는 자 살아남고 하늘을 거역하는 자 패망한다. 오로지 순리에 공감을 구하는 일이었다.

현실을 인정하라

"세상은 내 뜻대로 돌아가지 않는다는 것, 세상은 내 뜻대로 조종되지 않는다는 것을 알아야 한다. 그렇다면 내 뜻을 바꿀 수밖에 없다. 현실을 인정하고 받아들이는 용기가 필요하다. 분노를 자주 폭발하는 사람은 아집이 강해서 쉽게 자신을 포기하지 않는다. 자신은 언제나 옳고, 상대는 틀렸다고 생각하기 때문이다. 하지만 자기의 뜻이 언제나 옳은 것은 아니다. 상대가 틀린 것이 아니라 나와 다른 것일 수도 있고, 내가 보는 단점은 다른 이에게 장점일 수도 있다. 고집이 세서 현실을 받아들이지 못할 뿐이다."[50]

이순신은 원균의 음해조차 '내 운수가 나쁜 탓이요, 내가 때를 잘못 만난 탓'이라고 했다. 의금부에 갇혀 죽음을 앞두고도 '죽고 사는 것은

---

49 Aaron Temkin Beck, 『PRISONERS OF HATE(우리는 왜 분노에서 벗어나지 못하는가)』, 김현수 외 4인 옮김, 학지사, 2018, 126~133쪽

50 위와 같은 책 183~193쪽

운명이니 죽게 되면 죽는 것'이라고 했다. 현실을 인정하고 받아들이는 당당함이었다.

장점을 보라

"상대가 옳으냐 그르냐를 따지는 사람은 비판을 좋아하는 사람이다. 비판은 상대를 수치심에 몰아넣을 수도 있고, 자신은 그로 인해 분노하기 쉽다. 수치심으로 인한 분노는 자신의 수치를 다른 사람에게 전가하려고 한다. 누군가의 단점만을 찾아서 비판하고 공격한다. 세상에 단점이 전혀 없는 사람은 없다. 상대의 옳은 점보다 그른 점만 보이니까 비판하게 되고, 또 나쁜 짓만 할 거라고 믿게 된다. 누구나 비판받으면 위축되고 수치심을 갖게 된다. 누구나 칭찬받으면 당당해지고 자랑스러워진다. 칭찬은 분노가 커지지 않도록 도와준다. 비판보다 칭찬을, 단점보다 장점을 찾는 것이다. 그래서 자신을 칭찬해주는 사람, 자신을 존중해주는 사람과 지내는 게 좋다."[51]

이순신은 자신을 존중해주는 정언신·류성룡·정탁·이원익 등은 물론 사사건건 자신을 비판하는 윤두수·심충겸·윤근수·김응남 등과도 편지를 교환했다. 비판 세력과의 교류는 상대의 분노를 줄이고, 상대의 이해를 구하며, 상대의 장점을 보는 것이다.

변신을 시도하라

"분노는 화를 통제하는 돌파구가 없을 때 폭발한다. 설득도 통하지 않

---

51 위와 같은 책, 219~224쪽

고, 친절도 통하지 않고, 호소도 통하지 않을 때다. 즉 자신의 한계치를 넘어섰을 때다. 자신도 모르는 사이에 입에 담지 못할 폭언을 쏟아내고, 해서는 안 될 폭력을 사용하게 된다. 마치 무엇에 홀린 사람처럼 전혀 다른 자신의 모습으로 폭발하고 만다. 나중에 뉘우쳐도 소용없다. 이미 쏟아버린 물이고, 주워 담을 수 없는 언행이다. 그렇다면 생산적인 모습으로 변신해보는 건 어떤가. 심각한 울분으로 인한 정신적 안정을 되찾기 위해 자기가 좋아하는 일을 해보는 거다. 도저히 진정되지 않는 스트레스를 해소하기 위해 즐거운 오락이나 취미 생활을 해보는 거다. 스스로 인내하고, 변신해보는 것은 분노 절제의 방법일 수 있다."[52]

이순신이 일기를 쓰고, 시를 짓고, 음악을 듣고, 씨름과 활쏘기를 겨룬 것은 변화의 시도, 변신의 노력이었다. 분노에 휩싸여 자신도 모르게 폭언을 쏟아내고, 분노를 주체하지 못해 울분을 폭발하는 시간보다 훨씬 더 생산적 변모가 있기 때문이다.

긍정적으로 생각하라

"아무리 훌륭한 인격의 소유자라 해도 언제나 옳은 것만은 아니다. 인간이기에 실수할 수도 있고, 오판할 수도 있다. 언제나 일방적으로 지속해서 나에게 잘못된 행동을 하는 사람은 무시하는 게 좋다. 그건 그의 삶이고 인격이다. 그의 잘못된 대가는 그가 받을 것이다. 그것 때문에 너무 심하게 분노하지 말아야 한다. 상대의 의도적이고, 일방적인 잘못 때문에 나의 삶이 영향을 받으면 안 된다. 다른 사람을 의식해서 나의

---

52 위와 같은 책, 259~262쪽

행동이 제약받고, 부정적인 사고에 휩싸인다면 나는 수동적 삶을 살 수밖에 없다. 나의 삶은 내가 주도해야 한다. 나를 음해하는 사람, 나에게 부정적인 영향을 끼치는 사람들은 과감히 끊어내야 한다. 대신 내가 사랑하는 사람, 사랑해야 하는 대상을 생각하고, 그들과의 관계를 더 많이 맺어야 한다. 질투·의심·분노 같은 부정적 사고보다 이해·신뢰·사랑 같은 긍정적 사고로 세상을 봐야 한다. 분노는 고통이고 사랑은 행복이기 때문이다."⁵³

　이순신은 불신당하면서도 임금에 충성했고, 백의종군하면서도 백성을 보호했고, 죽음을 앞두고도 부하를 독려했고, 버림을 받으면서도 나라를 사랑했다. 유학에서 공부한 사단四端, 인의예지仁義禮智와 칠정七情, 희노애구애오욕喜怒哀懼愛惡欲에 충실한 긍정의 생각이 자리 잡고 있었다.

53　위와 같은 책, 261~263쪽

분노의 역사는
끝나지 않았다

2022년은 임진왜란 발발 430주년이 되는 해다. 그동안 충무공 이순신에 관한 연구는 수없이 많았다. 관련된 논문과 서적도 많이 나왔다. 나의 저서 『위기의 시대, 이순신이 답하다』 『역사 속의 이순신, 역사 밖의 이순신』도 그중에 있다. 그런데 왜 또 『분노의 시대, 이순신이 답하다』인가?

오늘날 우리 사회가 심각한 '분노의 시대'를 살고 있기 때문이다. 분노하는 사회는 위험한 사회다. 분노하는 순간 모든 것을 잃기 때문이다. 분노 관리의 지혜를 배워야 한다. 충무공 이순신에게 그 답을 구하는 이유가 있다. 누구 보다 위기의 시대를 살았고, 그 누구보다 분노의 시대를 살았기 때문이다. 조선시대 육조거리 서울 광화문 광장에 우뚝 선 민족의 영웅 이순신, 대한민국 국민이 가장 존경하는 역사의 성웅 충무공 이순신이기 때문이다.

임진왜란 7년 동안 조선은 일본군을 막아내기 위해 죽을힘을 다해 싸웠다. 그 승리의 정점에 이순신 장군이 있었다. 이순신이 제해권을 장악하지 않았다면 조선은 430년 전에 망했을 것이고, 선조는 중국으로 망명하는 치욕을 겪었을 것이다. 역사에 '만일'은 없다지만 그때 조선이 일본의 수중에 넘어갔다면 지금의 대한민국은 존재하지 못할 것이다. 이순신의 존재가 참으로 소중하고, 그 정신과 리더십을 배우는 일이 매우 중요한 이유다.

이순신은 갈충어국竭忠於國, 나라에 충성을 다했건만 군주에게 버림을 당했다. 선조가 죽이려 했지만 죽지 않고 명량대첩을 이뤄냈다. 이순신은 신망국활身亡國活, 자신을 바쳐 나라를 지켜냈다. 노량대첩에서 죽었지만 역사에 살아있는 이순신이다. 충무공 이순신은 절체절명의 위기를 극복하고 무패 전승을 이루었고, 비분강개의 분노를 극복하고 백전백승을 이루었다. 어떻게 가능했을까? 역사학자도 군사학자도 아닌 경영자로서 이런 질문이 20년째 이어지고 있다.

선조는 왜 그렇게 이순신을 죽이려고 했을까? 선조는 왜 원균만 두둔하고 이순신은 불신했을까? 이순신이 조정을 속이고 임금을 무시한 게 사실일까? 이순신은 정말 적을 치지 않고 놓아주어 나라를 저버렸을까?

원균은 왜 그렇게 이순신을 모함하고 행패를 부렸을까? 이순신이 원균을 모함했다는 것이 사실일까? 아니면 원균이 이순신을 모함한 것이 사실일까?

윤두수와 이산해 등 서인과 북인은 왜 그렇게 원균을 비호하고 이순신을 비난했을까? 당파에 따른 편 가름이 전쟁 승패에 영향을 미친 것이 사실일까? 이순신은 이 모든 울분을 어떻게 견뎌냈을까?

한때 '우리의 소원은 통일'인 적이 있었다. 그러나 북한의 3대 세습과 핵무기 개발로 남북의 괴리는 점차 벌어지고 있다. 더구나 대한민국 여기저기 나눠지고, 찢어지고, 대립하고, 분노하는 모습은 마치 430년 전 임진왜란 직전 조선의 모습과 겹친다.

악폐의 지역감정이 심해지고, 악습의 이념 논쟁이 반복된다. 명예와 권력의 세습화, 소득과 빈부의 양극화 등 모든 분야에서 갈등과 증오의 모습이 나타나고 있다. 진영을 나누어 한쪽에서는 다시 '친일파'를 들먹이며 '죽창가'를 외치고, 다른 한쪽에서는 '친북파'와 '친중파'를 규탄한다. 어느 한쪽이 아니라 모두가 분노에 싸여 있다.

국민 통합에 힘써야 할 국가 지도자들조차 한쪽 편에 서서 분열을 조장하고 분노를 촉발한다. 마치 임진왜란 직전 조정의 모습, 동인과 서인, 남인과 북인으로 나뉘어 싸우던 그 모습과 판박이다. '나는 옳고 남은 그르다'는 아시타비我是他非, '내가 하면 로맨스 남이 하면 불륜'이라는 내로남불 등 온통 내편 네편 진영 논리에 빠져버린 몰염치가 일상화되었다.

이 분노의 시대에 지금보다 더 분노의 시대였던 임진왜란, 그 전쟁의 주역이였던 임금 선조와 통제사 이순신, 그리고 원균의 분노를 주목한다. 군통수권자 선조는 육군이 궤멸한 상태에서 오직 수군에 의지할 수밖에 없었다. 이순신과 원균은 막중한 사명을 완수해야 할 수군 지휘관이었다. 비록 임금과 신하의 관계지만 서로를 깊이 인지하고 이해해야만 왜적을 물리치고 나라를 지킬 수 있었다. 과연 그 분노의 시대에 선조는 이들을 잘 알고 있었던가. 아니다. 몰라도 너무 몰랐다.

일찍이 사람을 알아보는 것만큼 힘든 일은 없다고 했다. 사람의 마음은 험하기가 산천보다 거칠고, 알기는 하늘보다 더 어렵다고 했다. 그래서 공자는 논어 위정편에서 겉으로 드러나는 말과 행동을 잘보라視其所以, 왜 그렇게 행동하는지 그 사람이 걸어온 길을 살펴보라觀其所由, 어떤 것에 편안해하는지, 어떤 것에 만족하는지, 스스로 우러나서 하는 일인지, 남을 의식해서 하는 일인지 관찰하라察其所安 고 했다.

사람을 판단하는 기준은 직접 보고 살펴서 헤아려야 한다는 것이다. 절대로 남의 말을 함부로 듣거나 전하는 말로 평가해서는 안 된다는 것이다. 나라를 통치하는 군주라면, 더욱이 전쟁을 지휘하는 군 통수권자라면 장수를 직접 보지 않고 평가하는 일은 있을 수 없다. 하물며 다른 사람의 이야기를 간접적으로 전해 듣고 호불호를 나눠서도 안 되고 시시비비를 가려서도 안 된다.

선조는 원균을 본 적도 없고, 이순신을 자세히 알지도 못한다고 했다.
"원균을 내가 보지는 못했으나 당초 임진년에 이순신과 마음을 함께하여 적을 칠 때 싸움이 벌어지면 반드시 앞장을 섰으니 그가 용감히 싸웠던 것을 알 수 있다."(선조 34년 1월 병진)

"나는 이순신의 사람됨을 자세히 모르나 성품이 지혜가 적은 듯하다."(선조 30년 1월 무오)

이런 말들은 모두 이순신과 원균을 비교할 때 한 말이고, 특히 이순신을 비하하고 원균을 비호할 때 한 말이다. 심지어 선조는 류성룡에게 "이순신이 서울 사람인가?京城人乎, 글을 아는 사람인가?能文之人乎"라고 묻고 있다. 나라의 운명을 송두리째 의지하고 있는 삼도 수군통제사 이순신에 대해서 기본적인 것도 모르고 있었다.

조정 내 문무관을 합쳐 정2품 판서급, 오늘의 장관급 대신이 몇 명이나 되겠는가. 모두 합쳐 1백 명 내외일 것이다. 더구나 전쟁터에서 목숨 걸고 왜적과 싸우는 장수는 불과 몇 손가락을 꼽을 정도다. 전쟁 첫해 임진년(1592)에 이순신은 정2품 상계 정헌대부, 원균은 정2품 하계 자헌대부에 올랐다. 그러나 임금 선조는 조선 최고의 무장 이순신은 물론 자신이 편애했던 원균도 만나보지 않았다. 7년 전쟁 중 여러 번의 수사·병사 직을 제수하면서 조정에 초대는커녕 체직과 파직, 투옥과 백의종군을 명하면서도 한 번도 면담하거나 직접 청문조차 하지 않았다는 얘기다.

이처럼 자신이 본 적도 없는 원균을 '용감하고 슬기로운 자라 생각'하고, 자세히 알지 못하는 이순신을 '성품이 지혜가 적은 듯하다'고 한 것은 그야말로 함부로 남의 이야기를 듣고 판단한 것이다. 나라의 존망이 걸려있는 중차대한 시국에 중요한 핵심 장수를 평가하는 기준이 이러했으니 과연 선조가 사람을 잘 알아보는 군주라 할 수 있겠는가.

그런 선조가 임진왜란 내내 분노를 표출했다. 파천을 반대하는 신하에 분노했고, 망명을 막는 신하에 분노했고, 세자에게 양위를 권하는 신하에 분노했고, 심지어 목숨 바쳐 싸우는 이순신에게도 분노했다. 의주까지 도망할 때 호종한 신하들은 지나치게 우대했고, 아첨하는 신하들을 중용했다. 내 편만을 챙기는 외눈박이 군주였다.

임진왜란에서 선조도 분노했고, 원균도 분노했고, 이순신도 분노했다. 그러나 그 분노의 원인은 각각 다르다. 나를 위한 분노인가? 나라를 위한 분노인가? 자존심이 상해서, 나의 치부가 드러나서, 나와 생각이 다르다고, 콤플렉스 때문에, 정적에 대한 미움 때문에 표출하는 분노는 나를 위한 분노이다. 책임 있는 자리에 있는 리더의 '나를 위한 분노'는 그 조직을 와해하고 파괴한다. 선조의 분노는 하마터면 나라를 망하게 할 뻔했고, 원균의 분노는 수군의 궤멸을 가져왔다.

미증유의 전쟁사에 누구나 공과功過는 있게 마련이다. 선조가 겁왕의 평가를 받는다고 해서 정당한 통수권이 폄훼되어서는 안 된다. 원균이 패장의 멍에를 썼다고 해서 타당한 지휘권이 비하되어서도 안 된다. 이순신이 승장의 평가를 받는다고 해서 과장되게 영웅화되어서도 안 된다.

선조의 오판과 실정, 원균의 오만과 패전은 다른 능력과 역량, 다른 가치와 판단, 다른 애국과 애민의 결과였다. 평하여 옳고 그름을 따지고, 탄하여 잘잘못을 나무랄 수는 있으나 국적國賊이나 역적逆賊으로 치부할 수는 없다. 다만 책임 있는 지도자의 분노가 국가 존망과 미래에 어떤 영향을 미쳤는지, 오늘의 리더들이 어떻게 분노를 절제하고 관리해야 하는지, 반면교사로 삼고자 할 따름이다.

21세기 분노의 시대를 사는 우리가 16세기 백척간두 위기의 시대를 살았던 이순신에게서 분노 관리의 답쓺을 찾는다.

분노의 역사는 끝나지 않았다.

참고문헌

1. 사료

태조실록/태종실록/중종실록/명종실록/선조실록/선조수정실록/인조실록/
현종실록/숙종실록/경종수정실록

명(明) 신종실록

『경국대전』, 권1 吏典 諸科, 권4, 兵典 武科,

『소학』, 이기석 역해, 홍익출판사, 1982.

안방준, 『은봉전서』, 안병교 역, 죽산안씨 목우회, 보성문화원, 2002.

류성룡, 『국역 서애집』 고전국역총서, (재)민족문화추진회, 1966.

류성룡, 『징비록』, 김시덕 역, 아카넷, 2013.

류성룡, 『징비록』, 남윤수 역해, 하서출판사, 2003.

이긍익, 『연려실기술』, 민족문화추진회, 1966.

이순신, 『난중일기』, 증보 교감완역, 노승석 옮김, 여해, 2014.

이순신, 『임진장초』, 조성도 역, 연경문화사, 1984.

이순신, 『충민공계초』, 국립해양박물관 엮음, 민속원, 2017.

이순신, 『완역 이충무공전서』, 이은상 역, 성문각, 1988.

이항복, 『백사집』, 국역 백사 별집 4권, 민족문화추진회, 한국학술정보(주), 2007.

정경운, 『고대일록』, 상권, 1596년 11월 26일, 태학사, 2009.

정탁, 『약포집』, 황만기 역, 안동대학교 퇴계학연구소, 성심인쇄소, 2013.

조경남, 「난중잡록」, 『대동야승』, 6·7·8권 민족문화추진회, 1971.

2. 단행본

고광섭·최영섭, 『우리가 몰랐던 이순신』, 북코리아, 2021.

김강식,『문무를 갖춘 양반의 나라』, 한국학중앙연구원 출판부, 2015.

김문자,『임진전쟁과 도요토미 정권』, 경인문화사, 2021.

김인호,『원균평전』, 평택문화원, 2014.

루이스 프로이스,『임진난의 기록』, 정성화 외 옮김, 살림, 2008

박철,『세스뻬데스』, 서강대학교출판부, 1987

박혜일 외,『이순신의 일기』, 서울대학교출판부 1998 및 시와 진실 2016.

방성석,『위기의 시대, 이순신이 답하다』, 중앙북스, 2013

방성석,『역사 속의 이순신, 역사 밖의 이순신』, 행복한 미래, 2015

최희동 외,『이순신의 일기초』, 조광출판, 2007.

송복,『서애 류성룡, 위대한 만남』, 지식마당, 2007.

이민웅,『임진왜란 해전사』, 청어람미디어, 2004.

이성무,『조선국왕전』, 청아출판사, 2012.

이은상,『충무공 발자국 따라, 태양이 비치는 길로』, 삼중당, 1973.

이형석,『임진전란사』, 임진전란사간행위원회, 1974.

정해은,『조선의 무관과 양반사회』, 역사산책, 2020.

제장명,『이순신 백의종군』, 행복한 나무, 2011.

제장명,『이순신 파워인맥, 이순신을 만든 사람들』, 행복한 미래, 2018,

한명기,『임진왜란과 한중관계』, 역사비평사, 1999.

Aaron Temkin Beck,『PRISONERS OF HATE』,
(우리는 왜 분노에서 벗어나지 못하는가) 김현수 외 옮김, 학지사, 2018.

David Arthur Powlison,『GOOD & ANGRY』,
(악한 분노, 선한 분노), 김태형 · 장혜원 옮김, 토기장이, 2019

Pankaj Mishra,『Age of Anger: A History of the present』,
(분노의 시대), 강주헌 옮김, 열린 책들, 2018.

Ronald T. Potter-Efron,『A Step-by-Step Guide to Overcoming Explosive
Anger』, (욱하는 성질 죽이기). 전승로 옮김, 다연, 2019.

Stefanie Stahl,『Leben Kann auch einfach sein!』,
(심리학, 자존감을 부탁해), 김시형 옮김, 갈매나무, 2016.

3. 논문

고광섭, "정유재란 시기 선조의 출전 명령과 이순신의 출전 의지 및 출전 불가 사유에 대한 연구", KNST, 2021;Vol.4, No.1, Korea Society for Naval Science & Technology, 2021.

박현순, "방목의 진화" 서울대 규장각 한국학연구원 제23기 금요시민강좌

방성석, "이순신을 구원한 정탁의 신구차에 관한 연구" 이순신연구논총, 2015.

방성석, "임란 중 선조·원균·이순신의 분노에 관한 연구" 이순신연구논총, 2020.

손종성, "임진왜란 시 대명외교" 「국사관논총」 14, 1990.

정해은, "충무공 이순신과 선조", 이순신연구논총 11호, 순천향대, 2009.

제장명, "정유재란 시기 해전과 조선 수군 운용" 부산대. 2014.

4. 기타

『조선왕조실록』/http://sillok.history.go.kr/main/main.do

『한국역대인물종합시스템』/http://people.aks.ac.kr/index.aks

『한국민족문화대백과사전』/http://encykorea.aks.ac.kr/

분노의 시대
이순신이 답하다

초판 1쇄 발행 2022년 4월 8일
초판 2쇄 발행 2022년 8월 8일

지은이 방성석
펴낸이 손장환
디자인 윤여웅
펴낸 곳 LiSa

등록 2019년 3월7일 제 2019-000070호
주소 서울시 마포구 독막로 20나길 22, 103-802 우편번호 04076
전화 010-3747-5417
이메일 mylisapub@gmail.com

ISBN 979-11-966542-3-8 03910